Compiled by :
MOHAMUD KORSHEL

ENGLISH - SOMALI SOMALI - ENGLISH DICTIONARY

**INGIRISI
SOOMAALI**

Qaamuus

**SOOMAALI
INGIRISI**

Approximately 10,000 words with
meanings from Somalian to English
and English to Somali

Korshel, Mohmud:
ENGLISH-SOMALI/SOMALI-ENGLISH
COMBINED DICTONARY.
Star New Delhi. 2002

ISBN 81-86264-00 0
Copyright with Star Publication Pvt. Ltd., New Delhi.

This Edition : 2004

Published by:
STAR PUBLICATIONS PVT. LTD.,
4/5, Asaf Ali Road,
NEW DELHI 110 002 (INDIA)

Distributors in the U.K.:
STAR PUBLISHERS DISTRIBUTORS
112 Whitfield St., LONDON W1T 5EE.
Printed in Delhi at:
Ajay Printers, Delhi-110032.

FROM THE PUBLISHERS :

Somali is the main language of Somalia, a prominent nation in the eastern part of Africa. This country has become very well known in the recent years because of different reasons, and in early 1993, this country passed through very critical times.

In the recent times, many people from Somalia have settled in Europe and the America, due to which this language has gained extra-ordinary prominence in these advanced countries. Many universities have adopted this language as a part of their foreign studies.

However, this is a fact that there are very few dictionaries available in the market today, which could give meanings of Somalian words into English and vice versa. One of the dictionaries was produced in early seventies, but that was not complete in many respects

We feel pleasure to present this English-Somali/ Somali-English Dictionary which has been compiled by a group of Somalian teachers in India. We hope Somali readers, as also those who want to learn Somali language, will find it a significant and useful publication.

March 1994

HORDAC

WAXAA BADAN DADKA AF-SOOMAALIGA KU HADLA EE DANAYNAYA BARASHADA INGIRIISIDA SIDAA DARTEED WAXAANU U ARAGNAY MAHURAAN IN WAX LAGA QABTO BAAHIDA DADKAAS. ANIGOO KAASHANAYA QORAALLO HORE U JIRAY AYEY NALA NOQOTAY IN AANU TIRQ ERAYO AH KU KORDHINO ANAGOO MAANKA KU HAYNA IN AANU MUSTAQBALKA INTAA KASII FIDINO. WAKHTIGA OO NAGU YARAA AWGIIS AWOOD UMA AANU HELIN IN AANU AKHRISTAYAASHA KA KAALINNO DHAWAAQA EREYADA, MARKAA KAMA FURSANAYSO IN ANY IYAGU CAAWINO RAADSADAAN.

QAAMMUUSKANI WUXUU KA KOOBANYAHAY IN KU DHOW SIDDEED KUN OO ERAY OO U HABAYSAN SIDA ALIFBEETADA INGIRIISIDU U KALA HORRAYSO, WAXA KALOO JIRTA QAYO LABAAD OO AH SOOMAALI-INGIRIISI OO TIRADA EREYADU GAARAYAAN SHAN KUN. QAYBTANI WAXAY SI GAAR AH U CAAWIN KARTAA DADKA INGIRIISIDA YAQAAN EE RABA IN AY AF-SOOMAALIGA BARTAAN IYO QOFKA RABA IN UU SI DHAKHSO LEH U HELO EREYGA SOOMAALIGA AH KAN U DHIGMA EE INGIRIISIGA AH.

WIXII KHALAD AH BADI WAA MID MAS'UULIYADIISU INA SAARAN TAHAY WAXAANUNA SOO DHEWEYNEYNAA QOF ALA POFKII TALO NAGU BIIRINAYA. WAXAANU U RAJEYNAYNAA AKHRISTAYAASHA IN UU PAAMMUUSKANI NOQDO MID ANFACA.

MA ILLAAWI KARO CALI WARSAME SAALAX IYO IBRAAHIM AXMED MAXAMED (QOORSHEEL) GACANTII HAGAR LA'AANEED EE AY KA GEYSTEEN-URURINTA IYO TALO BIXINTA MACNAHA ERAYADA. WAXAANAN ISNA ABAAL KIISA GUDI KARIN CABDUL CASIIS MAXAMED CARTAN TALOYINKIISII WAX KU OOLKA AHAR

MAXAMUUD JAAMAC QOORSHEEL

SOMALI ALPAABET
SHIBANE

B	T	J	X	KH	D	R
S	SH	DH	E	G	F	Q
K	L	M	N	W	H	Y

SHAQAL (GAABAN)

A	E	I	O	U

SHAQAL (DHEER)

AA	EE	II	OO	UU

NUMBERS (XISAAB)

0	EBER	ZERO
1	KOW (HAL)	ONE
2	LABA	TWO
3	SADDEX	THREE
4	AFAR	FOUR
5	SHAN	FIVE
6	LIX	SIX
7	TODDOBA	SEVEN
8	SIDEED	EIGHT
9	SAGAAL	NINE
10	TOBAN	TEN

ENGLISH - SOMALI
INGRIRISI - SOOMAALI

A

Aback	Gadaal u noqosho
Abandon	Ka haajirid, Ka tegid aan soo noqod lahayn
Abate	Yaraato ama gudho, Dabaysha, Daadka, Xannuunka
Abattoir	Xerodhiig
Abbreviate	Soo gaabin erayo
Abbreviation	Soo gaabis
Abdicate	Ka sabrid, Is Casillid
Abdication	Samir: Is Casilis
Abdomen	Calool, Uusleyda (Caloosha, Xiidmaha, iwm)
Abduct	Khasab ku kaxaysi, Kufsasho
Abduction	Kufsi, Kaxaysasho Khasab ah
Abed	Qof Hurda
Aberration	Majarehabow, Marin Habow
Abhor	Kerhid, Nebcaysad
Abet	Dembi ku kalkaalin, Ku dhiirrigelin xumaato
Abide	Degan, Mukhlisnimo-kunool, Ballan Oofin
Ability	Karti
Abject	Xaalad xun
Abjure	Ka dhaarasho, Laga dhaarto
Able	Kari kara, Awodi kara
Ablution	Is-daahirin
Abnegation	Inkirid, Dafiraad
Abnormal	Aan caadi ahayn
Aboard	Soo degid ama dhoofid

Abolish	Joojin, Mammnuucid
Abolition	Mammnuucis, Joojis
Abominable	La Nebcaysto, Aaan la jeclaysan, Karaahiyo
Aboriginal	Dadkii ama Waxyaabihii kale oo meel, loogu Yimid ama asal ahaan u daganaa
Abortion	Dhicis
Abortive	Guul-darro ah, Dhicisoobay
Abound	Tiro badni, Xaddi Badan
About	Agagarkiisa
Above	Ka Korreeya, Kor
Abreast	Isdhinac Tagan
Abridge	Yarayn soo gaabin, Koobid
Abroad	Dal Shisheeye, Dal qalaad, Waddammada Kale
Abrupt	Kediso, Lama Filaan ah
Abcess-Abscesss	Malax
Abscond	Si Qarsoodi ah loola Baxsado
Absence	Maqnaasho
Absent	Maqan, Aan Joogin
Absantee	Qofka Maqan, Qoofka aan joogin
Absolute	Kaamil, Dhammaystiran
Absolution	Cafis, Saamaxaad (Xagga Diinta ah)
Absolve	Cafin
Absorb	Muudsi ama Qabasho
Absorption	Muudsasho, Qabsasho
Abstain	Ka celin (Qof) Waxyaabaha Mukhaadaraadka
Abstract	Waxa aan la taaban karin: Sida, Quruxda, Uurta
Abundance	Isku Filaansho, Aad u badan
Abundant	Ka badan intii loo baahnaa

2

Abuse	Dulmid, Habaariwm, Si xun wax ula dhaqanto cay
Abyss	God dheer oo aan Guntisa la Arkyn, Cadaabta Aakhiro
Acacia	Dhirta Xabagta leh, Dhirta laga Xa · bakaysto (Faleen)
Acadamy	Dugsi Waxbarasho heer sare oo loogu tala galay Aqoon gaar ah
Accede	Hore u socosho, Qabasho
Accent	Lahjad, Qaab luqad loogu hadlo
Accerlerate	Karaarid, Karaarsiin
Acceleration	Karaar
Accept	Aqbalid, la aqbalo, la yeelo
Acceptance	Macne laysku raacay oo eray leeyahay
Access	Jid meel loo maro, Weerar kadis ah, Qabashada Masuulyad nimo sida Madaxwayaaha
Accessory	Lasocda, Sida Mashiinada Qalabka Dheeradka ahee lagu xiro
Accident	Shil
Accidental	Si lama Filan ah u dhacay
Acclaim	Soo dhaweyn Xamaasad leh
Acclamation	Ku raacis Xammaasad leh
Acclimatize	La qabsasho, Sida qof meel kulul jooga ula qabsado kuleelka
Accommodate	Hurdo siin, Jiif Siin, Guri Siin
Accompany	Raacid, Uwehelyeelid, la rafiiqid
Accomplice	Qof ku caawinta in ay dambi galaan
Accomplish	Wax la dhamays tiray
Accord	Siin, Heshiis ama macahado (laba-dal)
Accordance	Loo eega, Laga tix raaco
According	Iyadoo loo eegayo
Accordion	Nooc ka mid ah Qalabka Muusigga la Garaaco

3

Account	Xisaabta qaaimadaha
Accountable	Uga wakiil ah, ka mas'uul ah
Accountant	Xisaabiye, Qofka Xisaabiyaha ah
Accoutrements	Qalabka Askariga oonay ku jirin Hubka iyo dharku
Accredit	Dirid Danjire Wata warqadihiisii
Accumulate	Iskor Saar, Ururin Tiro badan
Accumulator	Beytariga weyn ee Korontada sida, ka Baabuurta oo kale
Accurate	Quman, Khalad ka reeban (Sax ah)
Accusation	Ashkato, Dacwo
Accuse	Dacwan, Ashtakayn
Accustom	Caadaysi, La caadaysto
Ace	Yeeke (Ka turubka & Laadhuuda iwm)
Acetylene	Neef bilaa midab ah oo lagu shito Tiriig gaar ah iyo waxyaabo kale (Alxanka Naqaska)
Ache	Xanuun Sida "Headache" (Madax-xa-nuun)
Achieve	Dhammayn, Lib ku dhammayn
Achievement	Wax si guul ah loo qabtay, Guul ku dhammays
Achromatic	Wax aan Midab lahayn
Acid	Aaysiidh, Aashito
Ack-ack	Hubka Lidka Dayuuradaha
Achknowledge	Qirid, Qirtid, U mahadcelin
Acknowledgement	Mahadcelin, Qiris
Acme	Horumar Heerka ugu sarreeya
Acquaint	Barasho ama Ogaansho, Sida qof aad baratay
Acquaintance	Aqoonta Waaya- aragnimada lagu helo

4

Acquire	Marka aad wax ku heshid aqoon/karti
Acquit	Dambi laawe, Aan eedaysane ahayn
Acre	Qiyaas dhuleed oo la mid ah 4,840 Talaabo oo dhan kasta ama la mid ah 4000 Mitir oo dhan kasta ah
Across	Ka gudbid, Maris gees ka gees
Act	Xeer, Wax Falid, Wax Qabasho
Acting	Ku sii Simid, Xil qof kale sii falid (in Muddo ah)
Action	Wax Qabad, Dhaqaaq, Fal
Active	Firfircoon: Wax qabanaya
Activity	Firfircooni, Waxqabad
Actor	Ninka Jilaha ah (Riwaayadaha ama Filimada iwm)
Actress	Naagta Jilaadda ah (Masraxyada iwm)
Actual	Xaqiiq ah, Run ah, Jira
Actually	Xaqiiqdii, Runtii
Actuate	Ku dhalisa wax qabasho ama Ficil
Acumen	Maskax-Furnaan, Fahmi-ogaal
Acute	(Xagga Dareenka) Ku fiiqan, dareemi og, Xagasha ka yar 90 Digrii (Xisaabta)
Adage	Odhaah Murti leh oo Hore loo yidhi (Maahmaah Caadi ah)
Adapt	Markaad wax ka dhigtid sida cusub ee loo baahan yahay
Add	U geyn, Ku darid (Xisaabta)
Addict	Qabatin, Sida Qaadka, Daroogada, Khamriga iwm
Addition	Isku geyn, Isu-geynta Xisaabta Wadareynta

Address	Cinwaan
Adduce	Soo hor bandhigid Tusaale ahaan
Adept	Khabiir, Xariif
Adequate	Ku filan, Haysta intii loo baahnaa
Adhere	Isku Xadhid laba shay ama isku dhejin Taageerid
Adherent	Taageere (Xisbi, Koox Kubbadeed iwm)
Adhesive	Wax ku dhegaya (Sida: Xabagta, Balaastarka iwm)
Adieu	Nabad-gelyo aad Tidhaahdo Nabadgelyo
Ad infinitum	Aan Xad lahayn, Ilaa weligii
Adjacent	Ku xiga, Dhinac yaala, Ku naþan (Se aan Ishaysan)
Adjunct	Kalkaaliye, Ku xidhnaasho ama ku tiirsan
Adjust	Ku Toosin, Isku hagaajin
Administer	Maamulid, Xukumid, Hawl-Socodsiin iwm
Administration	Maamul
Administrator	Maamule, Maareeye, Isuduwe
Admirable	Aad u wanaagsan, Fiican, Loo qushuuci karo
Admiration	Qushuuc
Admire	Qushuucid
Admission	Ogolaansho
Admit	Oggolaansho (Meel Gelid)
Admittance	Qirid la qirto, Oggolaansho
Admixture	Isku dar-isku wa laaqid ama qasid
Admonish	U digid, La talin, Ka waanin
Adolescent	Qof aan gaan gaadh ahayn
Adopt	La qabatimo (Caado, Ra'yi iwm)
Adore	Caabudid

6

Adorn	Gurxin
Adrift	Majara habow, Lunsan, Aan hadaf lahayn
Adroit	Daahiyad, Cabqari
Adult	Hanaqaad, Gaashaanqaad, Taabbagal (Dadka & Nafleydaba)
Adultery	Sinada Qofka Xaaska leh (Sinaysi)
Adulteress	Naagta Xaaska ah ee Sinaysata (Galmo xaaraan ah)
Advance	Horusocod, n Horumarin, Horusocodsiin
Advanced	Horumaray
Advantage	Faaiido, Waxyaabaha ay wax ku wanaagsan yihiin
Advantageous	Faaiido leh, Wax laga heli karo
Adventure	Muaamaraad, Waxyaabaha Yaabka leh ee dhaca
Adversary	Cadow
Adversity	Marxalad Xun (Xagga jawiga)
Advertise	Xayeysiin, Idheh ka bixin
Advertisement	Idheh, Xayeysiis
Advice	Wano, Talo
Advisable	Suuro gal ah, Fiican, Layskula talin karo
Advise	La talin, Talo siin, Wax u sheegid
Advocate	Abukaate, Taageye rayi siyaasad iwm
Aeon	Mudu dheer oon la qiyasi karin
Aerial	Biraha & Xarkaha Laliya Wararka, Teligaraamada, TV - iwm
Aeronautics	Sayniska Cirbaxnimada (Hawo-Marida)
Aeroplane	Dayuurad
Aesthetic	Cilmiga macnaynta quruxda

Affable	Dabeccad Fiican, Dad-Dhexgal fiican, Edebsan
Affair	Arrin
Affect	(Wax Dareen Geliya, Waxyeeleeya)
Affectation	Dabecad dabiici ahayn
Affection	U Dabasanaan, Jeclaan
Affiance	Ballan-Qaadid Guur
Affidavit	Dhaarasho qoraal ah
Affiliate	Ka tirsan, Ku xidhan
Afflict	Ka murugaysan ama ka gubanaaya
Affluent	Hondan a h sida qofka ka dhashay reer ladan
Affirm	Si adag aad u caddaysid, Si qeexan u caddayn shaac ka qaadid
Affluence	Taajir, Nolol aad u Saraysa
Afford	Awoodi kara, Yeeli kara
Afforest	Dhireyn, Dhir ku beerid
Affright	Baqdin, Ka bajin, Cabsi
Affront	Cay badheedh ah, Jareexayn
Afield	Ka fog hoyga
Afire	Gubanaya, Dabka dul saaran
Aflame	Ololaaya, Holcaya
Afloat	Sabbaynaya, Heehaabaya (Biyaha ama Hawada)
Afoot	U Diyaar Garaw, U Diyaar noqosho
Afraid	Baqanaya, Cabsanaya, La baqo
Afresh	Mar kale, Hab ama si cusub
African	Afrikaanka, Dadka ku nool afrika
After	Ka Bacdi, Ka dib
Afternoon	Galabnimo, Gelin dambe
Afterward	Marka ka dib, Dabadeed
Again	Mar labaad, Mar kale
Against	Diidan, Ka soo horjeed

Agape	Af kala qaad
Age	Cimri, Da
Agency	Wakaaladda ama Wakaalad
Agenda	Waxyaabaha la qabanaayo, Waxyaabaha lagaga wada shiro ama kulan
Agent	Qof cid ka wakiil ah
Agglomerate	Uruurin, Meel isku uruurin
Aggregate	Isku keenid, Isku dhaafid, Isku ururin
Aggression	Gardarro ku dagaallan
Aggressive	Gardaran, Dagaal badan
Aggrieve	Madluun, Ka xun dhibaato iwm
Agitation	Ku kacsan ama ka soo horjeeda
Agnostic	Qof aan aaminsanayn jiritaanka eebe, Ama inay cid ka sarayso
Aglow	Ama birqaya, Midab dhalaalaya
Ago	Wakhti tagay, Wakhti ka hor
Agog	Farxada lama filaan ah, Ka helitaan
Agony	Xanuun badan, Sida sakaraatul mawdka
Agree	Ku raacid, Aqblid
Agreement	Heshiis
Agriculture	Cilmiga ama Sayniska Beeraha
Ahead	Hore, Xagga hore, Madaxa hore
Aid	Ujeeddo, Muraayad, Qasdi, ku jeedin (Bunduq iwm)
Aide	Kalkaaliye caawiye
Aim	Liishaanka qoriga, Hadaf, Qasdi
Air	Hawo
Airless	Hawo yar, Neecaw ku filan lahayn
Air-conditioner	Hawo qaboojiye
Airforce	Ciidanka cirka

Airy	Dabeel, Hawo neecaw ah oo badan leh (socota)
Akimbo	Marka qofku gacmuhu dhexda kuhaysto
Akin	Isku cid, Isku reer ah, Isku qoys
Alack	Murugo la ooy, Calaacal la qaylin ama ooyid
Alarm	Digniin, Qaylo ama Sanqadh digniin ama Feejig Bixinaya
Alarm-Clock	Saacadda Dawanka leh ee lagu tooso
Album	Buugga Sawirada lagu ururiyo ama Xaafido, Tigidhada, Cajaladaha
Alcohol	Isbiirto, Ku jira, Alkool
Alert	Digtoon, Feejigan
Algebra	Nooc xisaabt ah oo Xarfoiyo Calaamado ka kooban
Alien	Waageeni, Laaji, Qofka dal Shisheeye jooga
Alight	Dab Shidid, Gubid, Iftiimin, Ilaysiin, ka soo degid
Align	Safid, Layn gelid, Saf samayn
Alignment	Saf
Alike	Isku eg. u eg.
Alimentary	Cuntada iyo dheefshidka ah
Alive	Nolol, Nolol leh
All	Dhamaan, Giddi
Allegiance	Daacad u ah dawlada ama qadiyad
Allergy	Xasaasiyadu, Qofka Jirkiisa Markuu wax diido
Alley	Surin, Wadiiqo yar oo dhismayaasha kala dhex marta
Alliance	Isbahaysi, Gaashaanbuur
Allied	Xulufo sida nato ama warsow
Allocate	Ugu talo galid

Allot	Qaybin
Allow	U oggo laansho
Allowance	Lacag Gunno ah, Gunno
Allspice	Nooc Xawaashka ka mid ah
Alloy	Bir ka samaysan Biro kale oo laysku daray
Allusion	Si Dadban wax uga sheegid
Ally	Isbahaysad
Almighty	Lahaansho aan la qiyaasi karayn, Qawadda oo dhan leh
Almost	Ku dhawaad, Ku dhawaaday, Ku sigtay
Alms	Sadaqo, Wixii hor Illah loo bixisto
Alone	Keli, Keli ahaan
Along	Dheretan, Dhinacqaad:(We walked along the road=Annagu waddadaanu dhinac soconay)
Aloof	Ka durugsan, Ka dheer, Ka yara fog
Aloud	Kor u qaadis, Kor ud dhigid, Kor ugu dhawaaqid
Alphabet	Shaqalada, Sida Xarfaha b t j x khiwm
Already	Dhakhsaba, Durtaba
Also	Weliba
Alter	Isbeddelid ama beddelid
Altercation	Ilaaqtan, Cilaaqtan
Alternate	Isbeddedelaaya, Beddelid, Talantaali
Alternative	Talantaali ah, Talantaali
Although	Inkastoo
Altitude	Dherer, Inta meeli badda ka sarreyso
Altogether	Kulli, Dhammaanba, Giddigoodba
Aluminium	Jaandi, Macdanta Jaandiga ah

Always	Markasta, Had iyo jeer
Amass	Is korsaar, Rasayn
Amaze	Cajaaib, La yaabid
Ambassador	Danjire, Ambasatoor, Safiir
Ambiguity	Aan la hubin macnaha, macno badan leh
Ambiguous	Hammad ama hiyi, Laab ku hayn
Ambitious	Hammo badan, Hiyi badan ama fiican
Ambulance	Dhoof, Baabuurka Qafilan ee dhaawaca lagu qaado iwm
Amend	Laga roonaysiiyo, La hagaajiyo
American	Qofka Maraykanka ah, Reer Maraykan
Amiable	Dabeecad san, Qalbi naxariis
Amicable	Si saaxiibtinimo ah, Loo qabtay si saaxiibtinimo
Amity	Saaxiibtinimo (Laba qof ama laba dal ka dhexeysa)
Ammeter	Aalad ama Qalab lagu qiyaaso qulqulka Korontada
Ammonia	Neef Xoog leh oon Midab lahayn oo Ur Fiiqn (NH_4)
Ammunition	Kaydka Bakhaarrada ama Istoorada Milateriga ee Hubka
Amnesia	Xusuus Darro, Xusuus la'aan
Amoeba	Wax yar oo Nool oonay ishu arkayn oo laga helo Biyaha
Among	Dhexdooda, Ku dhex jira
Amongst	Dhexda ama badhtanka (Meel ama cid) ugu jira
Amorous	Dhibyari ku jeclaan, Caashaq Fudud
Amount	Isugeen, Xisaab, Isku Xisaabin
Ampere	Cabbirka Qiyaasta Qulqulka Maayadda Korontada

Amplify	Weyneeyn ama faahfaahin (Siiba Raadyowga iwm)
Amputate	Waax Jarid Jidhka ah: (Gacan ama Lug)
Amuse	Maaweelin ama Madadaalin, Ka farxin
Anaconda	Mas weyn, Siiba nooc wax burburiya
Anemia	Dhiig yaraan, Qof dhiiga ku yar yahay
Analogy	Isku yara dhigma, Qaybo isaga ekaan
Analyse	Intixaamid ama baadhid wax si loo barto waxa uu ka samaysan yahay
Analysis	Kala dhigdhigid
Anarchy	Dawlad la'aan, Nidaam La'aan
Anatomy	Sayniska ama Cilmiga Barashada Dhiska Jirka xayawaanka
Ancestor	Awoowyadii hore Midkood (Qof) Tafiirtiisii hore Midood
Anchor	Barroosin, Birta Markabka Dhulka loogu xidho
Anchovy	Kalluun yar oo suugo laga samaysto
Ancient	Qadiim, Wax jiri jiray waa hore
And	Iyo
Angel	Malag (Masiixiyiintaa u taqaan)
Anger	Cadho
Angle	Xagal
Angry	Cadhoonaya, Cadhaysan
Angular	Xaglo leh, Cidhifyo leh, Xagleed, Xagleysan
Animal	Xayawaan
Animate	Nool, Noolayn

13

Animosity	Necbaysi ama Necbaasho xoog ah
Ankle	Canqow, Halka cagta iyo Lugta isku xidha ama kurankur
Anneal	Qunyar qaboojin (Biraha & Qaruuradaha iwm), Si loo adkeeyo ama ay u adkaadan
Annihilate	Baabi'in, Titirid (Wax jiray)
Anniversary	Sannadguuro
Announce	Ku dhawaaqid, Daah ka qaadid
Annoy	Ka Xanaajin, Ka cadhaysiin
Annual	Sannad walba dhaca, Sannad Qudha ku dhammaada, Sannadkiiba
Anomalous	Sida Caadiga ah ka yara duwan
Anonimous	Aan magac lahayn, Magac la'aan, Maga la'
Anopheles	Kaneecada nooca Cudurka duumada fidisa
Another	Mid kale
Answer	Jawaab, Ka jawaabid, Laga jawaabo
Answerable	Laga jawaabi karo
Ant	Qudhaanjo
Antagonist	Qofka la halgamaya mid kale
Ante	Hordhig ka hor
Antelope	Xayawaan deerada u eg
Antemeridian	"a.m" wakhtiga u dhexeeya Saqbadhka Habeenkii ilaa duhurka Maalintii, "8.30 a.m." Siddeedda iyo Badhka
Antenuptial	Guurka ka hor, Guurka Hortii
Anterior	Ka hor imanaya (Wakhti ama meel)
Ante-room	Qolka ka horreeya ka weyn

Anther	Mid ka mida qaybaha Ubaxa oo Bacrinta sida
Anthropology	Cilmiga ama sayniska Ninka ama Qofka: Bilogiisii, Horumarkiisa, Caadooyinkiisa, Waxyaabuhuu rumaysan y
Anti	Mucaarid, Ka soo hor jeeda, Ka lid ah
Anticipate	Ka hor isticmaalid, rajayn
Antidote	Dawo loo isticmaalo Lidka Sunta, Ama ka sii hortegidda Sunta iwm
Antiknock	Wax shidaalka Baabuurka lagu daro s Guuxa u yareeyo
Antitank	Lidka Dabaabadaha (Milateriga)
Anus	Ibta Futada Xayawaanka (Godka)
Anvil	Cudad, Cuddad, Birta Biraha lagu dul Tumo
Anxiety	Xaalad laga Walaaco Mustaqbalka Wax dhici doona
Anxious	Ka xun, Ka werwersan
Any	Walba (Wax marka aad sheegaysid gebiba): Tusaale mid uun, Sida kuwa hoos qoran fiiri:-
Anybody	Ciduun, Qofuun, Kuu doono ha ahaado
Anyhow	Si kasta, Si walba
Anyone	Miduun, Qofuun
Anything	Wuxuun
Anyway	Si kastaba
Anywhere	Meel uun, Meeshay doontaba ha noqotee
Aorta	Halbawlaha dhiigga wadnaha ka qaada
Apart	Ka durugsan, Ka fog
Apartheid	Midab kala sooc

15

Apartment	Qol gaar ah oo Guriga ka mid ah
Ape	Daayeer aan Dabo lahayn: Goriile iwm
Apex	Halka ugu Sarraysa
Apiary	Meesha Shinnida lagu xareeyo ama lagu hayo
Apocalypse	Waxyi (Cilmiga Xagga Ilaahay ka yimaado)
Apologize	Raali gelin, meeldhac ka soo noqod (Raaliyeyn)
Apoplexy	Miyir doorsan, Maan rogmad
Apostrophe	Hakad, Hamse(')
Apparatus	Qulab wax loogu tala galay
Apparent	Si qeexan loo arkayo ama loo fahmayo
Appeal	Codsasho Rafcaan, Dalbasho rafcaan, Racfaan
Appear	Muuqda, La arkayo
Appearance	Muuqasho, Muuq
Appease	Maslaxid, Aamusiin ama qaboojin (Qof cadhaysan)
Appendix	Wax gadaal lagaga daro, Qabsin (Jid ku yaal)
Appetite	Nafsad (Cunto cunid u niyad wanaag)
Applaud	U sacbin, Sacab ku taageerid
Apple	Tufaax (Khudrad)
Appliance	Qalab farsamo
Applicable	La isticmaali karo, Habboon ama lagu dhaqmi karo
Applicant	Qofka Arjiga (dalabka) soo qorta
Application	Codsi sameyn, Isticmaalid arji
Apply	Isticmaalid
Appoint	Go'aamid, Qoondayno, U qabasho (Wakhti)
Appointment	Ballan, Wakhti la ballamo

Apportion	Qaybin, Tafaruqin, Qaybqaybin
Apposite	Ku habboon, U qalma, Sax ku ah
Appreciate	Qiimeyn faham ah, Kor u dhigid (Mudnaasho)
Apprentice	Waxbartayaasha shaqada, Ka loo yeelo inuu wax ka barto meelaha shaqadu ka socoto
Apprise	Ogeysiin, Wargelin
Approach	Ku dhawaansho, Ku sii dhawaysad
Appropriate	Ku habboon, Ku hagaagsan, Ugu talo gelid
Approve	Yeelid, U caddayn ama raaleyeysiin
Approximate	Aad ugu dhow, Iska sax, Ku dhawayn tiro
Approximately	Ugu dhawaan
April	Bisha Afraad ee Sannadka Milaadiga, Abriil
Aptitude	Karti dabiici ah oo xagga aqoonta ah
Arab	Dadka Carabta ah
Arabic	Ku habboon baaqbaaqa (Dhul) badanaaba la baqbaaqo
Arbitrary	Ku saleysan fikrad & ra'yise aan sabab lahayn
Arbour	Meesha hadhka leh ee dhirta u dhaxaysa
Arc	Qaanso (Xisaab)
Archbishop	Wadaad ama Shiikh Kiniisadaha (Masiixi)
Archer	Qofka Leebka & Qaansada wax ku toogta ama shiisha
Architact	Qofka Sawira nakhshadaha dhismayaasha kana war haya shaqada dhismaha markay socoto

Architecture	Cilmiga Dhismaha
Archives	Meesha lagu kaydsho waraaqaha iyo warbixinada dawladda amada dweynaha, Aarkiifiyo
Area	Bed, Cabbirka sakxada
Argue	Murmid
Arise	Soo bixid, Shaacbixid
Arithmetic	Cilmiga tirada, Xisaab
Arm	Cudud (Gacanta inteeda Calaacasha ka sarraysa), Hub, Hubsiin
Armature	Qaybta Wareegta ee Daynamada
Armour	Hu'ama dahaadh bir ka samaysan oo difaaca loo xidho
Army	Ciidan Milatary, Ciidammada Gaashaandhigga
Around	Dhinac kastaba, Hareeraha oo dhan meelahakan
Arouse	Guubaabin, Kicin (Hiyi ama niyad)
Arrange	Diyarin, Nidaamin, Isku hagaajin
Arrangement	Diyaaris, Hagaajis, Nidaam
Arrest	Xidhid, Qabasho (Jeelka la dhigo)
Arrive	Meel gaadhid (Halka uu socdaalku ku eg yahay)
Arrogant	Kibir weyn, Isla weyn, Heer sare iskuhaysta
Art	Habka sameeynta Sawirka Gacanta ah
Artery	Halbowle (Kuwa dhiigga)
Arthritis	Cudur ku dhaca Xaglaha
Article	Qodob
Artifact	Waxyaabaha aadamigu sameeyo, Aartafishal
Artificial	Aan dabiici ahayn ama dhab, wax qof sameeyay
Artist	Qofka wax sawira ama Naqshadeeya

18

Ascend	Xaqiijin, Hubin
Ash	Dambas
Ash-tray	Walaxda Sigaarka lagu Bakhtiiyo ama la dul saaro
Ashamed	Isla Yaabid, Isku sheexid
Ashore	Xagga Xeebta ee Beriga
Aside	Dhinaceyn, Dhinac ama dhan ka yeelid (Dhigid)
Ask	Weydiin, La weydiiyo
Asleep	Gam'id, (Hurdo) Hurdaa
Aspect	Qaab ama Muuqaal uu qof ama Wax leeyahay
Asphalt	Daamur, Laami
Ass	Qofka edebta xun ama Nasakha ah
Assassination	Dilid qof muhiim ah (Madax ah)
Assault	Weerar kedis ah oo Xoog leh
Assemble	Isku uruin, Isku xidhxidhid
Assembly	Gole, Guddi loo Xilsaaray inay shaqo gaar ah fuliyaan
Assert	Ku dacwoodid wax aad Xaq u leedahay
Assign	Lagu qaybiyo, Loo qoondeeyo
Assist	Caawin, Caawiye (qof)
Assistant	Kaaliye, Caawiye (qof)
Associate	Isku xidhid, Isku keenid (Urur iwm)
Association	Urur (Ujeeddo wada leh)
Assume	U qaado (Tusaale, Run U qaado)
Assurance	Hubaal, Xaqiiq
Assure	Xaqiijin, Hubaal
Astonish	Aad u yaabid, Aad ula yaabid, Naxdin

19

Astray	Lumis, Marin Habaabid, Ambasho, Habow
Astronomy	Cilmiga Xidigaha, Cilmiga Xiddigiska
Asylum	Jeel Magnuun, Meesha dadka waalan lagu xannaaneeyo
Ate	Waa cunay, Cunay ("EAT" Bay ka timid)
Atheism	Rumasnaanta ama caqiidada inaan Ilaah jirin
Atlas	Bhugga Khariidadaha, Buugga Maababka
Atmosphere	Hawada Dhulka Dushiisa
Atom	Waa saxarka ugu yar ee aan la jajabin karin
Attach	Isku xidhid, Isku dhejin
Attack	Weerarid, Weerar
Attempt	Isku deyid, Tijaabin
Attend	Ka qaybgalid: ilaalin, u shaqayn
Attendance	Joogid, Xaadirid, Joogis
Attention	Digtooni, si fiican u dhugasho
Attitude	Joogga Qofka
Attract	Soo Jiidasho (Sida Birlabta oo kale)
Attractive	Isjiidasho, La jeclaysanayo, Ku soo jiidanayo
Auction	Xaraash
Audible	La maqli karo
Audience	Dhageystayaal
Audit	Dhegayste, Qofka hantidhowrka ah
Auditor	Hantidhowre
Auditory	Ee dareenka maqalka
Auger	Aalad looxaanta lagu duleeliyo
August	Bisha Siddeedaad ee sannadka Masiixiga, Ogosto

Aunt	Eddo ama habaryar, Aayo (ta uu qofka (Aabbihii qabo)
Aural	Xubnaha ama qaybaha maqalka
Auricle	Dhegta inteeda dibadda ah, godka sare ee wadnaha
Author	Qoraa, Qofka qora buug, Sheeko iwm
Authority	Awood
Auto	Hordhig Iskii, Iswada, Baabuur iwm
Automatic	Is wada, Iskii isku wada ama is dhaqaajiyay
Automobile	Baabuur
Autumn	Fazalka, Dayrta (wakhtiga)
Auxiliary	Caawin, Caawin ama taageerid leh
Avenue	Waddo hareeraha dhir ku leh, Suuq weyn ee waddada hareeraheeda dhismayaasha ku leh
Average	Isku celcelin, Isku celcelis
Aversion	Nebcaasho xoog ah
Avert	Maskax ka doorin, ka jeedin ama is hor taagid
Aviary	Meesha Shimbiraha lagu dhaqo
Aviation	Cilmiga duulista, Cir-mareenimada
Aviator	Qofka kontaroolka Dayuuradaha & Gaadiidka Cirka kala socodsiiya
Avid	Ku hamuunsan, Hunguri weyne
Avoid	Ka hor tag, is hortaagid
Await	La sugo, U keydsan
Awake	Laga tooso hurdada
Award	Bilad Sharaf, Abaalmarin
Aware	Yinqiinsi, Aqoonsin
Away	Ka fog, Maqan, Fog
Awe	Xushmeyn ay cabsi ku jirto, lagu cabsiiyo

Awful	Aad u xun
Awhile	Wakhti yar ku siman
Awl	Maxaadh
Awning	Shiraac, Daah
Axe	Faash, Gudin
Axiom	Odhaah ama hadal laysku raacy, Muran la'aan
Axis	Xariiq Xudun ah
Axle	Candhada Baabuurta, Khalfad
Azalea	Noocyo Ubaxa cufan ka mid ah
Azure	Midab calan khafiifa sida Cirka oo kale

B

Baa	Cida idaha, Iyo xixii u egba
Babble	Salbabakh
Baboon	Daayeer weyn oo Wejiga eyga oo kale ah leh
Baby	Murjuc, Canug, Ilma aad u yar
Baby-sitter	Baylso, Jaariyad ku meel gaadh ah oo caruurta sii haysa marka waalidkood ka maqan yahay
Baccara	Khamaarka Turubka lagu ciyaaro
Baccy	Buuri, Tubaako
Bachelor	Doob, Ninka aan guursan
Back	Gadaal, Xagga dambe
Back number	Tiro hore
Backbite	Xanta
Backbone	Laf dhabarta
Backdrop	Daaha tiyaatarka ka dambe ama gadaaleed
Backfire	Wax aad wanaag ka filaysay oo kugu xumaaday
Background	Asalkaaga sida reerkiinu ahaa, Waxbarasha daadii, Shaqadadii iwm
Backing	Cawimid, Saacidiid, Duubis, Lufayn alaabeed
Backlog	Marka aad damaystiri wayda ama ku baasi waydid maadadi hii gamalada, Is la mazkaasna muda gaaban lagasiiyo i
Backward	Dib-u-socod, Xagga dambe, Dambeeya
Backwoods	Qof ku nool baadiye, Miyi aan aqoon lahayn
Backyard	Guriga gadaashiisa daarad ku taal

Bacon	Hilib doofaar
Bad	Xun, Ma Wanaagsana
Badminton	Ciyaarta, Teeniska dheer, Laliska dheer
Bag	Alaabooyinka (shandadaha iwm) ee safar ka loo qaato
Baggage	Shandadaha ay dadku qaataan markay dhoofayaan
Bail	Ganaax Maxkamadeed
Bait	Cullaf, Raashinka ama waxyaabaha ka le ee dabinka la gesho
Bake	Dubid, Sold, Moofayn, (Rootiga Keegga iwm)
Baksheesh	Bakhshish, Lacagta Abaal-marintalaysku siiyo
Balance	Miisaan, Miisaamid, Isku dheellitir
Balcony	Balakoone
Bald	Bidaar, Aan timo lahayn, Timo La'aan
Balderdash	Hadal ama qoraal Maalayacni ah
Baldric	Jeeni-qaar
Bale	Dhibaato, Waxyeelo
Baleful	Murugo, Welwol
Ball	Kubbad
Ballad	Suugaan, Gabay afaray ah
Balloon	(Biibiile), Caag laga Buuxsho naqas neef
Ballot	Xaashiyaha Doorashada
Balm	Dhir ka baxda dhul u dhow dhul ba dhaha oo laga sameeyo - cadarada
Ban	Joojin, Mamnuucid
Banana	Muus (Khudrad)
Band	Koox, Urur Samaysan, Duub
Bandage	Baandheys, Maro qaro adag oo meesha Jirran lagu duubo
Bandit	Budhcad, Dadka xoog wax ku dhaca

Bane	Sun, Dhibaatayn
Bang	Sanqar, Qaylo kadis ah
Banish	Masafurin, Dal dibadda looga saaro
Bank	Baan; Bangi (Meesha ama Xafiisyada Lacagta)
Bankrupt	Caydhnimo, Kicid, Qaan, Fakhriyid
Banquet	Casuumad, Qado-sharaf ama cashosharaf
Bar	Meesha wax lagu cabbo ama laga cuno (Baar)
Barbarian	Ilbax la'aan
Barber	Rayiisle, Timo-Xiire, Jeega xiire
Bard	Gabay tinija gabay gabiileedka
Bare	Qaawan
Bargain	Baayactan, Baqsid
Bark	Jilifta dhirta, Cida eyga
Barometer	Qalab lagu qiyaaso Cadaadiska Hawada
Baroque	Si heer sare ah loo qurxiyo
Barouche	Gaadhi-faras
Barrack	Guryaha Askartu Wadajir ugu nooshahay; didmo qaylo Buuq leh
Barrage	Biyo-xireen
Barrel	Barmiil, Foosto
Barren	Dhirta aan Midhaha bixin, Naagta aan dhalin (Ma dhasho)
Barricade	Caqabad, Carqalad ama jid goyn sida mudaaharaadka
Barrier	Aan laga gudbi karin
Barrow	Gaari gacan, Kaaryoone
Base	Dakhar ama jebin
Base	Qaaciido, Asaas
Basement	Dhismaha dabaqa ugu hooseeya oo dhulka guntiisa ku jira

25

Bash	Sixun wax u dilis, Gaadis, Lama filaan xanuun leh
Bashful	Mukhajil, Xishood badan
Basic	Gundhig, Aasaasi, Sal
Basin	Saxan bir ama dhoobo ah oo wax lagu shubto
Basinet	Baabuur Caruureed
Basis	Asaas, Shay walax asasi ah
Basket	Sallad, Sanbiil, Kolay
Bass	Nooc Kalluunka ka mid ah
Bastard	Garac, Qof meher la'aan ku dhashay
Baste	Hilib ku marka uu karaayo oo aad heenta ka dhurto, Inta aan dharka la tolin ka hor, Daawaarluhu tolmada dhaad
Bat	Fiidmeer
Bath	Qubaysi, Maydhashada jirka
Bathe	Biyo ku shubid
Bathroom	Musqusha qubayska, Xamaamka
Batman	U-adeegaha Sarkaalka Ciidanka
Baton	Usha ninka Booliska ah qaato
Battalion	Guuto (Cidan ah)
Battery	Beytari, Qalab koranto laga helo
Battle	Dagaal ka dhex dhaca laba dal ama la ba Ciidan
Batty	Yara waallan, Qof yara waalan
Bawl	Qaylin ama oohin dheer
Bayonet	Soodh, Maddiisha bunduqa afkiisa la gesho
Bazaar	Suuqa Ganacsiga
Bazooka	Qoriga ama Bunduqa Lidka Kaaraha ama dubaabadda
Beach	Xeebaha, Meelaha badda lagaga dabbaasho

26

Bead	Kuul, Tusbax iwm
Beak	Afka dhuuban ee Shimbiraha
Beam	Tiir, Ama iftiin toos ah sida tooshka Digir, Nooc Midho Dhireed ah, Dhig-dhexe
Bean	Madax Kuti
Bearable	Loo adkaysan karo
Beard	Gadh, Timaha ka soo baxa gadhka
Bearer	Biyotooni, Qofka badhi-walaha ah
Beast	Xayawaanka afarta addin leh, Qofka Axmaqa ah
Beat	Garaacid, Tumid, Laga badiyo
Beatify	U bushaarayn, Ka farxin
Beatitude	Aad u faraxsan
Beautiful	Qurxoon, Qurux badan
Beauty	Qurux
Because	Maxaa yeelay, Maxaa wacay
Become	Yimaado, Noqda (He has Became a famous Man Wuxuu noqday Nin Caan ah)
Bed	Sariir sida ta lagu seexdo
Bedroom	Qolka hordada
Bedtime	Wakhtign seexashada
Bee	Shinni, Cayayaanka malabka sameeya
Beef	Hilibka lo'da
Beefy	Shuluq, Nin Xoog weyn
Beer	Biire, Nooc Khamri ah
Beeswax	Geedka qoriga laga qoro ee shinudu malabka ku samayso
Beetle	Nooc Cayayaanka ka mid ah
Befit	Ku haboon
Before	Ka hor, Hore
Befoul	Wasakhayn

27

Beg	Tuaksi, Dawarsi, Baryid
Began	Bilaabay, La bilaabay
Beget	Dhalay, Aabe noqday
Beggar	Miskiin, Qofka dawarsada
Begin	Bilow ah, Bilaabid
Beguile	Siyaasadeyn, Khiyaameyn
Behave	Layska dhigo, Ula dhaqmo
Behaviour	Akhlaaqd, Dabeecad
Behead	Madax ka goyn, Gurta laga jaro
Behind	Xagga dambe, Gadaal
Being	Jiritaan, Jira
Belabour	Aad u garaacid, Garaacid xoog leh
Belated	Daahis, Saacad dib uga dhicid, Habsamid
Belief	Aaminad, Qirid, Ictiqaad, Rumeyn
Believe	Aaminsan, Qirsan, Rumeysan
Bell	Gambaleel, Dawan, Jeles
Belle	Jidhah, Jiroos, Gabadh ama naag qurux badan
Bellicose	U janjeedha xagga Dagaalka, Dagaal jecel
Belly	Caloosha Qaybta cuntadu gasho
Belong	Leh, Iska leh
Beloved	La jeclaado, Jecelyahay
Below	Ka hooseeye, Hoos
Below	Hoose
Belt	Suun (Ka dhexda lagu xidho oo kale)
Bench	Miiska Shaqo-xirfadeedka lagu dul qabto
Bend	Qalloocin
Beneath	Xagga hoose, Ka hooseeye, Hoos yaal
Benefactor	Mucaawano - Tabaruc
Beneficial	Faaiido ama waxtar u leh

Benefit	Faaiido, Waxtar
Beri-beri	Jirro ay fiitamiin la'aantu keento
Berth	Meesha la seexdo ee tareenka, Markabka ama Dayuuradda iwm
Beside	Dhinaceeda, Ku naban, marka loo eego (Come and sit Beside me "Ii kaalay oo dhinaceyga fariiso")
Besides	Weliba......, oo kale
Besiege	Hareerayn, Go'doomin
Besmirch	Us kagayn, Wasakhayn
Best	Ugu wanaagsan, Ugu fiican
Bet	Sharad, sharatan
Betroth	Doonan, (Guurka) sida gabadh Cali Ibrahin u doonan
Better	Ka wanaagsan, Ka fiican, Ka roon
Between	U dhaxayn
Beverage	Cabitaan, Sharaab, Wax kasta oo la cabbo(sida Caano, Shaah, Khamri, Fiimto,iwm)
Bevy	Shirikad ama Urur Haween ah, raxanshimbiro ah
Beware	Feejignaan, Digtoonaan
Bewilder	Layaab, Madax-fajac, Amakaak, Dhaka-faar
Bewitch	Fal u qabatin, Sixiraad, khushuuc gelin
Beyond	Ka Gadaaleeya, Dhanka kale, ka shisheeya, ka dib, Xagga shishe
Biannual	Wax dhaca laba jeer Sanadkii (sida dhulgariirka, abaarta iwm)
Bible	Kitaabka Masiixiyiinta
Bibliography	Buugaag hal maado ka kooban
Biceps	Muruqa Gacanta
Bicycle	Bushkuleeti, Baaskiil
Big	Weyn

29

Bigamy	Ninka labada naagood qaba, Nin laba xaas leh
Bigot	Casabi cadho badan
Bikini	Dharka ay Dumarku gashadaan marka ay dabbaalanayaan, dharka dabbaasha ee Haweenka
Bile	Dheecan Beerku soo daayo oo uu ku soo daayo rashinka si dheef shiidku u fududaado
Bilharzia	Kaadi-dhiig (Cudur)
Bilingual	Qof laba luqadood ku hadla qorana
Bill	Biil, Wax macmiil loo qaato oo wakhti lagu bixiyo
Billion	Malyan malyan, milyan meelood oo malyan ah
Billy-goat	Orgi
Bin	Baaldi yar oo qashin ka lagu guro
Bind	Xidhid, Laabis alaab (iyo wixii la mid ah)
Binoculars	Diirad, Qalab aragga soo dhaweeya
Biography	Qof taariikhdii oo uu qof kale qoray
Biology	Cilmiga barashada Noolah, Nafleyda
Biped	Nafleyda labada Lugood ku socota sida Dadka, Shimbiraha iwm
Bird	Shimbir
Birth	Dhalasho
Biscuit	Buskut
Bisect	U kala goyn laba meelood oo is le'eg ama u kala qaybin labo meelood oo is le'eg
Bit	Xakame, in yar
Bitch	Dheddigga ama ka dheddig ee Eyga, Yeyga ama Dawacada
Bite	Qaniin, Qaniinyo
Bithering	Iska hadalid, hadal badni nacasnimo ah
Bitter	Qaraar, Qadhaadh, Dhadhan Qaraar

Blab	Hadal nacasnimo ah, si dabaalnimo ah iska hadashid, sir sheegid
Black	Madow, Midab madow
Black board	Sabuurad
Black market	Suuqa madaw
Blackout	Sakhraamay, Miyir beelay
Blacksmith	Bir tume
Bladder	Xameyti
Blade	Mindida ama soodhka iwm intiisa ballaaran ee wax jarta, seefta intiisa ballaaran
Blame	Canaan, Eedayn
Blank	Xaashi aan waxba ku qorneyn
Blanket	Buste
Blast	Qaraxa, Sida banka ama baaruuda
Bleach	Cadaysada dharka, Midab bedelid
Bleat	Cida, Idaha (Ariga) Weylaha
Bleed	Ka dhiijin, Dhiig ka keenid
Blend	Marka aad kala saari waydid, Cododka, Sanfaraha miyuusiga iwm
Bless	U ducayn, Alla u baryid
Blind	Indha la, aan waxba arkayn
Blindfold	Masarka madaxa lagu xidho ee timaha qariya
Blink	Il-jibin, Sanqasho
Bloated	Bararay, Bararsan (meel jiran)
Block	Waslad weyn oo ah qori, Loox, Dhagax iwm
Blockhead	Qofka sakhiifka ah
Blood	Dhiig
Bloody	Dhiigga leh, Dhiig leh
Blossm	Ubax (siiba ka dhirta khudaarada leh)
Blot	Khadka qalinku marka ay dhulka ku daadato

31

Blow	Afuufid, neecow qaadasho, garaacid, tumis
Bludgeon	Budh, Ul madax kuusan oo gacan qabsi leh
Blue	Midabka Cirka oo kale (Calanka Soomaalida midabkiisa oo kale)
Blunt	Af la', raawis ah, aan waxba jarayn
Boa	Siil, Jebiso
Boat	Dooni
Bobby	Askari Boolis ah
Body	Jidh, Jirka
Boil	Karkarin, Baylin
Bolt	Bool, Boolka wax lagu xidho
Bomb	Qunbulad, Bambaane
Bombard	Duqeyn (Dagaal Ciidameed) weerar laxaad leh oo hubeysan
Bondage	Addoonnimo
Bone	Laf
Bonny	Aragti caafimaad leh, Caafimaadqaba
Bony	Lafo leh, Lafo miiran ah, cadku ku yar yahay
Booby	Dabaal, Maran ah, Segegar, Qof doqon ah
Book	Buug, Buugga ku qorid
Bookish	Qofka wax akhriska badan leh
Boost	Sii kordhin, Sii hinqadsiin, Sii cusboonaysiin
Boot	Buudh, Kabaha dusha ka qafilan
Booth	Balbalo
Border	Xad, Xariiq laba dal kala qaybisa
Bore	Daloolin, ka daloolin xagga maskaxda ah
Borrow	La dayniyo, La amaahiyo
Botany	Cilmiga barashada dhirta

32

Bother	Arbushaad, La arbusho (What is bothering you? maxaa ku haya?)
Bottle	Dhalo, Qaruurad wax lagu shuban karo
Bottom	Gunta ama xagga ugu hoosaysa
Boudoir	Qolka dumarku ku beddeshaan, Qolka fadhiga ee dumarka
Bounce	La soo cesho, Dib uga soo booda
Boundary	Soohdin, Xad, Xuduud, Xarriiqa laba meelood kala qaybiya
Bourgeois	Maalqabeen dhexe
Bow	Sujuudis, Madax foorarin
Bowser	Baabuurka Dayaaradaha Shidaalka siiya
Box	Shanbad, Sanduuq, feedh (Tantoomo)
Boy	Inan, Wiil
Boycott	Qaaddacaad
Brackish	Biyo xaraq ah, Biyo adag (dhadhan)
Brae	Janjeedh Buur sinteed ama Sanaag
Braille	Habka dadka indhaha la'wax loogu dhigo
Brain	Maskax
Brake	Bireegga ama fareenka wax socda lagu joojiyo, Sida Bireegga Baabuurka joojiya
Branch	Laan geed, Laan
Brand	Summad, Calaamad, Maddane, Birta wax lagu sunto
Brassiere	Keeshali, Candho saabka dumarka
Brave	Geesi
Bravo	Eray kor loogu dhawaaqo markaad Qofka leedahay si fiican baad fashay
Bray	Cida dameerka
Brazier	Girgire bir ah, Jalamad ama markab bir ah
Bread	Rooti, Furin

33

Breadth	Qiyaasta ama Masaafadda Ballaarka, Balac
Breakfast	Quraac
Breast	Naas, Naaska Dumarka
Breath	Neefsasho
Breed	Taransiin (Dhalmada), Dhaqis (Xoolaha)
Bribe	Laaluush
Brick	Bulukeeti, Jaajuur
Bridal	Sab, Casuumad ama sooryo aroos
Bridge	Biriish ama Buundo, Meesha togga lagaga dul tallaabo
Bridgegroom	Ninka Arooska ah
Bridle	Xakamaha Faraska
Bridsmaid	Minxiisad aan weli guursan
Brief	(Hadal, Qoraal, iwm) oo yar ama wakhti yar ku eg
Brigade	Guuto (Ciidan)
Brigand	Qof ka mid ah dad budh-cad ah
Bright	Dhalaalaya, Caddaana
Brilliant	Aad u Nuuraya, Aad u dhalaalaya
Brim	Qar sida ka koobka oo kale
Bring	Keen, La kaalay
Brisket	Naasaha Xayawaanka
Britain	Dalka Ingiriiska
British	Dadka Ingiriiska ah, Qofka Ingiriiska ah
Broad	Balaadhan, Ballaaran
Broadcast	Warfaafinta
Broil	Dubis, Solis, Sida Hilibka Dabka lagu dul Solo
Broken	Wuu jaban yahay
Broker	Baayac-Mushtar, Qof Ganacsadaha ah
Broom	Xaaqdin, Mafiiq

Brothel	Aqalka ama guriga Sharmuutooyinka loogu tago, Guriga Dhillooyinka lagu booqdo
Brought	(Bring) la keenay, La keeno
Brow	Sunnayaasha, Timaha Indhaha Dushooda ka baxa
Brown	Midab boodhe ah
Brush	Burush, Buraash ku masaxid, Burushayn
Brutal	Waxshi, Axmaq
Brute	Xayawaanka oo dhan dadka Mooyee, Qof Iska Xayawaana
Bucket	Baaldi, Sibraar iwm
Budget	Miisaaniyad
Bug	Dukhaan, Kutaan
Bugle	Bigilka ama Turuumbada Ciidammadal oo Afuufo
Build	Dhis, Dhisid
Building	Dhismo, Guri iwm
Bulldozer	Baldooska, Cagafta afka ballaaran leh ee wax burburisa
Bullet	Rasaas, Xabadda wax disha
Bulletin	Maqaalad
Bully	Hilibka lo'da oo qasacadaysan, Fiican, Qofka xoog ama awood wax bajiya ee inta ka liidata ku cabcabsiiya
Bump	Dakhar, Madaxa oo wax la yeelo
Bunch	Xidhmo, Wax isku gunta (A Bunch of keys Xidhmo Furayaal ah)
Bungalow	Guri fillo ah ama Bangalo
Bunker	Meesha tareenka ama markabka shidaalka loogu kaydiyo
Bunkum	Hadal aan Ujeeddo lahayn
Burden	Culays

Burglar	Qofka Habeenkii guryaha jabsada si uu u xado, Tuugga Habeenkii guryaha xada
Burial	Aas, Xabaalis ama duugis, Marka qof la aasayo
Burn	Gubid, La gubo
Burrow	God dacaweed ama godka dacawada iwm
Burst	Qarxid, Furka-tuuris, Sida bamka iwm
Bury	Aasid, Xabaalid Duugid, Marka qof dhintay Xabaasha lagu rido ee la aaso
Bus	Bas, Baabuurka Baska ah
Bush	Kayn, Duurka
Business	Ganacsi, Shaqada Ganacsiga, shaqo
Busy	Mashquul, Hawl badan
But	Se, Ha yeeshee, Laakiin
Butter	Subag Burcad ah (Buuro), Burcad, Wax lagu darsado
Butterfly	Balanbaalis
Buttock	Badhida dadka sal ahaan, Sal
Button	Sureer, Badhan
Buy	Iibsi, Gadasho
Bye-Bye	Nabadgelyo, eray Carruurtu ay wax ku nabadgeliso
Byre	Xerada lo'da

36

C

Cab	Gaadhi-Faras ama tigta, Shidhka ta reenka ama Baabuurka iwm
Cabal	Koox sir siyaasadeed haysa
Cabaret	Makhayad, Hudheel lagu heesayo ama lagu qoobka ciyaarayo inta aad raashin ka cunayso
Cabbage	Waa khudrad, Kaabash
Cabin	Qol hurdo oo markabka ama dayuuradda ku yalla, dargad ama cariish yar
Cabinet	Kabadhka ama armaajada weelka, Golaha Wasiirrada, Qol gaar loo leeyahay
Cable	Xadhig weyn oo gar ah (Kuwa Maraakiibta & Korontada), 1/10 maylka ah
Caboose	Qolka markabka wax loogu kariyo, Ki jinka markabka
Cabriolet	Baabuur yar oo dusha kafuran
Cacao	Midho ama geedka Kookaha iyo shaglaydka laga sameeyo
Cackle	Qeylada ama dhawaaqa digaagadda markay dhasho, Qosolka Dheer
Cactus	Tiitiin, Geedka Tiinka
Cadence	Cod, Dhawaaq ama hadal si is le'eg u baxaya
Cadet	Ardayga kulliyadda Ciidanka Badda ama Cirka dhigta Willka yar
Cadge	Tuugsi, Baryo, Dawersi
Cadi	Xaakin, Xaakinka Maxkamaida
Cafe	Makhaayad, Maqaaxi

Cage	Qafis, Kaamka Maxaabiista Dagaalka lagu hayo
Cake Keeg	Doolshe (Cunto)
Calamity	Masiibo Khatar ah
Calcium	Kaalsho, Macdan Jidhka (Lafaha & Ilkaha) ku jirta
Calculate	Ka shaqee ama soo saar (Xisaab)
Calculus	Nooc Xisaabta ka mid ah, Kalkulas
Calendar	Warqad lagu qoro taariikhda sanadkaoodhan
Calf	Weyl, Ilmaha yar ee lo'da, Weysha
Calico	Go'cad ama Turraaxad
Call	Wacid, U yeedhid, La waco, Loo yeedho
Calligraphy	Far dhigan, Qoraal, Qoraal qurux badan
Callipers	Aalad lagu qiyaaso dhumucda
Callous	Safanta jidka ee hawsha badani dhaliso
Callus	Meel adag, Dhumuc leh oo maqaarka jidka ku samaysanta sida barta, Burada iwm
Calm	La dejiyo, La qaboojiyo (To calm dawn in lays qaboojiyo)
Camel	Awr, Ratti, Geel
Camera	Aalad ama qalab wax lagu sawiro-Ka-marad
Camp	Xero
Campaign	Olole
Campus	Dhulka dhismaha dugsiga, Kulliyadda Jaamacaddu ku taal
Can	Samaynkara, Karaysa: (Can you pay?) Ma bixin karaysaa?), Karaya
Canal	Biyo mareen laba badood isku xidha
Cancel	La duriyo, la takooro, La iska dhaafo
Cancer	Waa Cudur khatar ah oo loo dhinto, Qoor-gooye

38

Candidate	Musharaxa, Qofka Imtixaanka qaada, Qofka la soo Sharxo
Candle	Shamac la shito si uu iftiin u bixiyo
Cane	Aale, Qasabka Sonkorta laga sameeyo, Qasacas
Canine	Mici, Fool (Ilkaha Dadka Foolasha)
Cannibal	Dadqal, Qofka Hilibka Dadka cuna
Cannon	Madfac (Noocii Hore)
Canoe	Huudhi, Huuri, Saxiimada yar ee seebka lagu kaxeeyo
Canteen	Ardada, Shaqaalaha Makhayada ay wax ka cunaan ee ku taala xeradooda
Canvas	Shiraac, Darbaal
Cap	Koofiyad, Koofiyadda Madaxa la gashado
Capable	Lasamaynkaro, La kari karo, Kari kara
Capacity	Mug, Intuu shay qaadi karo
Cape	Maro garbaha la saaro oon gacmo lahayn, dhul badda gashan
Capital	Magaalo Madax, Caasimad, Xarfaha waaweyn ee Alafbeetada, Qaniimadama Hanti (Lacag iwm)
Capon	Digirinka lab ee la naaxsado (Sii loo Cuno)
Capsicum	Basbaas Akhdar, Basbaas cagaar
Capsize	Dabayluhu marka ay doonyaha rogaan, Ama qalibaan
Captain	Dhamme (Saddex Xiddigle), Madax Qaybeed
Caption	Erayo wax ka yara faaloonaya (Sinimaha iwm) Hordhac yar oo erayo ah (Qoral daabacan)
Captive	La haye, La xidhay
Capture	Lahayo, La qabto
Car	Baabuur yar, Fatuurad
Carafe	Dhalada biyaha ee miiska

Caramel	Nacnac
Caravan	Baabuur Hurdo kushiin leh oo lagu dalxiigo
Caraway	Geed xawaashka ka mid ah
Carbine	Bunduq yar, Kaarabiin
Carbon	Curiyaha Kaarboonka C
Carboy	Dhalo weyn oo saab leh
Carburetter	Karbatooraha, Qeybta qaraxu ka dhaco ee injiinka (Gaariga)
Carcass	Raqda xayawaanka (Xoolaha)
Card	Kaadh, Kaarka Turubka oo kale
Cardamon	Haylka (Xawaash)
Cardinal	Aad u muhiim ah, Uu wax ku tiirsan yahay
Care	Feejignaan, ilaalin, Xannaanayn, Daryeelid
Career	Horumar nololeed, Horukac
Careful	U feejignaan, Daryeel leh
Careless	Dayeel la'aan, Xannaano darro, Feejig la'aan
Careless	Xanaano kal gacayl leh, Taabasho Jaceyl ku jira (Dhunkasho)
Cargo	Allaabta diyaara daha, Markabka lagu qaado iwm
Caries	Lafo Qudhunka, Ilka Qudhunka (Suuska)
Carnage	Dilista dad badan, Le'adka (Sida Goobta Dagaalka)
Carnivore	Habar-Dugaag, Xayawaanka Hilib Cunka ah
Carp	Sida Wabiyadaaha macaan ku nool, Waraha iwm, Kalluunka biyaha macaan ku nool
Carpenter	Nijaar, Ninka Farsamada qoryaha (Looxyada) iyo ku shaqeyntooda yaqaana

Carpet	Roog ama ruumi, Gogosha, Sibidhka (Dhulka) lagu goglo
Carriage	Gaari faras shaag leh
Carrier	Xamaal, Qaade
Carrion	Bakhti
Carrot	Dabacase, Geed (Khudrad) Badhidiisa la cuno
Carry	Qaadid, La qaado, Qaad (Amar)
Cart	Gaadhi Carabi, Gaadhi Dameer
Cartilage	Carjaw
Carton	Kartuush, Kartoon
Cartridge	Qasharka Rasaasta
Case	Kiish, Shandad, Kiis
Cash	Naqad (Bixinta Lacagta)
Cashier	Lacag haye
Casing	Daboolid, Dahaadhid
Casino	Meesha lagu tunto ama lagu khamaaro
Casket	Shandad yar oo Warqadaha iyo Alaabta yar yar lagu rito
Casque	Koofiyadda Milateriga ee Birta ah (Halmat)
Cast	Tuurid, La tuuro ama la rido
Castigate	Ciqaab xun
Castle	Qalcad Milateri
Castrate	Dhufaanid, Xaniinyo ka siibid ama ka saarid
Casual	Wax dar Alle isaga dhacay
Casuality	Musiibo, Dhaawac, Cusbitaalada qaybta gurmadka deg-dega ah
Cat	Yaanyuur, Mukulaal, Basho, Bisad
Catalepsy	Suuxitaan, Suuxis (Cudurka Suuxdinta)
Catapult	Shimbir-laaye (Qalab)
Cataract	Biyo Dhac, Gebi weyn oo biyo shub ah

Catarrh	Sanboor (Cudur)
Catastrophe	Masiibo lama filaan ah oo kedisa
Catch	Qabo, La qabto, Gacanta lagu dhigo
Category	Dabaqad
Caterpillar	Diir, Dirxiga Balanbaalista noqda
Cattle	Lo'
Cauldron	Dhere weyn
Cause	Sabab
Caustic	Lagu gubi karo ama lagu dumin karo fal kiimiko
Caution	Taxadirnaan, Ka tabaabusheysi, Fiijignaan
Cavalry	Askarta ku dagaal gasha Fardaha (Fardooleyda)
Cave	Kuwa Buuraha ka qodan oo kale
Cavity	Meesha (Meel) madhan ee adkaha ku taal jidka)
Cayenne	Nooc Basbaas ah oo aad u kulul
Cease	Joojin: (Cease fire-Xabbad Joojin)
Ceiling	Saqafka Jiingadda ka hooseeya (Siliig)
Celebrate	Dabbaaldegid, Damaashaadid
Celerity	Dhakhsaha, Degdegga
Celibacy	Doobnimo ama Gashaantinnimo (Gabarnimo)
Cell	Qol yar oo Jeelka ku yaal (Qolka Ciqaabta), Unugga Jirka, Dhagaxa Danabka leh ee Radiyowga, Toojka iwm
Cellar	Baakarake dulka hoostiisa ku yaal oo wax lagu kaydsho
Cement	Sibidh, Shamiinto
Cemetery	Qabuuraha, Xabaalaha
Censor	Faafreeb, Wargeysyada iwm (Sarkaal Awoodda leh), Cid awood u leh inuu baadho warqadaha Filimada

42

Census	Tira Koobta Dadka Dalka
Cent	(1/100 shilin)
Centenary	Qarni, Sannadguurada Boqolaad
Centigrade	Halbeegga kulaylka, Sentigireet, Heerka kulka
Centigramme	Qiyaas 1/100 Garaam, Miisaan Hàlbeg
Centimeter	Qiyaas ama Cabbir (1/100 mitir) Dherer
Central	Badhtamaha, Dhexaadka, Dhexdhexaadka
Centralize	Badhtanka la keeno, La dhexdhexaadiyo
Centre	Dhexda, Xarun
Century	Qarni, 100 Sannadood
Cereal	Heed (Qamandi, Bariis, Sarreen, Heed iwm)
Cerebral	Qeybta Sare ee Maskaxda
Ceremony	Xaflad
Certain	Hubaal, Xaqiiq
Certificate	Shahaadad[1]
Chain	Katiinad, Silsilad
Chair	Kursi
Chairman	Gudoomiye shir ama go leh
Chalk	Tamaashiir, Ta Sabuuradda lagu qoro
Challenge	Martiqaadka laguugu yeedho inaad wax ka Ciyaarto ama tartan gasho
Chamber	Qol
Champion	Ciyaartooy
Chance	Fursad
Chandler	Qofka gada (iibiya) Shamaca, Saliidda, Saabuunta, Qofka Markabka Shiraaca, Xarkaha iwm ka shaqeeya
Change	Beddelid, Beddel
Chanty	Ku Heesidda Shaqada
Chap	Haraga Jidhka, Daanka (Nin, Wiil)

Chapter	Tuduc (Qaybaha Buugga)
Char	Buruush, Xaaqidda
Character	Dabeecad, Qaab
Charcoal	Dhuxul
Charge	Ganaax, Dacwayn (Xukun) lagu qaado, La danbeeyo
Charity	U Debecsanaan, U Roonaanta dadka jilicsan ama faqiirka
Charm	Soo Jiidasho, Jinniyad (xaga quruxda)
Charter	Warqad ballan qaad
Chase	La bursado, La eryado, Eryad
Chaste	Hadal qeexan
Chastise	Ciqaabid xun, Ciqaab
Chat	Kaftamid
Chatter	Buuqid hadal aan micno lahayn, Hadal hantataac ah, Jaafajiriq
Chauffeur	Shufeer, Wadaha ama darewalka lacagta lasiiyo
Cheap	Jaban, Qumaha, Rakhiis ah
Cheat	Khiyaamayn
Check	Ka Fiirsasho, Hubi, Hubso, Hubin
Cheek	Dhaban
Cheer	Ka farxin
Cheerful	Ku Farxad gelinaya, Kaa farxinaya
Cheerio	Is macasalaameyn, Isnabadgelyeyn, Nabadgelyo
Cheerless	Murugeysan, Aan faraxsaneyn
Cheese	Fermrajo, Nooc subag ah, Burcad
Cheetah	Bahal Haramcadka u eg
Chef	Dabbaakha ama kariyaha Hudheelka-Baarka (Madaxa Kariyada)
Chemical	Kimiko
Chemise	Googarada Dumarka

Chemist	Qofka aqoonta u leh Cilmiga Kiimikada
Chemistry	Cilmiga Kiimikada
Cheque	Warqadda Lacagta, Jeeg
Cherish	Rajo gelin, Yiddidiilo gelin
Chess	Iskaako, Ciyaar (Miiseed) la ciyaaro, Shax
Chest	Xabadka, Laab, Kabadhka yar (Kabadiin ama Tawaleed)
Chevron	Alifka Askarta (Darajo)
Chew	Ruugis, Raamsi (Cunto Calalin), Calaalid
Chick	Shimbirta yar, Ilmaha yar
Chicken	Doorada yar, Digaagga yaryar
Chief	Qofka meel maamula
Chieftain	Nabad-doon, Caaqil
Chiffon	Mara aad u khafiif ah sida nayloonka ama xariirta (Xuub Caaro)
Chignon	Guntintaama Duubke timaha ee Dumarku Madaxa qadaadkiisa ku samaystaan
Child	Carruur, Ilmo, Qofka yar
Children	Ilmaha yaryar, Dadka yaryar=Carruur (Wadar), Carruurta yaryar
Chill	Qabowga dhaxanta Xun, Oof wareen (Koolba Aariyo)
Chilli	Meesha loogu tala galay inuu qiiqu (Qaacu) ka baxo ee guryaha, Warshadaha iwm
Chimney	Tuubo qiiqa dibada u saarta sida guryaha wershadaha iwm
Chin	Gadhka (Timaha maaha ee Jidhka uun)
Chine	Laf-Dhabarta Xoolaha
Chink	Dalool yar ama dillaac oo derbiga ku yaal, Sanqadha Lacagta
Chintz	Daah Daabac leh

45

Chip	Falliidh yar oo Xabuub ah (Birta, Looxa, Quraaradda, Dhagaxa iwm) ka go'a
Chirp	Sanqadha ama dhawaaqa dhuuban ee Fudud, Sida ka cayayaanka
Chirrup	Yuuska Cayayaanka (oo kale)
Chisel	Qalab wax lagu jaro (Birta, Shiine)
Chit	Gabanka-Gabanta (Yar)
Chloride	Wixii curyaha Kaloorin ku jiro
Chlorine	Curiyaha Cagaar-Hurdi ah, Qarmuun ah
Chloroform	Daawada qofka lagu suuxiyo marka la qalayo
Choice	Doorasho, Laba wax marka la kala doorto
Choir	Koox hees wada qaada
Choke	Ku sixadka, ku mirgasho, ku saxasho
Cholera	Daacuun Calooleedka (Cudur Dalalka Kulul ku badan)
Choose	Dooratid, Xulid, La doorto, La Xusho
Chop	Gudin ku jarid, Ku goynta ama ku jaridda (Looxa, Cadka iwm) ee Faaska ama Gudinta
Chop-Chop	Si dhakhso ah, Si deg deg ah, Degdeg
Chopper	Faash Weyn
Chopsticks	La bada qori ee jayniisku raashinka ku cuno
Chord	Boqon (Xisaabta)
Chore	Hawl maalmeed aan dhib badan lahayn
Chorus	Koox hablo ah, Koox gabdho ah
Christ	Masiixi (Nebi Ciise)
Christian	Masiixi ah, Kiristaan ah
Christmas	Damaashaad sannadkiiba mar ah oo Dhalashada Nebi Ciise Masiixiyliintu Xusto, 25-ka Disembar

Chromium	Curiye waxa adag lagu dahaado=la mariyo
Chronic	Xanuun ama Xaalad Dabadheeraad oo raaga
Chronicle	Taariik iyo dhacdooyin
Chronology	Cilmiga Isku Dubbaridka Taarikhaha wax dhacaan liis garaynta
Chuck	Qosol hoos ah oo Aamusni (Afka oo Xiran) la qoslo
Chuck	Qaybta toornada ka mid ah loogu qabto Birta la samaynayo
Chuckle	Qofku markuu naftiisa la qoslo
Chum	Saaxiib aad kuugu xidhan
Chump	Kurtun Qori ah, Waslad Hilib ah, Madax Adag
Chunk	Waslad laga jaray (In Hilib ah, Saanjad Rooti ah ama Burcad)
Church	Kiniisad, Meesha ay Masiixiyiintu ku Tukato
Churl	Qofka Maaquuraha ah, Qaabka Xun, ama Dhalmo xumaystay
Churn	Haanta ama dhiisha weyn ee Caanaha lagu lulo si Subag looga saaro
Chutney	Shigniga Raashinka lagu Cuno (Basbaas la ridqay, liin dhanaan & waxyaalo kale oo laysku daray)
Cider	Shindhi cabitaan caga sameyo tufaxa
Cigarette	Sigaar
Cinch	Wax hawl yar oo lana Hubo, Wax la Hubo
Cinema	Shaneemo, Sinime, Meesha Filimada lagu daawado
Cipher=Cypher	Tirada ah "0"=Eber, Qof ama wax aan muhiim ahayn
Circle	Goobo
Circuit	Mareeg

Circular	Wareegsan, La goobay, Wareegto
Circulation	Wareeg (Sida: Dhiska Wareegga ee Dhiigga)
Circumcise	Gudniinka (Ragga), Jaridda Balagta Buuryada ku taal
Circumference	Wareegga Goobada
Circumspect	Meeris ka firsasho wax intaadan qaban ama u dhaqaaqin
Circumstance	Duruuf
Circus	Gole Ciyaareed ("Stadium")
Cirtus	Dhirta bahda Liinta ah
Cistern	Waskada, Haanta Biyaha ee Guryaha kor saaran
Citizen	Reer Magaal, Qof ilbax ah
City	Magaalo weyn
Civic (s)	Cilmiga Bulshada
Civies	Dharka Dadka aan Ciidammada ahayn (Rayadka ah)
Civil	Shicib, Rayid (Dad-weyne)
Civilian	Shacbiga, Qofka aan Ciidammada ka mid ahayn, Rayid
Civilization	Ilbaxnimo, Xadaarad
Civilize	Ilbixid, La ilbixiyo, Jaahilnimada laga saaro oo wax la baro
Claim	Ku doodis, Ku dacwoodid, Andacoodid
Claimant	Qofka Dacwoonaya, Andacoonaya
Clairvoyance	Awoodda uu qof Maskaxda ka arkayo wax dhici doona ama wax ka jira meel fog (Aragti la'aan) Qof sidaasi
Clamber	Koritaan adag, Fuulis adag
Clamour	Sawaxan qaylo dheer oo Madax arbush ah
Clamp	Qalab wax la isugu qabto (Si adag) oo laysugu xejiyo

48

Clan	Jilib qabiil, Qoys ama reer, Jilib qabil ka mid ah
Clandestine	Sir, Qarsoodi ah
Clang	Dawan sanqadhi keento, Sida Dubbe, bir lagu dhuftay
Clank	Ka sanqadhin (Sanqadh) Dawan si aan aad ahayn
Clannish	U hiilin, Garabsiin Qabiileed, U qabyaaladayn
Clap	Sacab tumid, Sacab garaacid, U sacabbayn, U Sacbid
Clapper	Carrabka Koorta ama dawanka
Clapper	Carabka koorta ama gambaleelka
Clarify	Qeexid, Caddayn, Sifayn
Clarify	Cadeyn ama sifayn
Clarinet	Aalad la afuufo oo qalabka Muusigga ah
Clash	Is dardarid, Is duqayn, Isku dhufasho
Clash	Wax isku dhacay ama dad dagaalamay
Clasp	Qalab wax laysugu qabto (2 shay) laysugu cadaadiyo-isku xidhka gacmaha ee faraha lays waydaarsho
Class	Fasal; Dabaqad
Class	Nooc gaar ah dabaqad bulsho
Classic	Wax tayo heer sare ah leh
Classification	Kala Soocid, Kala qaybid
Clavicle	Lafta Kalxanta
Claws	Ciddiyaha fiiqan ee soo godan (Sida kuwa Dhuuryada)
Clay	Dhoobo
Clean	Nadiif, Nadiifin
Clear	Cad, Qeexan, Qeexid
Cleave	Kala Jarid, Kala gooyn
Clemency	Naxariis, Dabceesanaan
Clench	Isku cadaadis, Isku xidhis aad ah

49

Clerical	Karraaninimo
Clerk	Karraani, Qofka ka shaqeeya Xafiis Baan, Iwm ee qora Xisaabaha iyo warqadaha
Clever	Xariif
Client	Kal yanti, Qofka looyarka ama qareenka loo yahay, Macmiil
Cliff	Fiiqa ama Caarada Dhagax weyn (Siiba Cirifyada badda)
Climate	Cimilo
Climax	Marxaladda ugu Xiiso badan (Ugu heer sareysa) Sheekada ama riwaayad da
Climb	Kor u korid, Korista dhirta-Gidaarka Buurta iwm
Clinch	Musbaar mudis, Musbaar ku garaacid
Clinic	Xafiiska Takhtarka, Isbitaal
Clip	Biinka wax laysugu qabto (Warqadaha)
Clock	Saacadda weyn Miiska ama darbiga
Clog	Kabo Jaantoodu loox tahay (Qaraafic), Gufeyn
Close	Xidhid, Xidh, ku dhawaan ama ku dhaweyn
Clot	Xinjir (Kuus dhiig ah)
Cloud	Fad, Daruur
Club	Meel dadku is kugu yiimaadaan, Ul Madax buuran, Karaawil Turub, Budh
Clump	Isku dhaw is ku ag nool, Wax Markun Xoogu dhaco, Burka Cawska ah
Clutch	Gacan ku buuxsi, Kileyshka Baabuurka
Co-Education	Wax wada dhigashada ama wadabarashada wiilasha iyo gabdha ha
Coach	Tababaraha Ciyaaraha iyo Atlaantikada
Coal	Dhuxul dhagax, Dhuxusha Dhulka laga soo qodo

50

Coarse	Qallafsan
Coast	Xeeb, Badda dhinaceeda (Dhulka badda u dhow)
Coat	Koodh
Cob-Web	Xuub Caaro
Cobra	Abris, Mas sun leh oo Afrika & Indiyalaga helo
Coca-Cola	Cabitaan aan aalkool lahayn, Kokakoola
Cockroach	Baranbaro
Cockroach	Baranbaro
Coconut	Qunbe
Cod	Kaluun laga helo waqooyiga badweynta Atlantiga
Code	Kilmad dad u gaar ah oo ay isla fahmaan, Hab-dhiska sharci Ururinta
Coeval	Isku Cimriah, Isku da'ama isku fil
Coexistence	Wada noolaansho
Coffee	Qahwe, Bun, Kafee
Coffer	Sanduuq weyn oo adag oo Lacagta & Dahabka iwm, Lagu rito ama lagu qaato Khasnad
Coffin	Sanduuq qori ah oo gaaladu maydka ku rido
Cog	Wax yar ka ah "Hawsha", Tlkaha Geerka
Cogitate	U fakirid si qoto dheer, Aad u Fakirid
Cognate	As alkooda meel ka wada yimid, Meel badan wadaaga oo isaga mid ah, Wax meel ka soo wada farcamay, Isku tafi
Cognomen	Naanays (Magac dheeraad)
Cohabit	Wada noolaasho sida labada is qaba
Cohere	Isku dhegga, Isku Midooba
Coif	Koofiyad
Coil	Ku Duubid, Duub (Wax Duuban)
Coin	Lacagta, Qadaadiicda ah, Dhurui, Lacagta dhagaxda ah

51

Coincide	Wax isku mar dhaca
Cold	Qabow, Durray, Hargab (Durey) Jirro qufac leh
Colic	Calool Xanuun weyn oo aan shuban lahayn
Collaborate	Wada shaqeyn, Siiba Qoraalka ama Fanka
Collapse	Dumid, Burburid
Collar	Kaladhka Shaadhka (Shaatiga), Koodhka iwm
Collate	Isusoo dhaweyn
Collation	Cuwaaf, Cunto Fudud oo la cuno marmar biririfta oo kale-ama lagu sii sugo Cunaynta
Colleague	Qof la shaqeeyo dad ay isku darajo yihiin
Collect	Ururid, Isku ururid
Collection	Ururis, Isku keenis
College	Kulliyad, Xarun Tacliineed (Wax lagu barto)
Collide	Isku dhicid, Is duqayn
Collocation	Isu ururin, Isku bahayn, Isku dubbaridid, Laba Daraadle ardayda
Colon	Qaybta hoose ee weyn ee xiidmaha (Mindhicirka) Weyn; laba dhibcood oo is kor saaran (:)
Colonel	Gaashaanle Sare (Darajo Ciidameed)
Colonialism	Gumeysi, Mustacmar
Colonist	Wax gumeeysta, Qofka Mustacmarka ah, Gumeyste
Colonize	Gumeysad, la Gumeysto
Colony	Mustacmarad, Dhulka la gumeysto
Colour	Midab: (Casaan, Madow, Boodhe, Cagaar, Hurdi, iwm)

Colt	Faraska yar, Ninka yar ee waayo-aragnimada yar leh
Column	Guryaha karkooda ku yaala oo sharaxan, Tiir dheer, Saf Gudban
Coma	Hurdada dheer ee aan dabiiciga ahayn, Suuris, Sardho dheer
Comb	Gadhfeedh (Garfeer), Qalabka timaha lagu feero, Shanlo
Combat	Hardan, Dagaal laba qof ah
Combination	Isku darid, Isku biirin=Isku biiris
Combine	Isku darid
Combustible	Guban og, Holci kara, Holci og, Dabqabsiga u hawl yar oo guban og
Combustion	Qarxid, Gubasho
Come	Kaalay, Imow
Comedy	Majaajilooyin ka, Qayb Riwaayadda ka mid ah oo la xiriirta nolol maalmeedka oon murugolahayn
Comestible	La cuno
Comfort	Raaxaysi
Comfortable	Raaxo leh
Comfront	Iska hor keenid, Is qaabbilsiin (weji-weji)
Comfy	Raaxo leh
Comic	Majajiliiste, Ka qosliya Dadka
Comma	Hakad (')
Command	Amar, Amarsiin
Commander	Taliye (Ciidammada ah)
Commend	Ammaanid
Comment	Faallo
Commerce	Ganacsi
Commission	Lacagta dilaalku qaato, Wakiil
Commissioner	Wakiil Hay'adeed
Commit	Falid, Samayn, Yeelid

Committee	Koox ama dad loo doortay in ay wax qabtaan, Guddi
Commodity	Badeecad ama alaab gadis loogu tala galay
Common	Caadi ah, Dadka ka dhexeeya
Commonwealth	Barwaaqosooran ka dhexeeya Dalal Isbahaystay
Commune	Bulsho wada nool oo wax qaybsi leh
Communicate	Isgaarsiinin, La isgaarsiiyo
Communication	Isgaadhsiinta
Communism	Mabda'a Shuuciyadda, Hantiwadaagga
Community	Bulsho, Dad meel ku wada nool
Commutator	Qalab korontada talantaaliga ah u rogga ama beddela toos; Qofka kala beddela
Compact	Wax ama Meel Kooban, Dumarka Sadunqa ujar ay ku vitaan alaabte
Companion	Wehel, Rafiiq, Saaxiib kula jira
Company	Shirkad
Compare	Isu eegid, Isu qiyaasid, Is barbardhig
Comparsion	Is barbardhigis
Compartment	Qaybaha tareenku u kala go'an yahay
Compass	Aalad Saacadda u eg oo leh Irbad tilmaanta Jihada waqooyi (Jihooyinka lagu kala garto), Qalab lagu sawiro g
Compassion	U jiidh dabacsanaan
Compel	Ku qasab, Ku dirqiyid
Compensation	Xaqid, Xaqsiin
Compete	Tartamis, Beratan
Competent	U leh karti, Awood, Tamar, Xirfad iyo aqoon inuu qabato waxa loo baahan yahay
Competition	Tartan, Baratan
Competitor	Ururinta iyo hagaajinta wararka (Buug, liis, warbixin lagu qoro)
Complacent	Is raali gelin, Isku camirid

54

Complain	Ee day n, Dhaleeceyn, Laga dacwoodo, Cambaareyn
Complete	Dhan, La dhammeeyo, Dhammee "Waa dhan tahay"
Complex	Adag in la fahmo, isku dhisid
Complicate	La adkeeyay (aan la fahmi karin)
Compliment	Salaan, Hambalyo, Bogaadin
Component	Qayb wax ku idlaysa, Kuu dhameystira
Compose	Ka koobid, Isku biirid
Composition	Curis, Isku dar, Isku biiris, Isku dhisid
Compound	Isku dhis
Comprehension	Layli (Su'aalo=halxidhaale Casharka dib)
Compress	Isku cadaadin
Compromise	Heshiisiin, Dhex gelid
Compulsory	Qasab ah, Bil qasab
Compute	Xisaabin
Computer	Kumbuyuutar, Qalab sida maskaxda biniaaudamka loogu adeegsado (fikir)
Comrade	Jalle, Saaxiib daacad ah
Con	Is baris, Waxbarasho, Wax is barid
Conceal	Qarin, Khabbeyn, Sir hayn
Concede	Siin, U Oggolaan
Conceive	Markaad si u fikirtid, Fahantid, Qaadatid
Concentrate	Rib (dareeraha) kulmin, Isku uruurin "Oon la barxin"
Concept	Arin, Ra'yi
Concept	Riwaayad, La hagaajiyo
Concern	Ku saabsan, Ku xiriirta
Concession	Markaad wax ogolaato
Conch	Alaalaxay, Xaaxeeyo
Concise	Soo yarayn, Gaabin
Conclave	Kalfadhi qarsoodi ah

55

Conclude	La gabagebeeyo
Conclusion	Gabagabo
Concoct	Markaad wax isku darto, Cudurdaarasho beeneed
Concord	Wada noolaansho ama wada shaqayn nabadgalyo leh
Concrete	Shubka sibidhka-sabbad
Concussion	Khalkhal (Sida maskaxda)
Condemn	Eedayn
Condenser	Kabaasitar (walax korontada kaydisa)
Condition	Shuruud, Xaalad
Condone	Cafid, Dambi dhaafid
Conducive	Aaminaad, Rumeyn
Conduct	Akhlaaq, Dabeecad
Conductor	Gudbiye, Tebiye, Qofka Lacagta ka uruursha baska ama tareenka: (Kaari)
Conduit	Tuumbada ama qasabadda weyn ee biyaha ama korontada la dhex mariyo
Cone	Koor
Confabulate	Hadal, kaftan saaxiibtinnimo
Confederate	Is gaashaanbuureysi
Confer	Kulan, Wada hadal
Conference	Shir, Kulan
Confess	Qirtay, Sheegtay, Ogolaaday
Confide	Kalsooni, Aaminaad
Confidence	Kalsooni
Confines	Xad, Heer
Confirm	La sheego, Lagu raacsan yahay
Conflict	Wax isku diiday, Dagaal, Is khillaf, Dirir
Conformation	Jidka ama habka wax loo sameeyo
Confuse	Lagu warreero, Maskax fajac, Dhaka-faar

Confute	Ku caddayn (inuu qof) khalad sameeyay ama been sheegay
Congestion	Aad loo buuxsho, Aad u buuxis, Camirid
Congratulation	Tahniyad, Hambalyo
Congregate	Isku keenid, Isku ururid (Dadka)
Congress	Fadhi, Shir, Kulan (xagga dowladda ah)
Congruent	Ku habboon laysku raacay, Lagu raacay
Conjunction	Xidhiidhiye (Naxwe)
Connect	Isku xidhan, Dhagan
Conquer	Qabsasho, Xoog ku qabsi
Conscious	U feejignaan, U baraarugsan
Consent	Oggolaansho siin, Fasax siin
Conservation	Ilaalinta, Dhawridda, Daryeelidda ama Madhxinta biyaha, Kaynta dhirta
Consider	Tixgelid, Ka fikirid
Consist	Ka kooban
Consomme	Maraq, Fuud (Hilibka ka baxa)
Conspiracy	Shirqool, Mu'aamarad
Conspire	Shirrqoolid, Mu'aamara dhisid, Mu'aamaradayn
Constable	Askari subeehi ah
Constant	Joogto, Aan isbeddelin
Constipation	Calool fadhi, Markay caloosha taagan tahay, Saxaro yaraan
Constitution	Dastuur, Distuur, Sharci=qawaaniin aydawladi ku dhaqanto
Constrict	Isku uruurin, Isku xejin, Isku yarayn isku cidhiidhid
Construct	Dhisid, Rakibid, Laysku rakibo ama dhiso
Construction	Dhis, Dhisme
Construe	Tarjumid, Ama qeexid
Consult	Talo ka qaadasho, La tashi
Consume	La isticmaalo, Cunid ama cabid

57

Consuption	Isticmaalis, cudur siiba ku dhaca sambabada
Contagion	Cudurada taabashada lagu kala qoodo
Contain	Xaqirid, Tixgelin la'aan, Yasid
Contemplate	Ka baaraandeg, Rajayn, Filitaan
Content	Inta ku jirta meel, Ka kooban
Contest	Loolan, Tartan
Continent	Qaarad, iska-adkaan
Continual	Socod goor walba ah joogsaneyn ama marmar yara hakada
Continue	La wado, La socodsiiyo
Contract	Is taabsiin (isku nabid) la xidhiidhis
Contract	Qandaraas, Heshiis
Contraction	Isku soo uruurid
Contradict	Is burin
Contradiction	Burin
Contrary	Diidan, Lid
Contribute	Tabaruc, Deeq
Control	Ilaalin oo kala dabarid
Convalesce	Ladnaan, Cudur ka caafimaadid
Convenient	Ku habboon
Converge	Isku koobis, Meel la isugu keeno
Conversation	Wada hadal, Wada sheekeysi, Haasaawe
Convert	Ka beddelid (qaab) ka wareejin
Convert	U Badalid
Convey	Gaarsii, Ka gee, Dareensil (fariin)
Convey	Mulkiyad wareejin
Convict	Dambi ku cadayn
Convoke	Isugu yeerid, Kulansiin
Cook	Kariye, La kariyo
Cool	Qabowga yar, Kaad
Coop	Qafiska Digaagga lagu xereeyo

Cooperation	Iskaashi
Copper	Maar (Macdan)
Copulate	Isa saarashada xayawaanka
Copy	Nuqli, Nuqul
Cormorant	Xuur-badeed
Corn	Hadhuudh, Masaggo, Badar
Corner	Dacal, Koone, Gees
Cornet	Turumbo, Aalad la afuufo (Muusigga)
Corolla	Qaybta hoose e ubaxa
Corporal	Laha alifle (darajo ciidan)
Corps	Mid ka mid ah laamaha tiknikada ciidanka
Corpse	Meydka dadka, Qofka dhinta meydkiisa
Correct	Saxid, Sax, Waa sax
Correction	Saxis, Saxnimo
Corrective	La saxi karo, Sax ah
Correspond	Xidhiidhin, Xidhiidh is waydaarin, isle' ekeyn
Correspondence	Heshiis; isu ekaan, cilaaqaad waraa qoqoris ama diris
Corridor	Jid ka yar ee guryaha ku yaal, Wadiiqooyinka dhismaha ku dhex yaal
Corrugate	Tuuro-tuureyn (xariiryen)
Corrupt	Musuqid ama musuq sameyn
Corruption	Musuqmaasuq
Cortex	Jidhif, Qolof, Dahaadh
Cosmos	Caalamka, Kownka
Cost	Qiime, qaali ah
Cot	Xool, Sariirta carruurta lagu seexiyo
Cottage	Cariish, Guri yar
Cotton	Cudbi, Suufka (Ka dharka laga sameeyo)
Cough	Qufac
Council	Guddi, Gole

Counsel	La tashi
Count	Tirin, La tiriyo sida: 1,2,3,4,5,6,7,8,....
Counter	Mafrasho, Miiska badeecada lagu gado
Counter	Ku lid ah, ku rogaal celin wareer dagaal
Counter-clockwise	U socoda (ka wareegaya) xagga bidixda
Counterpoise	Dheellitir
Countless	Aan la tirin karin, Way tiro daysay- xaddhaaf
Country	Baadiye, Miyiga, Dalka miygiisa
Country-side	Miyiga, Dalka miyigiisa
Coup	Inqilaab
Couple	Laba qof ama laba shay (Nin & Naag)
Courage	Dhirrigelin
Courageous	Geesi, Dhirri badan, Dhirran, Aan cabsanin
Course	Wax dhigasho (Socda)
Court	Maxkamadda ama Maxkamad
Courtly	Edebsan oo sharaf leh
Cousin	Ilmo adeer, Ina'adeer
Cover	Dahaadh, Daboolid
Cow	Sac (Lo'da ka dheddig)
Coward	Fulay, Qofka baqdinta badan
Coy	Inanta xishoodka badan, Gabadh xishoota, Xishmada badan
Crab	Carsaanyo
Crack	Dilaaca, Dildillaaca, Jeedhadh
Craft	Xirfad (hawl-gacmeed)
Craftsman	Xirfadle, Ninka hawl gacmeedka u xirfadda leh
Cram	Cabbeyn
Cramp	Kabuubyo, ciriiri, ku cidhiidhiyid
Crane	Xuur, wiish, luqun fidin
Crash	Degdeg, duqeyn

Crawl	Xabad ku socod, Xamaarasho, (Sida maska, dirxiga iwm)
Crazy	Waa waalan yahay, Nasakh
Creak	Lagu Saliilyoodo, Sanqadha ama dhawaaq ay sameeyaan wax saliid la'aan isu xoqaya, Jiiqiiq
Cream	Burcad, labeen
Create	Abuurid, Ku abuurto, Ku dhaliso
Creator	Abuure (Eebe, Macbuudka): ka wax a buura
Crescent	Bil; wax sida bisha u soo qoolaaban
Crew	Shaqaalaha Markabka, Doonida, Dayuuradda iwm
Crib	Ka Naqilid, Qishid Qof kale
Crick	Muruqa luqunta ama dhabarka gala
Cricket	Kabajaa, ciyaarta xeegada
Crime	Dembi
Criminal	Dambiile, dambiga, La xidhiidha dembi
Cringe	Waabasho
Crisis	Ka qaylin dhibaato, Ka mudaharaadid
Critical	Heer qadhaadh, Heer xun
Criticism	Ceebeyn, Dhaleeceyn, Cambaarayn
Crocodile	Yaxaas
Crook	Bakoorad, khaa'in, Tuug
Crop	Xabuub, Miro, (Hadhuudh, bariis, qamandi)
Cross	Ka tallaabid, isku tallaabsi, Laanqayr
Cross-eyed	Wershe, Qofka indhuhu iska soo hojeedaan, Cawaran
Cross-roads	Isgoyska waddada
Croup	Kixda (Cudur) kix
Crow	Tuke (Shimbir madow oo hilib cun ah)
Crowd	Buuq (dadka meel isugu urura)
Crown	Taaj, U caleema saarid

Crude	Aan bislayn, Qaydhin
Cruel	Axmaq, Cadow ah, Aan tudhin
Crunch	Ruugid
Crush	Duqayn, Jiidhid
Crutch	Ulaha curyaanka ama qofka dhutinaya ku socdo
Cry	Qaylo, Ooyid
Cub	Libaax yar (Dhasha ah) ilmaha, Dawacada, Shabeelka iwm
Cube	Walax saddex dhinac leh, saddex jibbaar (4 X 4 X 4=64)
Cud	Calyoceliska xoolaha idhinka ah, calanaqsi
Culivate	Beer falid, Beer qodid
Culture	Hido, Dhaqan
Cup	Bakeeri, Koob (weel)
Cure	Daawayn, La daaweeyo
Curfew	Bandoo
Curious	Jecel inuu wax walba ogaado
Current	Socda, Qulqul
Curtain	Daaha lagu shaqlo Iridda & Daaqadaha
Curve	Qallooc, Qoolaab
Cushion	Kursi lagu fariisto oo Buush ah (Jilicsan)
Custard	Labaniyad (Cunto Qabow)
Custom	Dhaqan, Caado
Customer	Kalyanti, Qof macmiilnimo meel wax uga libsada
Cut	Gooyn, la jaro ama la gooyo
Cut-throat	Gawracis, Gawrac
Cycle	Wareeg
Cylinder	Dhululubo

D

Dab	Taabasho fudud, Nooc kaluunka kamida
Dad	Aabe (Eray ay carruurtu aabbahood ugu yeeraan)
Daft	Doqon, Duli, Ahbal
Dagger	Toorray, Ablay, Golxob
Daily	Maalin walba
Dairy	Macdaar, Subagga, Ukunta iwm lagu iibiyo, Dukaanka Caanaha
Dam	Biyo-Xidheen
Damage	Waxyeelo, Dhaawacaad, Badhi-gooyo (Lacag)
Dame	Naagta la qabo
Damp	Suyuc ah, Aan weli qalalin
Damsel	Gabadha aan wali la guursan
Dance	La ciyaaro, Qoob-ka-ciyaar, Niikis
Dandy	Qof xarago badan
Danger	Khatar, Halis
Dare	Geesinimo
Dark	Mugdi, Iftiin la'aan
Darken	La Mugdiyeeyo ama Mugdi laga yeelo
Darling	Qofka ama shayga si aad ah loo jecel yahay ama qof u jecel-yahay
Darn	Tolid
Dash	Loo tuuro ama loo gooyo si Xoog ah, Baabi'in
Dash	Loo tuuro ama loo gano si Xoog ah, hirdi

Dastard	Fuley, Fulay isa sii Halliga
Date	Taariikh (Maalin, Bil, Sannad), Sida: 26kii Juun, 1960kii; Timir, Midhaha timirta
Data	Macluumaad, Warar la ururiyay oo run ah
Daughter	Inanta, Gabarta qof dhalay ama inantaada: (she is my daughter=Iyadu waa inanteydii)
Daughter-in-law	Xaaska Wiilkoodu Qabo
Daunt	Qalbi Jabin, Niyad jebin
Dawdle	Wakhti lumis
Dawn	Waaberi
Day	Maalin, Dharaar
Daybreak	Waa bariga
Daylight	Iftiinka ama ilayska maalintii, Dharaarnimo
Daze	Nasakhin, Wareerid
De-Luxe	Leh tayo heer sare ah, Raaxo heer sare
Dead	Dhimaad, Mootan
Deadlock	Ku khasaarid, Guul-darro
Deaf	Dhega la'aan, aan waxba maqlayn, Dhegoole
Deafen	Dhego-Barjayn, Qaylo ama Buuq ama sanqar badan oo aan waxba laga maqli karin
Deal	La xintirsad, Macaamilaad
Dear	Qaali, La jecelyahay, ku dheer (Jacayl)
Dearth	Yaraan, Ku filayn
Death	Dhimasho, Geeri
Debate	Sida markay dad arin ka doodayaan, Dood

64

Debility	Tamar-darro, Taag-darro
Debt	Qaan, Deyn
Debtor	Deysane, Qofka qaamaysan
Decade	Muddo toban sano ah
Decamp	Fakasho, Baxsasho
Decant	Qunyar shubid
Decapitate	Kur ka jarid, Madax ka goyn
Decay	Qudhun, Qudhmid
Decease	Dhimasho
Deceit	Khiyaamo, Beenbeenis
Deceive	Siyaasadayn, Khiyaamayn
Decelerate	Karaar-dhimid
December	Bisha ugu dambaysaa Sannadka Miilaadiga
Decent	Hagaagsan, Habboon
Deception	Khiyaamo
Decide	Go'aamin, Go'aan la gaadho, Talo-goosid
Decimal	Jajab tobanle
Decision	Go'aan, Qaraar
Deck	Sagxad, Sagxad Bannaan, Sharaxid ama qurxin
Declaration	Caddayn, Shaaca-ka-qaadid, ku dhawaaqid
Declare	Ku dhawaaqin, Shaac-bixin
Decline	La dhaho "Maya", Diidmo ama ku gacmo-saydhid; hoos u dhac
Decompose	Kala jajabin, kala saarid
Decorate	Qurxin, Sharraxaad
Decoration	Sharrax, Qurxid
Decrease	Yarayn, Dhimid
Decrepit	Duq ah, Taag-darro da'ama qabow ah

Dedication	Waqfi, Hor ilaahay waxaad u bixiso
Deduct	Marka xisaab la kala jarayo sida (4-2), Ka jarid
Deed	Fal ama wax gabasho
Deep	Hoos u dheer, Godan
Deer	Deero (Ugaadh)
Defeat	Ka adkaansho, Ka guulaysi, Jebin
Defence	Daafac, Gaashaandhig
Defend	Daaficid, Gaashaan-daruurid
Defer	Ka Duwan
Deficiency	Yaraan ama la'aan wax muhiim ah
Defile	Wasakhayn, fadarrayn
Define	Sharaxa Macnaha, Macnayn (Erayada)
Definite	Wax cad oo lahubo
Definition	Sharraxaad: Macno-Sheegid
Deflect	Dhan u leexad, ka leexin
Deform	Kharribaad, Qaabka-ka-xumayn
Defraud	Khiyaameyn
Deft	Hanaan wanaagsan
Defuse	Ka hortagid waxyeelo (Sida markad Bambada ka furto Qarxiyaha)
Defy	Diidmo, Amar diido
Degrade	Hoos u dhac, dib u dhicid
Degree	Qiyaas lagu qiyaaso Xaglaha, Digrii
Dehorn	Geeso-ka-jarid, Geeso ka gooyn (Lo')
Deject	Ka murugaysiin, Niyad Jebin
Delay	Dib u dhigid, u kaadin (Dhawrid)
Delectation	Maaweelin, Madadaalin
Delegate	U ergeyn, Ergo u dirid, Qofka egeyga ah
Delegation	Wafdi, Koox dad ah oo ergo loo diro
Deliberate	U kas, Badheedid, Ula kac
Delicate	Jilicsan, Khafiif ah, Qoonmi kara

Delight	Ka faraxsiin, Jeclaysiin, ka helid
Deliver	Gaadhsiin, u geyn
Demand	Weydiisasho, Ku adkaysad doonis
Demarcation	Xadayn, Qoondayn, Xad-Xariiqid
Demobilize	Ka sii deyn ama ka ruqseyn shaqada Ciidammada (Milateriga)
Democracy	Hab dawladeed uu dadku xuquuqda u siman yahay, Dawlad dadweynuhu iska dhex doortaan Madaxdooda
Democratic	Dimogaratig ah ama ka samaysan oo ku dhisan Xuquuqda dadweynaha
Demon	Shaydaan, Jini, Cifriid
Demonstrate	Qeexid, Mudaharaadid
Demonstration	Banaanbax aan wax kaga soo Hojeedo, Mudaaharaad
Demoralize	Niyad Dilid, Niyad Jebin
Demote	Xilka Qaadis, Casiliid
Deniable	La beenin karo ama la burin karo
Denominate	U magacbixin, U magacaabid
Denominator	Tirada hoose ee jajabka Sida: 1/2, 1/2
Denounce	Dhaleecayn, Cambaarayn
Density	Cuf Jiidad, Cuf
Dental	Ilkaha, ilkaha ah
Dentist	Takhtarka ilkaha
Deny	Beenayn, Dafiraad
Depart	Dhoofid, Tegid
Department	Hay'ad, qayb ama laan ka mid ah Dawlad, ganacsi, Jaamacad iwm
Departure	Dhoofitaan, Dhoof
Depend	Ku tiirsan
Dependant	Ku tiirsane
Dependence	Ku tiirsanaan
Deport	Casilid, Martab ka qaadid, Xukun ka rid

Deportment	Hab u Dhaqan
Deposit	Carbuun, Deebaaji
Deprave	Xumayn, Akhlaaq xumo
Depreciate	Qiimo dhicid, Qiimo ridid
Depress	Hoos u cadaadin
Depth	Dherer hoose, Dhereka gunta
Deputy	Ku xigeen, Sida waseer ku xigeen
Derange	Tushuush, Khal-khalin, Shaqo hor istaagid iwm
Descend	Ka soo degid, Ka soo dhaadhicid, Hoos uga soo degid
Describe	Sharxid, Sifayn, Faahfaahin
Description	Sharax, Sifo, Sifaalo
Desert	Ka qaxid, Ka qaxid, Qixid
Desert	Lama degaan, Sida: Saxaraha
Deserve	Loo qalmo xaq loo yeesho
Design	Ugu talo-gal, Qorshayta ikhtiraacida
Desirable	La jeclaan karo, Loo bogi karo
Desk	Miiska wax lagu akhristo ama lagu qorto (Ardayda)
Desolate	Wax laga tagay oo aan rajo danbe laga lahayn
Desperate	Mintidid, Ku cadday arrini
Despise	Xaqirid, Yasid, Quursi
Despot	Taliye ama qof meel haysta oo Xukunkiisu xad dhaaf yahay, Macangag
Destination	Meesha qof ama wax ku egyahay - ee Socdaalkiisu ku dhammaanayo/ gebagaboobayo
Destitute	Faqiiray, Caydh ah, Caydhoobay
Destroy	Burburin, Baabi'in, Dumin
Destruction	Dumis, Baaba' Burbur
Destructive	Wax burburinaya, Baabi'inaya

Detail	Si buuxda loo sharxo ama looga faa'-loodo
Detect	Raadin, Baadhid
Detective	Qofka shaqadiisu tahay Dembi Baaris, Qofka Dembiyada Baara
Deteriorate	Xumaada ama qiimo yaraada
Determine	Ku adkaysi, Goosasho (Qaraar), Caddayn
Detest	Aad u necbaysi, Karhid
Detonate	Qarxid sanqadh weyn leh
Detract	Yarayn, Qaayo Ridis
Detriment	Dhibaateyn, Wax-yeelo
Devalue	Qiimo rididda Lacagta adag, Siiba Dahabka
Devastate	Baabi'in
Develop	Horukicin, Korin, Korid
Development	Horukac, Horumar
Device	Qalab
Devil	Qofka shaydaanka ah, Waxyeelada badan
Devise	Fikrid, Qorsheyn, Dejin
Devoid	La'aan, Ay ka madhan tahay
Devote	Isku taxallujin
Devour	Liqliqid, Cunto cunid-dedejin
Dew	Dheddo, Ciiro
Dewlap	Macal
Dhobi	Laman daayo, Doobbi, Dhardhaqe
Dhow	Sixiimad
Diagram	Jaantus, Sawir
Dial	Lambarada saacada, Telofoonka iwm
Dialect	Lahjad, Odhaahda, Luuqadda
Dialogue	Sheeko laba qof ka dhexeysa

Diameter	Dhexroore, Goobada dhexroorkeda
Diamond	Dheeman (Macdan)
Diana	Dayax, Ama haweenay farda fuulka taqaana
Diary	Xusuusqor
Dice	Lafta Laadhuuda
Dictation	Yeeris, Yeedhis (Qoraal laysugu yeerinayo)
Dictator	Keligii Taliye
Diction	Hanaanka waraaqaha loo qoro ama heesaha loo qaado
Dictionary	Qaamuus, Eray-Bixiye
Die	Dhimo, Dhimasho
Diesel	Naafto (Wixii ku shaqeeya Naafto)
Diet	Nooc cuno la cuno ah
Differ	Kala duwan, Ka duwan, Kala geddisan
Difference	Kala kaan, Kala duwanaasho, Faraq
Differentiate	Kala Saarid
Difficult	Aan sahlanayn, Aan xal loo helayn
Diffuse	Fidinta wararka, Laydhka, Urta iwm
Dig	Fagid, Qodid
Digest	Dheef Shiidid
Digestion	Dheef-shiid
Digit	Tirarada u dhexaysa 0 ilaa 9 midkood
Dignity	Qiimeyn, Sharaf
Dilate	Balaadhasho ama baahid
Dilemma	Laba daran midkood Dooro
Diligent	Halgan
Dilute	Badhxid, Badhax ka dhigtid: (Dareera)
Dim	Tiniikh (Ilayska)
Dimension	Cabir, Qiyaas
Diminish	Yaraansho
Dine	Qadayn, Qado-cunid

Dinner	Hadhimo ama qado
Dip	Muquurin, la muquursho
Diploma	Shahaado Aqooneed
Diplomat	Qofka Siyaasiga ah (Arrimaha Dawladda)
Diplomatic	Siyaasadeed, La xiriirta siyaasadda
Dipper	Dhure: (Fandhaalka dheer)
Dire	War xun
Direct	Toos ah, Tilmaamid
Direction	Jiho
Directly	Si toos ah
Director	Agaasime, Qofka meel agaasime ka ah
Dirt	Wasakh, Aan nadiif ahayn
Dirty	Wasakhsan, Aan Mayrnayn
Disability	Tamar la'aan, Kart darro
Disadvantage	Faa'iido darro, dhibaato ama khasaare
Disagree	Ku diidid, ku raacid la'aan
Disallow	Diidmo, Dafiraad
Disappear	Qarin, Aan la arkayn
Disappoint	Ka xumaan, ku gacmo-saydhid
Disapprove	Wax aanad ogoleyn
Disarm	Hub ka dhigis
Disarrange	Kala daadin, hab ka lumin
Disaster	Waxyeelo weyn, Masiibo
Disavow	Diidmo xil ama Mas'uuliyad
Disband	Tafaraaruq, Kala googo'a
Disbelieve	Kaafirnimo
Disc	Saxan
Discard	Wax markaadan dib ugu Baahnayn eed ka tanasusho
Discern	Markaad garanayso waxa Dhacaya
Discharge	Ka rogid, Ka sii dayn ama ka dirid, Bixin ama dirid danab- Neef-dareere iwm

Disciple	Khaliif ama Muriid (Diineed)
Disciple	Muriid, Kalkaaliye sheekh
Discipline	Xeer-Edebeed
Disclose	Dabool ka qaadid, Daah ka qaadid u bandhigid
Disco, Discotheque	Baararka qoob Kaciyarka laga dheelo
Discomfort	Raaxo la'aan
Disconnect	Kala furid
Discontinue	Joojin
Discount	Sixir dhimid, Wax laga shakiyay
Discourage	Qalbi jabin, Niyad-jebin
Discover	Soo ogaan, Soo helid (Wax aan hore loo aqoon jirin
Discredit	Aaminaad la'aan, Qiris la'aan
Discriminate	Kala saarid; Midab kala sooc
Discuss	Laga wada hadlo, Laga wada faalloodo, Gorfayn, falanqeyn
Discussion	Faallo
Disease	Cudur, Jirro
Disfavour	Axsaan daro
Disfigure	Muuqaal daro
Disfranchise	Marka Qofka loo diido codka doorashada
Disgrace	Qiime dhac, Sharaf-dhac
Disguise	Midab geddiyib, Isqaab geddiyin
Disherten	Qalbi jab
Dishonest	Aan daacad ahayn, Khaayin
Dishonour	Sharaf darro
Dislike	Necbaansho, Karaahid, Nicid
Dislocate	Wax meeshiisii laga dhaqaajiyay
Dislodge	Qof hoygiisii xoog looga raray
Disloyal	Khaayin
Dismal	Murugaysan, Ka xun
Dismantle	Furfurid

Dismiss	Shaqo ka eryid, Sii dayn, la waayid ama Maskax ka sii dayn
Dismount	Ka degid (Wax aad fuushanayd)
Disobey	Caasiyid, Amar Diido, Addeecid la'aan
Disparity	Sinnaan la'aan; kala duwanaan
Dispel	Kaxayn, Kala kaxayn ama kala firdhin
Dispensary	Meesha dawooyinka lagu bixiyo, Isbitaalka yar oo dawoyinka laga qaato
Disperse	Kala dareerin, Kala baahin ama kala firdhin
Displease	Aan faraxsanayn, ka cadhaysiin
Disprove	Burin, beenayn
Dispute	Muran, Dood ama fadqalalo
Disquiet	Qasid, Arbushaad
Disregard	Tixgelin la'aan, urmo la'aan
Disrespect	Ixtiraam Darro
Dissatisfy	Raali aan ahayn, Raalligelin la'aan
Dissension	Dagaal ama dirir, Afka laga wada hadlo, Afka oo layska dagaalo
Dissident	Takooran, Gooni ah
Dissimilar	Aan isu ekayn, Kala gooni ah
Dissolve	Milid, Biyo ku dhex Laaqid, Sida Sonkorta marka lagu dhex walaaqo Biyo iwm
Dissuade	Ka waanin, Waano ama taxadar gelin
Distance	Masaafo, Inta meeli jirto ama fog tahay
Distant	Fog, aan dhawayn
Distemper	Istambar, Rinji biyo lagu qaso oo Gidaarada & saqafyada Guryaha lagu Midabeeyo, Cudur ku dhaca eyda
Distinguish	Kala aqoonsi, Kala garasho
Distintegrate	Kala burbur, Kala qaybin
Distrain	Rahmaad, Kala rahmid
Distribute	Kala qaybin, u qaybin, Qayqaybin

73

District	Degmo
Disturb	Arbushid, Rabshayn
Disturbance	Arbush, Rabash
Disuse	Aan isticmaal dambe lahayn, Aan dib loo isticmaalin
Ditch	Saaqiyad, Gacan ka biyuhu maraan
Dive	Quusid, Muquurasho, Quusin (Sida Dabbaasha marka biyaha la dhex muquurto oo madax loo galo)
Diverse	Kala jaad ah, Kala qaab ah, kala nooc ah
Diversify	Kala soocid, kala duwid iwm
Divert	Duwid, weecin, Leexin
Divide	Qaybin, Qaybid
Dividers	Kambaska wax lagu qiyaaso
Division	Isku qaybin (2/6=3)
Divorce	Dalaaqid, Furid, Furis (Ninka & Naagta isqaba markay kala tagaan)
Dixie	Digsi
Dizzy	Ama asqoobo, Marka qofku dayoobo
Do	Qabo ama fal (Wax) yeel
Doctor	Takhtar, Qofka wax daweeya ee Cilmiga dawooyinka bartay, Qofka haysta Shahaadada ugu sarreysa
Doctrine	Madhab, Caqiido
Document	Waraaqo Sharciga ah
Dog	Eey
Dogged	Canaad ah, Madax adag
Doings	Waxyaabaha la qabtay ama la qabanayo
Doll	Boombalo, Caruusadaha yaryar ee Carruurtu ku ciyaarto
Dollar	Lacagta Mareykanka (iyo Dalal yar oo kale laga isticmaalo)
Domestic	Ee hooyga, Aan dibadda ahayn, la rabayn karo (xoolo)

74

Domino	Dubnad, Ciyaar miiseed
Donkey	Dameer
Door	Irrid, Albaab
Dot	Tifiq, Dhibic
Dotage	Kharaf, Isku darsamay, Asaasaq
Double	Laba jeer, laba ah
Doubt	Shaki, Ka shakiyin
Doubtful	Shaki badan, Shaki miidhaan ah
Doubtless	Shaki la'aan
Dove	Qoollay (Shinbir)
Down	Xagga hoose, Hoos
Downward	Xagga hoose, Geesta hoose, Hoos u jeeda
Dowry	Meher, Hanti ama lacag la siiyo gabadha la guursado
Doze	Laamadoodsi
Dozen	Tiro Laba iyo toban ah: Dersin
Drag	Jiidis dhib leh, Qunyar loo jiido (Xoog)
Drain	Qasabadda ama dhuunta qashinka (Bulaacada) qaadda, Qashin Qubis
Drama	Riwaayad (Masraxiyad)
Dramatist	Qoraha sheekooyinka Riwaayadaha
Drank	Wuu/Way Cabbay/Cabtay, La cabbay
Draught	Hawo meel dhex socota (Wareegaysa)
Draw	Sawir Samee, Ka ridis, Ka tuurid
Drawing-room	Qolka Martida la geeyo
Dread	Cabsi ama baqdin weyn
Dream	Riyo, La riyoodo (Hurdada dhexdeeda)
Dreamy	Riyo-riyo ah, Wax aan xaqiiq ahayn
Dress	Dhar-Xidhasho, Labbis
Dried	Aan Qoyanayn, La qalajiyey, La engejiyey

75

Drill	Qalab wax lagu dalooliyo, Walax daloolada lagu sameeyo
Drink	Cabbid, Cab, Cabbitaan ama sharaab
Drive	Kaxayn, Wadid
Driver	Shufeer, Wade, Qofka Baabuurta kaxeeya, Daraawal
Drizzle	Shuux, Roobyar oon badnayn
Drop	Tifiq, Dhibic dareera ah, Ridis
Drought	Abaar raagta, Abaar wakhti dheer
Drown	Qarraqan (Biyo ku dhex dhimasho)
Drug	Maandooriye, Daawo, Daroogo, Waxyaabaha Maskaxda Geddiya
Drum	Durbaan (Miyusig)
Dry	Qallajin, Engejin, Qallalan ama engegan
Duck	Shimbir
Dull	Aan qeexnayn, Xiiso ma leh, Fahmo daran
Dumb	Aan hadli karayn, Aamusid xoogay
During	Inta wakhti socda, Wakhti Gaar ah Dhexdi
Dust	Boodh, Siigo, Bus
Dynamo	Mishiin Quwadku qaada, ta Biyaha iwm; u Beddela tamar danab (Koronto)
Dysentery	Xundhur, Cudur ku dhaca Mindhicirka

76

E

Each	Midkiiba, Mid kastaba
Eager	Ku haliilid, Aad u xiisayn
Eagle	Gorgor, Shimbir weyn oo aragti fican
Ear	Dheg, dhegta wax lagu maqlo
Early	Goor-hore, Wakhti hore
Earmark	Sumad
Earn	Waxa aad shaqaysato
Earnest	Daacad
Earth	Dhulkan aynu ku dul noonahay
Earthquake	Dhulgariir
East	Jihada Bari, Qorax ka soo baxa
Eastern	Xagga Bari, Bariyeysa, ee Bari
Easy	Fudud, Hawl yar, Aan adkayn
Eat	Cun, Cunid
Eavesdrop	Dhagaysi (Dad aan ku ogeyn)
Ebb	Badu marrkay caarido
Echo	Dayaan, Sanqadha dib u soo noqota
Eclipse	Dayax ama qorrax madoobaad
Economic	Ee dhaqalled, Dhaqaale ah
Economist	Qofka Dhaqaale-yahanka ah
Economy	Dhaqaale (Cilmi)
Ecstasy	Farxad aad u fara badan
Eczema	Cudur ku dhaca haraga oo cuncun badan
Edge	Daraf, Dacal, Giftin
Edible	La cuni karo
Edict	Amar aan la dhaafi karin
Edition	Daabacaad (Buugaagta iwm)

77

Editor	Qofka soo diyaariya ce isku soo dubbarida soo saaridda Buugaagta, Filimada, Wargeysyada iwm
Educate	Tababarid, Tarbiibin, Waxbarid, Barbaarin
Education	Wax-barasho, Tacliin
Educator	Qofka wax tababara ama barbaariya
Efface	Wax bedelmay (Sida raadku markuu baabao ama isbedelo)
Effect	Dhaliyo, Ka soo baxa, Ka yimaada
Effectuate	Guul ku dhammaystirid
Effluent	Biyaha qashinka ah ee warshaduhu qubaan
Effort	Awood wax qabasha
Effrontery	Indho adayg, Khaso la'aan
Egg	Ukun, Ugxan, Beed
Ego	Hami
Egyptian	Masri, Masaari ah
Eight	Sideed (Tiro) 8
Either	Mid ahaan, Mid ama ka kale, ...kasta
Ejaculate	Biyo baxa raga
Eject	Saaris
Elastic	Cinjir, Rabadh, Laastiig
Elated	Farxad weyn
Elbow	Suxulka gacants, Xusul
Elder	Ka roon, Ka wayn
Eldest	Curadka reerka, Ka ugu weyn ama ugu hor dhashay
Elect	La doorto, Doorid, La doortay
Election	Food, Afti, Doorasho
Electric	Danabaysan, Koronto ah ama leh
Electrician	Qofka yaqaan farsamada korontada
Electricity	Danab, Koronto, Laydhtriig

78

Element	Curiye
Elementary	Bilowga, Billow ah, Hoose (ah)
Elephant	Maroodi
Eleven	Kow iyo toban, Tiro
Eligible	La dooran karo ama la qaadan karo, habboon
Eliminate	Tirtirid, Ka takhalusid, Iska tuurid
Elite	Dad meel kuwada nool kuwa ugu taajirsa, Ugu aqoon badan, Uguna karti badan
Elivate	Kor u qaadid
Elocution	Aftahanimo
Elongate	Kala jiidid, Kala saarid ama dheerayn
Elope	Labax, Markay wiil iyo Gabadh isla Baxsadan oo isa soo mehersadan iyadoon la ogeyn
Else	Kale
Elsewhere	Meel kale
Elucidate	Qeexid, Caddayn, Bayaanmin
Elude	Diidan inuu garto, Ka joogsi
Emanate	Qofkii asalka lahaa Fikrada ama Talada
Emancipate	Xorayn
Embargo	Amar kasoo baxa dawlad oo joojinaya la Ganacsi Dalkale
Embark	Dakada laga fuulo Markabka intaanu Dhaqaqin
Embassy	Safaarad, Xilka Danjiraha
Embellish	Wanaajin, Xarakay, Qurxin
Emblem	Summad, Ama calaamad wax ka taagan
Embody	Katirsan, Kamida
Embolden	Kalsooni
Embrace	Markaad qof laabta ku qabato ama saarto adoo Tusaya kal Gacay
Emerge	Soo bixid, wax meel ku qarsoonaa

79

Emergency	Gargaar degdeg ah ,
Emigrate	Haajirid, Qixid
Emotion	Niyad kicin ama niyad kacsanaan, Niyad kac ,
Emperor	Boqor
Empire	Boqortooyo
Employ	Shaqo siin, Shaqo bixin
Employee	Cidda ama qofka shaqeeya
Employer	Cidda loo shaqeeyo
Employment	Shaqo
Emporium	Tukaan wayn oo wax walba iibiya ,
Empress	Naagta Boqortooyo Xukunta, Naag ta Boqorka
Empty	Madhan, Aanay waxba ku jirin, Faaruq
En route	Waxaad jidka kula kulanto ama ku Aragto
Enable	Awood siin ama karsiin .
Encase	Shaqlid, Qafis gelin, Dahaadhid
Encircle	Hareerayn
Encore	Ku dhawaaqid ah: Ku celiya, Mar kale, ama Biis
Encounter	Food Saarid (Dhibaato ama wax yeelo)
Encourage	Dhirrigelin
Encyclopaedia	Waa buug ama buugaag Qoraya arimo badan oo run ah si dib looga Tixraaco ,
End	Dhammaad, Dhammayn, Ugu dambayn
Endanger	Khater gelin
Endear	Jeclaysto (Sida marka qof kaahelo Waalid, Saxiib iwm)
Endless	Aan dhammaad lahayn, Aan weligii joogsanayn ,
Endorse	Taageeris, Ama Tasdiiqida shahadada, Jeegaga iwm
Endurance	U adkaysi, U adkaysasho

80

Enemy	Cadow
Energetic	Tamar badan, Tamar leh, tamar lagu falay/qabtay
Energy	Tamar
Enforce	Xoog ku marin, Ku khasbid
Engage	Doonanaan
Enjoy	Farxad, Raalli gelin
Enlarge	Weynayn
Enlighten	Aqoon u kordhin Jahli ka saarid ama ka Jaahil Bixin
Enough	Ku filan, Kafayn kara
Enrich	Nafaqayn: maalayn
Enrol	Marka ardayga iskuulka laqoro ama Marka shay shay lagu Duubo
Ensure	Hubin, Xaqiijin
Enter	Gelid, La galo
Enterprise	Habganacsi dal ugaara, Ganacsi ba-Laadhan
Entertain	Martiqaadid, Sooryeyn, Khushuuc gelin
Entertain	Maaweelin
Enthral	Markaad dad dareenkooda soo jiidato ooy ku dhegeystan
Entice	Markaad qof Duufsato
Entire	Dhammaan, Gebi ahaan
Entitle	U magacaabid (Sida jago ama xil)
Entity	Wax gooni u Taagan oon Qaybsami Karin
Entomology	Barashada cilmiga cayayaan ka
Entrance	Albaab ka forid, Iriid ka furid
Entreat	Tuugis, Baryid
Entrench	Mawqif, Go'aan adag
Entrust	Ku aaminid
Entrust	Ku aaminid

81

Entry	Gelid
Entwine	Marka laba wax isdhex galaan oo isku Duubman
Enumerate	Markaad wax mid mid u calaamadayso siloo kala garto
Envelop	Galayn, Huwin, Hagoogid
Envelope	Gal ama Buqshad (Galka Warqadaha oo kale)
Envoy	Qunsul, (Danjire Ku xigeen), Qaafiyadda Maanso
Envy	Xaasidnimo, Xaasidid
Epidermis	Haraga ama magarka sare ee jidhka
Equal	Is le'eg, Siman
Equalize	Is le'ekaysiin, Isku Jaan go'an
Equate	Simid, Islee kaysiin
Equation	Is'le'ekaansho (Xisaab) $3 + 9 = 12$
Equator	Badhaha dhulka (Xariiq)
Equilateral	Markay wax cidhifyadoodu ama geesahoo du isleegyihiin (Loo Isticmaalo Xisaabta)
Equip	Qalabeyn
Equipment	Qalab
Equivalant	U dhigma, la qiimo ah
Era	Muddo taariikheed, Cahdi
Eradicate	Cidhib tirid, Xidid u saarid, Baabi'in
Erase	Masaxaad, Tirtiraad
Erect	Taagid, Sare joojin, Dhisid, Qotomin
Erect	Wax marka si toosa loo taago ama loo dhiso, Kacsiga Raga
Erode	Naabaadguurin
Err	Khalad samayn, Khaldamid
Erratic	Lama filaan, Qof layaabatin leh
Error	Khalad, Sax maaha
Escalator	Salaan ama jaranjaro socota

Escape	Baxsad, Ka nabadgelid
Escort	Ciidanka Baabuurta raaca ee ilaaliya si aan loo dhicin
Especial	Gaar ah, Khaas ah
Especially	Laba daraadle, Khusuusan
Espionage	Basaasnimo
Esplanade	Dhul lasimay oo dadku ku lugeeyo
Essay	Curis (Qoraal gaaban)
Essential	Loo baahan yahay, lagama maarmaan ah
Establish	Qotomid, Dejin, Aasaas
Establishment	Qotonsanaan, Dejitaan, Asaasid
Estate	Marxalad, Dhul ama qoof weyn oo guri ka Dhisanyahay ee qof lee yahay
Esteem	Aad u Ixtiraamid, Xushmayn ama tixgelin
Estimate	Qiyaasid, Qiimayn (Male ah)
Estimation	Qiyaas ama qiimayn, u malayn qiyaaseed
Eternity	Wakhti ama milay aan dhammaad lahayn
Ethnic	Jinsi, Jinsiyadaha bani-aadamka
Eunuch	Ninka dhufaanka ah
Euphoria	Dareen farxadeed oo aad u weyn
Evacuate	Faaruqin, Madhin ama bannayn (Meel)
Evaluate	Qiimeyn
Evaporate	Uumi bax
Eve	Xaawa, Hooyadii loogu hor abuuray
Even	Xitaa, Siman, tiro dhaban ah
Evening	Niska Dambe (Maalintil), Galab
Event	Dhacdo, Wax muhiim ah (Arrin) oo dhacay

Ever	Waligeedba, Waligoodba, Wakhtia aan Muddo loo qaban, Waligaa, kasta: (Meel kasta, Midkasta, inkasta)
Evergreen	Wakhti walba waa Cagaar Sannad ka oo dhan, Dhulk dhirta ama doogga leh
Everlasting	Aan dhamaad lahayn
Evermore	Weligeedba, ilaa iyo weligeedba
Every	Mid kasta, Gebi ahaan, Mid walba, Sida : (Everybody=Qofkasta, iwm)
Evict	Markaad dacwad kaga saarto gurigaaga ama Dhulkaga reer kale
Evident	Qeexan ama u cad (Indhaha & Caqligaba u Qeexan)
Evil	Xun, Waxyeelo ah, Kharriban
Exaggerate	Buunbuunin, La buunbuuniyo, (Runta laga sii baahiyo ama wax lagu sii kordhiyo)
Exaggeration	Buunbuunin
Exam	Intixaanid, Imtixaan
Examination	Imtixaan
Examine	Dhawris, Hubsiimo ah, Imtixaamid
Example	Tusaale, Wax lagu dayo
Excavate	Qodid ama daloolid dusha ama dabool ka qaad
Exceed	Ka badin, Siyaadin, Kordhin
Excellent	Aad u wanaagsan, aad u fiican
Except	Mooyee, Maahee, Sida (All students are present except Ali=dhammaan ardaydii way wada joogaan Cali mooyee)
Exception	Ka reebid, Aan ku jirin ama ka tirsanayn
Excess	Xad dhaaf, Ka badan
Exchange	Is dhaafin, Iswaydaarin, Isku beddelid
Excite	Arbushid, Niyad kicin, Dareen kicin
Excitement	Arbushan, Dareen kacsan, Niyad kac

Exclaim	Qaylo kedis ah oo yaab leh (Nabar, xanuun)
Exclude	Ka reebid
Excommunicate	Qof marka laga qaado Awoodii uu wax ku sheegi Jiray
Excrement	Saxaro
Excuse	Raalli gelin, Cudurdaarasho
Execute	Dilis (Sida qof marka dil lagu xukumo)
Exercise	Layli, Jidh kala bixin (JIMICSI)
Exert	Awood Saarid, Dul saarid (Awood iwm)
Exhale	Neef Saarid, Soo neefsasho
Exhaust	Daalid, Idlayn
Exhibit	Soo Muujin, Soo Bandhigid
Exile	Masaafurid, Dibed u caydhin
Exist	Jira, Mawjuud ah
Existence	Jiritaan, Mawjuud
Expand	Fidid, Kala bixid
Expansion	Fidis, Fiditaan, kala bixis
Expect	La filo, Filid, Rajayn
Expectation	Filitaan, Rajayn
Expenditure	Kharash isticmaalid
Expensive	Qaali ah, Qiime sare ah
Experience	Waayo Aragnimo, Khibrad
Experiment	Tijaabo
Expert	Qof khibrad iyo waayo aragnimo leh, Khabiir
Expire	Khaayis, Wakhtigiisii Dhammaaday
Explain	Sharxid, Sifayn
Explanation	Sifo, Sharax
Explode	Sida markuu bamku qarxo, Qarxid
Exploit	Dhiigmiirasho, Ku dul noolaasho, Dhiigmiirad
Explore	Dalmarid (Cilmi Baaris ah)

Export	Dibad u dhoofin (ALAABO)
Expose	Dabool ka qaadid
Exposion	Qarax (Sanqar weyn leh)
Express	Sharxid, Sheegid, Dhakhso u dirid (BOOSTA)
Extend	Fidin, Kala jiidid, Dheerayn
Extension	Fidis, Kala bixis, Siyaadin
Exterior	Dibad, Dul, Guudka, Oogo
Extinghish	Dab bakhtiin, Demin
Extol	Aad u ammaanid
Extra	Siyaado, Dheeraad
Extraordinary	Qayracaadi, Si aad u Xad-dhaaf ah
Extreme	Heerka ugu sareeya, Dacalada ugu shisheeya
Eyell	(Isha wax lagu arko)
Eye-Glass	Muraayadda aragga ee indhaha

F

Fabric	Dhar, (Ee warshaduhu soo saaraan)
Facade	Wajahadaha Dhismaha, Muuqaal been ah
Face	Wji, Wejihaad
Facile	Kalsooni
Facilitate	Fududayn, Hawlyareyn
Facility	Qalab laguu siiyo inaad haw ku qabato
Facing	Qaabilis
Facsimile	Ueg, Car iyo beyl ah
Fact	Dhab, Xaqiiq, Run
Faction	Qayb
Factory	Warshad
Faculty	Kulliyad
Fad	Wax lagu caajiso Qasashadooda
Fade	Si Qunyar ah u lumaya
Fag	Sigaarka, Ardayga yari markuu ardayga weyn hawl u Gabanayo
Fail	Dhicid, Saaqidid
Failure	Sida qofka aan tacliin ta ku fiicnayn, Saaqid
Faint	Suuxid, Diidid
Fair	Carwo, Bandhig, Xaq ku taagan
Fairy	Khuraafaad
Faith	Daacadnimo, Mukhliska ah
Faithful	Dhabta ah, Mukhliska ah
Fake	Wax aan sax ahayn oo been ah
Falcon	Shimbirka galeydh
Fall	Soo dhicid, Dhicid
False	Been, Run maaha

Falsify	Beenayn, Beenin
Familiar	Ku caan ah, Cilmi fiican ka haysta
Family	Xaas, Qoys
Famine	Dal markay cuntadu ka yaraato oo wax lacuno la waayo
Famous	Caan ah, La wada yaqaan
Fan	Marawaxad, Marawaxada laydha ee (Dabaysha) samaysa ee laysku qaboojiyo
Fancy	Ka helitaan
Fanfare	Laxan Gaaban oo loo tumo xafladaha (Sida aroosyada)
Fantastic	Cajiib ah ama caqli gali karin
Far	Fog, Aan dhawayn
Farce	Hab wax loo qoro ama loo Matalo, Hilibka soleyga ah ee adag
Fare	Nooliga ama kirada lagu raaco Gaadiidka
Farewell	Nabadgelyo
Farm	Beer (Lagu beero Xabuubka, Heedda iwm) ama daaq ka baxo oo Xoolaha la daajiyo
Farther	Meel fog
Fashion	Alaabo, Qalab
Fast	Aad loo xiday, Aan debecasanayn, Soon (RAMADAAN), Dhakhso, Degdeg ah
Fasten	Dhuujin, Giijin (Xidhid)
Fasten	Giijin, Xidhid
Fat	Buuran, Shilis, Baruur
Fatal	Ka dhaadhicin
Fate	Nasiib, Wax amar aleh u Dhaca
Father	Aabbe
Fatigue	Aad u roogan, Aad u daallan, Tabcaan
Fatten	Naaxin, Naaxis
Fault	Qalad

Favour	Tixgelin Saaxiibtinimo, Taageerid Naxariis leh
Fear	Baqdin, Cabsi, Ka bajin, Cabsiin
Feasible	La yeeli karo, La qaban karo, la suubin karo
Feast	Diyaafad, Casuumad weyn (Diinta ku sugan)
Feather	Baalka (Shimbiraha) (Timaha)
Feature	Qaybaha wejiga midkood, Wejiga oo idil, Qaabka iyo Suuradda
February	Bisha labaad ee Sannadka Miilaadiga
Fed	Cunsiin, Khatyaan: (I am fed up with him=Khatiyaan baan ka joogaa)
Federal	Isku dar ah, Isku dhafan, Ku salaysan dhexdhexaadka dhexe
Fee	Lacagtaa Juurada ah, Ujuuro, Rusuum
Feeble	Diciif, Awood daro
Feed	Habid, Cunto siin, Quudin, Raashimin
Feel	Dareemid, Dareensiin
Feeling	Dareen, Xis, Shucuur
Feet	Cago, Cagaha hoose ee lagu socdo
Feign	Muujin, Uyeedhid
Felicity	U Hambalyayn
Fellow	Rafiiq, Wehel
Felony	Waa kalmad sharci ah oo loo isticmaalo Danbiyada waa wayn (Sida dilka ama Dhaca)
Felt	Dareemay, la dareemay
Female	Dheddig
Feminine	Dheddigood ah
Fence	Dayr, Seeftan (Dagaalka seefta)
Ferry	Dooni Wabiyada ka Gudbisa dadka Alaabta iwm
Fertile	Nafaqo leh ama ah (ciidda, Dhulka, Dhirta)

Fertilize	Nafaqayn ama digo ku shubid (Ciiddda)
Festival	Cid (Sida Cidda Carafo oo kale)
Fetch	La keeno la doono
Fever	Qandho, Xummad (Markuu Jidku xanuun la Kululaado)
Few	Xoogay, in-yar
Fiancee	Qof doonan (Gabadh)
Fiction	Khayaali ah ee run loo ekaysiiyey (Sheeko)
Field	Beer weyn (Daaq ama miro beerid), Garoon
Fifteen	Tirada shan iyo toban: 15
Fifth	Ka shanaad, 5aad
Fifty	Tirada konton: "50"
Fight	Dagaalan, Dirir, Hardamaad, Dagaal
Figure	Jooga qofka, Summadda Tirada Sida 0 - 9, Sawirka Jaantuska ah iwm
File	Soofe, Faylka ama qafiska waraaqaha iwm, Lagu rito ama lagu qaato, KUYUU (Saf uu qofku qof is daba taago)
Fill	Buuxid, Buuxin
Film	Filim
Filter	Shaandho, Shaandhayn, Qashin ka reebid
Filth	Xadis
Final	Ugu dambayn
Finance	Cilmiga Maaraynta Lacagta
Financier	Qofka xirfadda u leh habaynta Lacagta
Find	Helid, Soo saarid
Fine	Fiican, takhsiir ama gannax, Saafi (Hawada)
Finger	Faraha Midkood, Farta
Finish	Dhammayn, Idlayn

Fire	Dab (ku wax lagu karsado ama wax guba)
Fire brigade	Ciidanka dab Damiska
Fire-Engine	Baabuurka Dabdemiska
Fire-Iron	Birqaab, Dab xaadh (Walaxda dabka lagu qaado)
Firmament	Cirka, Samada
First	Koowaad, ugu horreysa, ugu horrayn
Fiscal	Hantida dawlada
Fish	Kalluum, Mallaay, Kalluun qabsasho
Fishing	Malaay dabasho, Kalluumeysi
Fission	Kala googo'a Nikluyerka siuu Qarax weyn u keeno
Fist	Dumadh (Gacan Duubasho)
Fit	Ku habboon, Sax ah, Le'eg
Five	Tiro Shan ah 5 = (V)
Fix	Xidhid, Samayn
Flabby	Qof balag Balaqa ama jil jilicsan
Flag	Calan (Bandiirad)
Flame	Olol, Ololin
Flank	Ganac
Flash	Cawaraad iftiin
Flask	Dhalo luqun dhuuban oo shaybaarrada lagu isticmaalo, Darmuus ama Falaas (ta Shaaha lagu shubto oo kale)
Flat	Bagacsan, Siman
Flaunt	Tusid, Bandhigid
Flavour	Dhadhanka
Flea	Takfi, Boodo
Fleet	Koox maraakiiba do loo Diray way hawl wada Qabtan (Sida kuwa Kaluunka, Dagaalka iwm)
Flesh	Cad, Jiidh (Baruur maaha)

Flexible	Qalloocsami kara (Aan jabayn) la qalloocin karo
Flight	Duulimaad
Flimsy	Wax dagif ah
Flint	Dhagax madow oo Guryaha lagu Dhiso (Shilmadow)
Flirt	Marka labada qof iso Khaakhaayiran
Float	Sabbayn (Biyaha guudkooda)
Float	Sabayn
Flock	Xayn
Flood	Biyo badan oo dhulka socda (Roobka Dabadi), Daad
Floor	Sibidh (Dhulka Sibidhaysan), Sagxadda Guriga
Flop	Hoos u Dhicid
Flour	Daqiiq, Bur
Flow	Dareerid, Qulqulid
Flu	Hargab, Durey
Fluent	Qof luuqad si Fiican u Yaqaan
Flush	Markaad wax biyo Raaciso adoo ku sifaynaya
Flux	Wixii wax Badala
Fly	Dukhsi, Duulid
Flyover	Bllundo, Biriish (Oo Baaburtu Dulmarto)
Foal	Faraska yar
Focus	Kulmis, Kulmin (Isku meel qodha sida buda kamarada)
Foe	Cadow, Caleenta Geedka
Fog	Ceeryaan
Fold	Duubid ama laablaabid
Folio	Waa Buug waaaqo adag laga Sameeyay oo Waagii hore ladaabici Jiray, Ama Tirada xaashida buugagtu ka koobantay

Folklore	Dhaqan, Hido, Soulsho
Follow	Raacid, Daba socod
Foment	Kubbayn ama kawayn
Food	Cunno, Raashin
Fool	Dabaal, Nacas
Foot	Cag
Forbid	Ka celin, Is hortaagid, Ka reebid
Force	Quwad, Xoog
Forefoot	Jeeniga maaha Lugta (Cagtiisa Xayawaanka afarta addin leh)
Forehead	Wejiga intiisa sare ee soo taagan (Indhaha dushooda)
Foreleg	Jeeni
Foreman	Horjooge
Foreskin	Balagta buuryada
Forest	Kayn
Foretell	Saadaalin
Forewoman	Horjoogad
Forge	Tumaalid, Bir tumid
Forget	Hilmaamid, Ilaawid
Forgive	Cafin, Saamixid
Foriegn	Dibadda (Dalka gudihiisa maaha), qalad
Fork	Farageyto
Form	Samayn ama qaabayn
Former	Kii hore, Hore
Formula	Qaacido
Fort	Qalcad
Fortnight	Muddo laba toddobaad ah
Fortune	Fursad, Nasiib
Forty	Tirada afartan 40, XL
Forward	Xagga hore, Horudhigid
Forword	Hordhac (Buugga)

Fought	Diriray, Dagaallamay
Found	Helay, Soo saaray
Foundation	Aasaas, Sees
Four	Tiro afar 4 (IV)
Fox	Dacawo ama dawaco
Fraction	Jajab (Xisaab), Sida 1 2 IWM 3 5 Fraction
Frame	Qolof ama qafiska sare
Frank	Weji furan, Xorayn, fasax siin
Freedom	Xoriyad
Freeze	Fadhiisin ama baraf ka dhigid
Fresh	Daray ah
Fret	Werwer, naqshadayn (loox ama qori)
Friction	Islis
Friday	Maalinta Jimce
Friend	Saaxiib
Friendship	Saaxiibtinimo
Fright	Naxdin ama baqdin kedis ah
Frighten	Ka nixin, Ka bajin
Frog	Rah (Xayawan yar oo konol biyaha)
From	Ka
Front	Hor, Xagga hore
Frontier	Xagga xadka, Xuduudka dhinacyadiisa
Frown	Weji ururin, Weji macbuus
Fruit	Khudrad, Khudaar, Miro
Fruitful	Miro leh, Miro dhalinaaya, Wax soo saar leh
Fruitless	Aan miro lahayn, Faa'iido la'aan
Fry	Shiilid ama dubid (cuntada)
Frying-pan	Maqalli ama daawe (Weelka wax lagu shiilo ama lagu dubo)
Fuel	Shidal, Xaabo
Full	Buuxa

Fun	Maad, Madadaalo
Function	Ujeeddo ama dhqdhaqaaq gaar ah oo qof ama wax leeyahay
Fund	Lacag urursan oo u taal ujeeddo
Fundamental	Aasaaska, Gunta
Funeral	Xus aas (Geeri) maamuusid aas ama duugis Qof dhintay la aasayo ama la duugayo
Funnel	Masaf, shooladda markabka (Qiiqu ka baxo)
Funny	Maad leh, Qosol leh, Cajiib leh
Fur	Dhogorta xayawaan gaar ah sida, (Bisadaha Bakaylaha iwm)
Furnace	Shoolad, Shooladda wax lagu kuleyliyo (Sida biraha qaruuradaha iwm), Ardaaga dabka ee dhismaha lagu kuleyli
Furnish	Goglid, Sharraxid (Alaab dhigid)
Furniture	Saabaanka guriga, Qalabka & aiaabta guriga sida, Kuraasta, Misaska, sariiraha iwm
Further	Ka sii badan (Ku sii talaxtagid)
Fuse	Dhalaalid (Fuyuuska korontada)
Fustien	Maro sida bustaha qaro weyn oo qallafsan, dhawaaq dheer: sida: AA
Future	Mustaqbal, Wakhtiga soo socda

G

Gab	Badani aan qiino iijo ujeedo lahayn, Hadal
Gabble	Hadal dudubin, La boobsiiyo hadalka
Gaily	Si raaxo leh, Qarxad leh
Gain	Fan'iido, La helo, Macaash
Gainsay	Diidid, Khilaafid, Ka horimaad
Gallant	Sharaf leh, Raganimo ama geesi ah marku dhibaato ku dhex jiro
Gallery	Meesha lagu soo bandhigo Sawirada gacmaha lagu sameeyo
Gallon	Galaan (qiyaas) galaanka wax lagu miisto
Gallop	Afar qaad, Marka ay farduhu xoog u ordayaan
Gallows	Furiga danbiilayaasha laga deldelo
Gamble	Khamaar
Game	Nooc ciyaar ah (kubbad, feedh, shax, iwm), Geesi
Gammon	Hadal nacasnimo ah, Hambag
Gang	Dad wada shaqaynaya, Koox dad ah oo isku raacay inay wax arbushaan, Dhacaan, dillan
Gangway	Jidka yar ee kuraasida dhexdooda ay dadku maraan, Sida shaneemooyinka (iwm)
Gaol	Xabsi, Jeel
Gap	Meel yar oo bannaan
Gape	Af kale waaxid (sida hamaasiga oo kale)
Garage	Hoosada baabuurta, Geerash
Garbage	Qashinka, Kudaafada
Garden	Beerta ubaxa lagu beero, Jerdiin

Gargle	Luqluqasho
Garlic	Toon
Garment	Hu', wax la xidho, Maro iwm
Garner	Hawl dhib badan, Bakhaarka midhaha sida-galayda, Hadhuudhka (iwm)
Garrison	Ciidan Milateri ah oo la dejiyo Magaalo ama qalcad
Garrulous	Hadal badan, Aad u hadal badan, U hadlaya
Gas	Neef, Naqas
Gasolene	Baatrool, Baansiin
Gastritis	Gaastari, Calool olol (Cudur calool olol ah)
Gastronomy	Hab wanaagsan u samaynta cuntado f iican ee dadku jelelyahay
Gate	Irridda weyn ee xero leedahay
Gather	Isu tegay, Darsamay, Isku ururin
Gauze	Shabagga daaqadaha
Gave "Give"	La siiyay
Gay	Qofka yar oo iska farxaanka ah qalbi furan, Khaniis
Gaze	Dhugasho, Ku dheygagid (eegmo)
Gear	Geer, Biraha ilkaha is gala leh, Sida kuwa gaariga wada
Gem	Dhagaxda qaaliga h sida dheemanta
General	Guud, Wax guud ahaaneed
Generate	Ku dhaliso, Ku sababto inay wax dhacaan ama jiraan, soo saarid
Generation	Fil, Jiil, Inta u dhexeysa ilaa 30 sano ee qof korayo, Fac
Generator	Worshad, Makiinada korontada ama laydhtiriiga dhalisa
Generous	Naxariis badan, Deeqsi ah, Deeqsi
Genesis	Bilow, Bilaabid, Barta laga bilaabo

Genetics	Sayniska (laanta bayoolojiga), la xidhiidha hiddaha
Genial	Naxariis leh
Genitals	Cawrada labka iyo dhediga ee dadka ay isaga galmoodaan ama ay ku raaxaystaan
Genre	Nooc ka mid ah suugaanta sida, Gabayga, Heesaha iwm oo soo koobaya dhacdo
Gentleman	Nin mudan, Nin sharaf leh
Genuine	Run, Runtii wax la yidhi ama la sheegay inay noqdaan ama ahaadaan
Genus	(Saynis) qayb ah xayawaan ama dhir oo isku qoys ah, nooc, daba qad
Geo	Eray ka yimid Giriigga oo ah dhul (DHUL)
Geography	Guqraafi, Qaybaha, Cilmiga (Sayniska) dhulka dusimsa:- Qaabka, Cimilada, rirada dadka wax soo saarka iwm
Geology	Cilmiga Baarista Macdahtd dhulka iyo Biyaha
Geometry	Cilmiga Xisaabta qiyaasta, Joomatari xaglaha, Xarriiqaha iwm
Germ	Jeermi (Saynis)
Germane	Ku haboon-mawduucna la xidhiidha
Germinate	Biqilid, Biqilka iniinta (Miraha), Markay korriinka bilaabmo
Gestation	Habka uu ilmuhu u koro inta uu uurka hooyadii ku Jiro
Gesture	Marka ay laba qof iskula hadlayaan si qarsoodi ah sida, Iljebiska, Khayiriska, Suul dhabaalah (iwm)
Get	Keen, La helo
Ghost	Cirfiid, Shaydaan
Giant	Cimllaaq, Si aad ah u weyn
Gift	Hibo, Hadyad

Giggle	Qosol wijiiri ah
Gild	Biyo dhahab la gashaya ama reergool
Giraffe	Geri (xayawaan sur ama luqun dheer leh)
Giris	Hablo, Gabdho
Girl	Gabadh, Inanta
Give	Sii, La siiyo, Bixin
Glacier	Baraf weyn oo buuraha (Dhulka qabow) ku dul samaysma
Glad	Riyaaq, Faraxsan
Glance	Jalleecid, Daymo
Gland	Qanjidh
Glass	Quraarad, Qaruurad
Glaucoma	Cudur indhaha ku dhaca oo indhabeelreeba ama arag darro
Glazier	Ninka muraayadaha geliya daaqadaha
Gleam	Dhalaal, Widwid
Glee	Marka uu ku farxo qof dhibaato ku dhacday qof kale
Glen	Jar dhuuban
Glimpse	Libiqsi (indha libiqsi)
Globe	Ama aduunka, Sida dhulka ah, Wax sida kubbadda ah
Gloomy	Murugeysan, Madluum ah
Glory	Caan ah, Sharaf u yeelid, Qaddarin mudan, waynayn
Glow	Ileysin, Iftiimin
Glucose	Sonkor khafiif ah: guluukoos
Glue	Xabag, Koolo
Glut	Dhergin, Dhereg-dhaafid
Glutton	Qofka cirka weyn, Qofka cuntada fara badan cuna
Glycerine	Dareere adag oo macaan oon midab lahayn lagana daro daawooyinka

Go	Tag, Tagid
Goal	Muraad, Qasdi, goolka ciyaarta kubbadda
Goat	Ri'
God	Rabbi, Alle
Godown	Bakhaar
Goggle	Indho caddayn, Indho warwareejin
Goggles	Muraayad indheed weyn oo ballaaran oo laga xidho boodhka, Dabaysha iwm
Gold	Dahab (Macdanta ugu qaalisan)
Golden	Dahabi, Dahab ah
Golf	Ciyaarta la dhoho golofta
Gonorrhea	Jabti, Cudur ku dhaca ibaha laga kaadjo iyo qaybaha dhalmada ee jidhka
Good	Wanaagsan, Fiican
Good-bye	Nabadgelyo, Nabadeey!
Goodwill	Qofka dadka kale hab wanaasan ula dhaqna, Magaco fiican ee ganacsi leeyahay
Goon	Qofka masuukha ah
Goose	Shimbir la rabbaysto (Shimbir-badeed u eg)
Gorgeous	Wax markaad aad iyo aad u amaanayso
Gorilla	Daayeer weyn oo dadka le'eg
Gory	Ku daboolan dhiig ama dhexda baalanaya dhiig
Gossamer	Xuubcaaro, Xuub jilicsan
Gouge	Daloolin aan laga fiirsan, Mashqal
Gound	Bogcad dhul ah, la ridqay, La shiiday
Govern	Xukumid, Dawlad xukumid
Government	Dowlad, Xukuumad
Governor	Badhisaab, Ninka dowlad-goboleed xukuma
Grace	Qurxoon, Fadli, Nimco, Bilicsan

Gracious	Bogaadin, raxmad badan leh
Grade	Heer, fasal (Tirada dugsiga), darajo
Graduate	Qalin jabin, Jaamici
Graduation	Qalin jabin, Marka waxbarashada la dhammeeyo ee shahaado la qaato
Graft	Tallaalka dhirta
Grain	Xubuub: sida badarka,, Sarreenka, Galleyda
Grammar	Naxwe, Barashada naxwaha luqadeed
Gramme	Halbeegga Miisaanka=Garaam (1/1000 kilogram)
Gramophone	Jiiro digsi ama rikoodhkii cajalada wareega ee waagii hore
Grandeur	Weyni, Weynaan
Grandfather	Abootaha, Awow
Grandmother	Aboote, Ayeeyo
Grant	U ogoisansho, Siin
Grape	Cinab, Miro laga sameeyo khamriga lana cuno, Canab
Grapefruit	Bambeelmo- nooc ka mid ah liinta
Graph	Garaaf (Xisaab xariiqo ka kooban)
Graphel	Xadhig sooraan, barroosinka markabka ee sudhatooyinka badan leh
Grasp	Si xoog ah u qabatid, qalbiga ku qabsatid
Grass	Doog, Doogga ay xooluhu daaqaan
Grasshopper	Ayay, Koronkoro
Grateful	Mahadnaq leh, Mahadcelin leh
Gratitude	Mahadnaq, Mahadcelin
Grave	Qabri, Xabaal, Khatar, Halis
Gravel	Quruurux, Dhagaxa yar yar ee jeyga ah
Graveyard	Xaabalaha, Qabuuraha
Gravity	Cuf Jiidis, Jiidis hoose (Dhulka)

Graze	Daajinta, Doog siinta xoolaha, la daaqsiiyo (Xoolaha)
Grease	Xaydh (Xaydha baabuurta)
Great	Weyn
Greedy	Hunguri weynaan, Waa hunguri weyn yahay
Green	Cagaar (midab) doogo
Greet	Salaamid
Grenade	Garneyl, Bam (ka qarxa)
Grey	Midba boodhe ah, Midab dameer oo kale
Griddle	Daawe, Daawaha wax lagu dubo
Grief	Tiiraanyo, Murugo
Grin	Qosol ilka caddayn
Grind	Ridaq, Ridiqid, Shiidid
Grindstone	Dhagaxa wax lagu fiiqo, Lisin
Grisly	Baqdin leh, Cabsi leh ama argagax
Gristle	Taharta xoolaha (hiibka ku taalo)
Groan	Taah, Jibaad
Grocer	Dukaan-gade, Booshari-gade, Qofka daaska libiya
Groove	Dilaac ama jeexdin
Gross	Laba & Toban dersin 144
Group	Koox
Grow	La beeray, la koriyey
Grow	Korin, La koriyo, beerid
Grower	Qofka wax beera
Growth	Korriin, Bixis
Grubby	Wasakh leh, Aan la mayrin
Gruff	Cod-xun, Qallafsan
Grumble	Gunuus, Gungunuuc
Guage, gage	Qiyaas laysla meel dhigay, dhumucda xasawda iwm, masaafadda u dhexeysa laba wax oo isku dheggan

Guarantee	Ballan qaad ah in wax muddo la hubiyo
Guard	Waardiyeyn, Ilaalin
Guardian	Ilaaliye (Ciidanka) mansuul
Guerrilla	Dagaalyahan (Ciidanka caadiga ah ka mid maaha)
Guess	Malayn, U malayn (aan la hubin)
Guest	Marti
Guffaw	Ninka gosolka qaylada weyn leh
Guidance	Hoggaamin, Hanuunin
Guide	Qofka wax tilmaama, tilmaamid
Guilt	Dembi, Eed
Guiltless	Daacad ah, Eed ma leh
Guilty	Dembiile, Eedeysane
Guitar	Kaman lix xadhig leh
Gulf	Gacan (Badda, khaliij, meesha baddu dhulka ka gasho)
Gullet	Hunguriga ama dhuunta caloosha cuntada u marto afka ilaa caloosha inta ka dhexeysa
Gulp	Qudhqudhin=qudhqudhis, Si deg deg ah wax u liqliqid
Gum	Xanjo, cirrid, Xabag
Gun	Bunduq, Qoriga xabbadda laga rido
Gurgle	Sanqadh qulucquluc ah: sida sandha baxda marka dhalada biyaha laga shubayo
Gush	Fatahaad, Butaacid
Gustation	Dhandhamo, Dhadhamo
Gut	Ubucda, Ama caloosha, Xiidmaha iyo uuska jirta, Geeshi
Gutter	Meel ay biyuhu maraan, Xaafada xun oo aan nadiifta ahayn
Guy	Wiil ama nin
Guzzle	Cunto boobid, Si hunguri weyni ah wax u cunid

Gymkhana	Fardaha qoryaha ka booda meesha ay ku Tartamaan
Gymnastic	Jimicsi
Gynaecologist	Dhakhtarka cudurada haweenka
Gynaecology	Cilmiga cudurada haweenka
Gypsum	Macdan nuuradda u eg (ta dadka jaba lagu kabo)
Gyrate	Ku wareegeysi, Ku meerid

H

Habit	Caado
Habitable	Lagu noolaan karo
Habitual	Iska caadi ah, La caadaystay
Hack	Ku jarid wax dhuuban
Hack-saw	Miishaarta lagu jaro biraha
Had	Lahaa (Wakhti tegay baa lagu isticmaalaa)
Haggard	Qaadiraysan, Ka muuqato indhihiisa hurdo la'an
Haggle	Gorgortan
Hair	Timo
Halcyon	Wakhti ama xili farxad leh
Hale	Ruux da'weyn oo caafimad, Qaba
Half	Badh, Nus
Hall	Gole, Qol lagu kulmo oo weyn, Qolka shirka
Hallmark	Cusam, Calaamad
Hallucination	Qof ku marka uu arkayo wax aa jir, Sida marka uubuxo ama sakhraansan yahay
Halt	Haad bixin (Socodka) maamaagid, Badal ka maagid

104

Halve	Kala badhid, Laba u kala qaybin (is le'eg)
HamletT	uulo aad u yar ama beel
Hammer	Dubbe (ka wax lagu garaaco)
Hamper	Carqalid, Ko hor istaagid, Dambiil ama selad
Hand	Cacanta hore (shan farood & calaacal) gacan
Handbag	Boorsada haweenku garabka sudhtaan
Handcuffs	Katiinad, Birta dadka la xidhayo gacanta lagaga xidho
Handful	Gacani qabatay
Handicap	Calan, Curyaan, Ruuxa laxaad darada ku dhasha
Handicraft	Wixii uu qof gacanta ku sameeyo sida qori qorista am dhaga x qorista (farshaxan)
Handkerchief	Masarka afka (Fasaleeti)
Handle	La qabto, Qaadis, La qaado, sidde
Handshake	Gacan qaad, Salaan
Handsome	Qurxuun, Muuqaal fiican (raggu)
Handy	Wax faa'iido leh, Fiican si fuduc loo sanayn karo
Hang	Deldelid, Laadlaadin, Deldelaad ama soo laalaadin
Hangar	Dhismaha Dayaaradaha lagu hagaajiyo
Hanging	Del deldelaad ah
Hangover	Qaadiro, Dhaqanadi hore kala duwanaanshahooda
Hanky	Masar, Fasalayti
Hapless	Nasiib-darro, Nasib-xumo
Happen	Dhaca, Dhicid (What will happen?)= maxaa dhici doona), (How did the accident happen=sidee buu shilka u dhacay
Happy	Faraxsan

105

Harbour	Hooyga maraakiibta (dekad) hooy siin
Hard	Adag, Aan sahlanayn ama hawl yarayn
Hard currency	Cacagta adag sida doolarka
Harden	Adkayn, La adkeeyo
Hardship	Dhibaato, Duruuf adag
Hare	Bakayle (Xayan wan yar oodhego dhaadheer)
Hark	Dhegayso, Maqal (Kelmad ingiisigii hore ah)
Harm	Dhibaato, Waxyeelo
Harmful	Dhibaato badan, Dhibaato miidhan
Harmless	Dhibaato yar ama dhibaato ma leh, Dhib yar
Harsh	Adag, Dhib leh
Harvest	Midho gurasho, Midho goyn
Haste	Dhakhso (socod) (Degdegsiin, dhakhso u socodsiin)
Hat	Koofiyad (ta fardooleyda oo kale ah)
Hatchet	Faash, Qodin yar
Hate	Karhid, Nacbeysi, Dhibsi
Hateful	Karaahiyo, Aan la jeclayn, La necebyahay
Have	Leeyahay ama leenahay ama leedahay, Leh
Hawk	Dhuuryo, shimbir indho fiican oo dheereeya ama fudud
Hay	Caws (doog la jarjaray oo la qalajiyay)
Hayphen	Jiitin, Xariiq jiitin ah (Naxwaha)
Hazard	Khatar
He	Isaga (Qofka)
Head	Madax, Kurta
Headache	Madax wareer, Xanuun, Ama mushkilad
Headlight	Nalka gaadiidka ee hore ku yaal
Heal	Bogsiin (meel bogtay), Daaweyn

106

Health	Caafimaad, Saxo
Healthy	Caafimaadqab, Saxo wanaag
Heap	Raso ama wax la is dul saarsaaray
Hearing	Wax maqal, Dhageysi
Hearse	Naxash (ka maydka lagu qaado)
Heart	Wadne, Wadnaha nafleyda
Heat	Kulayl, Kul
Heaven	Janno, Jannada aakhiro
Heavy	Culus, Culays badan
Hedgehog	Caanoqub (Xayawaan)
Heel	Cidhib, Cagta xaggeeda dambe
Heetare	Cabbir ama qiyaas dhulk lagu sameeyo
Hegira	Taariikhda Islaamka
Height	Dherer
Heir	Qofka dhaxalka xaqa u leh
Helicopter	Dayuurad qummaatiga u kacda una fadhiisata
Hell	Cadaab (Naarta aakhiro)
Helmet	Koofiyadda birta ah ee askarta, Macdan qodayaasha & kooxaha dabdemiska iwm
Help	Caawin, Mucaawino
Helpful	Caawis badan, Ku caawinaya, Wax taraya
Helpless	Aan caawinmo lahayn, Aan Caawin karin
Hemorrhoids	Bawaasiir, Cudur ku dhaca Malawadka hoostiisa ama futada
Hen	Digaagad, Dooro, Hence, Sidaa darteed
Hence	Sidaa awgeed, Sidaa darteed
Her	Waxeeda (Her Sister=Walaasheed, Her Book=Buugeeda)
Herd	Goosan, Xayn (Xoolo)
Here	Halkan, Kobtan, Meeshan
Heredity	Ab iyo isir, Hiddo

107

Heritage	Wax nudo badan la kala dhaxlaayay
Hero	Halyey, Geesi
Heroin	Qof dumar ah oo jilaya filim ama riwaayad
Herself	Nafteeda, Qudheeda, Iskeeda
Hesitate	Hagha-go (Hadalka), Maagmaagid, ka maagid
Hew	Goyn, Jarid
Hide	Qarin, Xasayn, Haragga Xoolaha (Saan)
Hideous	Aad u foolxun
High	Sarreeya, meel sare, Kor
Higher education	Waxbarashada sare ee jaamacadaha
Highland	Dhul buureed
Highlight	Marka aad arin ama qodob sifiican uga hadasho ama u qeexdoo
Highness	Sarrayn
Highway	Jid weyn oo isku xidha laba magaalo
Hijack	Afduubis sida gaadiidka
Hike	Socodka dheer ee lagu laydhsado, Qiimuhu marka uu ker u kaco
Hill	Buur yar
Him	Isaga (Labka)
Himself	Naftiisa, Qudhiisa, Iskii
Hint	Faallo gaaban
Hip	Misig
Hippopotamus	Jeer (Xaywaan Webiga ku nol)
Hire	Kirayn, Kirayn ama kiro, Ijaarasho
His	Wixiisa, Kiisa (His Shirt=Shaadh kiisa)
Historic	Taariikh leh, ku caan ah Taariikh
History	Taariikh
Hit	Daabka Toorayda
Hit	Hirdi, Ku dhufasho

Hive	Godka ama qafiska shinnida (Hooyga Shinida)
Hoar	Cirro (Timaha caddaada), Ciro leh
Hobble	Tukubid (Socod)
Hobby	Balwad, Waxa qofku qabto ee uu Xiiseeyo marka uu firaaqada yahay (Marka aanu shaqo hayn)
Hockey	Xeego (Ciyaar)
Hoe	Yaambo (Qalab beerta lagu baaqbaaqo)
Hoister	Galka Baastoolada, Kiiska Baastootalada
Hold	Gacan ku qabad, Qabasho
Holder	Haysta
Holding	La haansho
Hole	Dalool, Daloolin
Holiday	Fasax, Maalin Fasax ah
Homage	Sharfix, Xusmayn, Maamuusid
Home	Hooy, Guri
Homicide	Dad layn, Dad dilis
Homosexual	Khaniis
Hone	Markaad max qorto oo aad gees fiiqan, Duuban u samayso
Honest	Daacadnimo
Honesty	Daacad
Honey	Malab (Waxa Macaan ee shinnidu samayso)
Honeymoon	Maalmaha Arooska ugu horreysa ee ay labada is guursatay nasashada ku jiraan
Honour	Sharaf, Maamuus, Sharfid, Maamuusid
Hoof	Qoobka Fardaha, Dameeraha iwm
Hook	Huug, Bir qoolaaban oo wax la soo suro, Sudhato
Hope	Filitaan, Rajo, Rajayn
Hopeful	Rajo leh, Rajo-badan
Hopeless	Rajo la'aan, rajo ma leh, Bilaa rajo

Horn	Hoonka Gaadiidka, Gees (Geesaha lo'da, Riyaha, Baciidka iwm)
Horrible	Necbaansho ama cabsi xun, Naxdin leh
Horrify	Naxdin-gelin, ka nixin, ka bajin
Horror	Baqdin, Cabsi
Horse	Faras
Hospital	Dhakhtarka, Isbitaal
Hospitality	Marti sharaf leh, Soo dhaweyn wacan
Host	Qof loo marti yahay, Qofka wax marti qaada
Hostage	La haye, Qof Madax furasho loo haysto
Hostel	Dhismaha (Leh Jiif & Cuntaba) lagana kireeyo Dad wuxuun wadaaga, Sida Shaqaalaha, Ardayda iwm)
Hostess	Ama diyaaradaha ka shaqaysa, Naagta ama gabadha loo martida yahay
Hostile	Cadaawad, Cadowtinimo
Hostility	Cadawnimo
Hot	Kulul, Kulayl ah
Hotel	Huteel, Albeergo, Dhismo qolal la kireeyo oo Hurdo iyo Cunto leh
Hour	Saacad (Wakhti)
Hourly	Saacad Walba, Saacad kasta, Saacaddiiba mar
House	Aqal, Guri, Dhismo Dad ku dhex nool yahay
Houseboat	Dooni qolol la dego leh oo aan socon
Housebreaker	Tuuga guryaha jabsada
Housewife	Xaas guri joogto ah
Hover	(Shimbiraha iyo Wixil Duulaba) ku dul Heehaaw, Hawo ku dhex wareeg, Wedadow)
How	Sidee, Sida
Howsoever	Sida ay tahayba ama si kasta ha ahaato
Huge	Aad u weyn, Cimlaaq ah

110

Human	Adami, Dad ah
Humanity	Dadnimo, Bani'aadanimo, Aadaminimo
Humankind	Bani'aadam
Humble	Dulli ah, Iska yara hooseeya (Qof)
Humerus	Lafta Cududda
Humid	Ruduubad, Suyuc, Hawada oo qoyan ku dhexe jira (Cimilo)
Hump	Kurus (Kuruska Geela), Ama tuur
Hundred	Boqol tiro ah 100
Hunger	Gaajo, Baahi Raashin cunis
Hungry	Baahaysan, Gaajoonaya
Hunt	Ugaadhsi
Hunter	Qofka Ugaadhsada, Ugaadhsade
Hurl	Markaad si xoog leh wax u tuurto ama daadiso
Hurricane	Hoob dabayl xoog leh iyo duufanba leh
Hurry	Dhakhso, Degdeg
Hurt	Dhaawicid, Wax yeelid
Husband	Ninka xaaska leh ninka naagta qaba
Hush	Aamusiin
Hustle	Tukhaatukhayn, Tukhaatukho (Riixid ama Riixid Xoog leh)
Hut	Dargad Cariish
Hybrid	Iska dhal, Muwalad
Hydro-Electric	Koronto laga dhaliyo Quwadda Biyaha
Hydrogen	Curiye Hawo ah
Hyena	Dhurwaa, Waraabe
Hygiene	Feyo Dhawr, Cilmiga fayo ama caafimaad ilaalinta
Hypnotism	Qofka marka maskaxdiisa dib loo celiyo ama la suuxiyo
Hypocrisy	Munaafaqnimo
Hypodermic	Durid ah, Mudiseed ama dureed

I

I	Aniga (Markuu qofka kowaad hadlayo ee uu isa sheegayo)
Ice	Baraf, Biyo Fariistay, Qaboojin oo fadhiisin ama baraf ka dhigid
Idea	Fikarad, Ra'yi
Ideal	Fixrad, Rayi, Hadaf, Qof wanaagiisa marka aad kaga dayanayso
Identical	Isku mid ah, Isku eeg
Identify	Aqoonsiin
Identify	Aqoonsi
Ideology	Aaydiyoolijiyad
Idiom	Af ama luqad dal gooni u leeyahay isla yaqaan, Weero ama erayo Macne Sarbeebed oo gaar ahaan layskula garanay
Idiot	Qofka qalba daciifka ah, Nacas
Idle	Shaqo la'aan, Dhaqdhaqaaq darro, Qofka aan shaqo rabin ce caajiska ah
If	Haddii (Kolba) (If you want=Hadii aad doonto)
Ignite	Istaadhid, Shidid, Daarid
Ignorance	Damiinimo, Jaahilnimo, Aqoondarro
Ignorant	Aqoonla, Jaahil
Ignore	Iska dhegmarid, Iska Jaahil-yeelid, Ogaal diidid
Ilk	Reer, Nooc
Ill	Buka, Xanuunsanaya, Jirran
Illegal	Sharci daro
Illegible	Aay adag tahay ama aan suuragal ahayn in la akhriyo, Aan la akhriyi karin
Illegtimate	Garac, Wicil, Waxaan sharci ahayn

112

Illicit	Sharci maaha, Waa mamnuuc, Lama oggola
Illiterate	Aqoondarro, Cilmidarro, Aan Akhrikarin qorina karin (WAXBA)
Illiterate	Aqoon daro, Cilimi daro, Waxna qorin akhriyin
Illness	Jirro, Xanuun
Illogical	Suurto gal ahayn, Maskaxda geli karin
Illuminate	Iftiimin, Ilaysin
Illusion	Khayaali, Wax aan run ahayn ama jirin
Illustrate	Sharxid ama sifayn leh tusaalooyin & Sawiro
Image	Muuqaal Sawir ah
Imagination	Male iyo khayaal Abuurid (Maskaxda)
Imagine	Malayn, U malayn (Maskax ka dhisid)
Imappropriate	Aan habboonayn ama suuragal maaha
Imitate	Sida markaad qof wuhuu Samaynayo ku dayato, Ku dayasho samayn, Tusaale laga qaadan karo
Imitative	Lagu Dayan karo, Tusaale laga qaadan karo
Immaterial	Wax aan madi ahayn, Markaad ka hasho waxaan shaqo isku lahayn
Immature	Aan weli baaluqin, aan qaan gaarin
Immature	Aan hanaqaad ahayn qaan gaadin, Baaluqin
Immediate	Degdeg, Isla markiiba (Dhakhso)
Immense	Aad u weyn, Baaxad weyn
Immerse	Quusin, Muquursiin, Biyo Muquurid, Biyo dhex galin
Immigrate	Haajirid, Qaxid
Immobile	Wax aan guurgurin, Ku neg
Immoderate	Aan ilbax ahayn
Immoral	Sharaf lahayn, La qaadan karin
Immortal	Waaraya, aan weligii dhimanayn ee

113

Immune	Bogsiin, Ladnaan (Cudur ka bogsad)
Immure	Xabsiyid, Xidhid
Immutable	Wax aan is bedbedelin
Impart	Sir qaybsi
Impassible	Aan la dhaafi karin, Aan la mari karin, ama laga gudbi karin lagu safri karin
Impassive	Aan muujin shucuurtiisa
Impatient	Samir la'aan, Aan samir lahayn
Imperfect	Aan hagaagsanayn, Ama aan dhammayn
Imperialism	Siyaasadda gumeysiga, Imberyaalad
Imperil	Khatar gelin, la khatar gesho
Impermanent	Aan joogto ahayn
Impersonate	Ku dayasho, Iska dhigid qof kale
Implore	Weydiisad codsi ah (Maxkamadha)
Imply	Dhihid (Dhawaaq ah), Maskax ka odhan
Impolite	Akhlaq xun, Aan edeb lahayn, Edeb daran
Import	Soo dejin, Dibadda ka soo dhoofin ama ka soo dejin (Alaab)
Important	Muhiim ah, Lagama maarmaan
Importune	Baryid ama codsi (Degdeg ah)
Impose	Waa amar qof ama dawladi soo dajisay oo la Rabo onay dadku ku dhagman sida cashuraha, Ama walidku markuu wax
Impossible	Aan suuragal ahayn, Aan suurtoo bayn
Impost	Dulsaarid (cashuurta, Waajibka Shaqada iwm)
Impostor	Si uu u helo waxay rabaan, Qofka iska dhiga ama iska yeela waxaanu ahayn
Impotent	Ninka aan haweenka u galmoon karin, Ama qofka aan dadka wax ka dhaadhicin karin
Impractical	Wax aan la fali karin la samayn karin
Impregnate	Rimin ama uurayn

Impress	Isku cadaadin (Laba Wax)
Imprison	Xabsiyid, Xidhid
Improbable	Aan la filan inuu Rumoobo ama dhaco
Improper	Waxaan hoboonayn
Improve	Hagaajin, Horumarin
Impudent	Xishood daran, Dabeecad qallafsan
Impulse	Gujayn ama gujo
Impunity	Cawaaqib xumo (aan fiicnayn)
Impure	Aan saafi ahayn
In	Gudaha (ISticmaalid faro badan oo kale bay ieedahay)
In-laws	Xidid iyo "qaraabo"
Inaccurate	Aan sax ahayn
Inaction	Aan waxba qaban, Dhaqdhaqaaq la'aan
Inadequate	Aan ku filnayn, Aan kaafiyi karin
Inadmissible	Aan loo qiri karin, Aan lagu yeeli karin
Inadvertently	Wax aan u la kac ama kas loo samayn
Inalienable	Wax aan qof kale u gudi karin, Sida "Xuriya tal quwlka"
Inanimate	Nafla'aan, aan naf lahayn ama noolayn
Inapplicable	Aan Munajib ku ahayn, Aan ku habboonayn
Inattentive	Aan feejignayn, Aan digtoonayn
Inaudible	Aan la maqli karin
Incalculable	Wax aan xad lahay oo aan la tirin karin
Incapable	Aan la yeeli karin
Incense	Ka caydhaysiin
Inception	Bilaw
Incessant	Is haysta, Dhamaad lahayn
Inch	Hiish (Qiyaas 2.54 Sentimitir la mid ah)
Inchoate	Bellaw ah
Incisor	Fool ama dhool (likaha hore ee dadka)
Inclination	Janjeedh

Incline	Janjeedhis, Dhinac u janjeedhin
Include	Ku darid, Ku jirid, Ay ku jiraan ama ka mida
Incombustible	Aan dab lagu isticmaali karin, aan guban
Income	Dakhli, Wax ku soo gala (Xisaab)
Incoming	Kugu soo socda
Incomparable	Aan lays barbardhigi karin
Incomparable	Aan lays barbardhigi karin
Incompetent	U dhigmayn, Aan aqoon u laheen hawsha loo bahanyahay
Incomplete	Aan buuxin, Aan dhammayn
Incomplete	Aan buuxin, Aan dhammayn
Incomprehensible	Waxaan la fahmi karin, Agoon loo laheyn
Inconceivable	War aan la rumaysan karin, Dici karin
Incongruous	Wax aan ka haboneyn ku fiicnayn
Inconstant	Isbedbedalaya, Aan xidhiidh u socon
Inconstant	Isbedbedalaya, Aan xidhiidh u socon
Incontestable	Wax aan laga doofi karin
Inconvenient	Dhalinaya ama keenaya Arbush & Carqalad
Inconvenient	Dhalinaya ama keenaya Arbush & Carqalad
Incorrect	Wax aan sax aheen
Increase	Kordhid, Ku biirid, korodh
Increase	Kordhid, Ku biirid, korodh
Incredible	Aan la rumaysan karin, Aan caqli gal ahayn
Incredulous	Shaki la qaadan karin
Increment	Dulsaar, ku dul korodh
Incurable	Aan la daween karin
Indebted	Asxaan lagu leyahay aua dayn lagu leeyahay
Indecision	Aan go'aan garin

116

Indeed	Runtii, Xaqiiqdii, Sidaad tidhi, Sidaad malaynayso
Indefinite	Aan la qeexi karin, Aan la caddayn karin
Indelible	Aan masaxmi karin, Tirtixmayn
Independence	Isku fillaansho, Xorriyad
Independent	Aan cid ama waxba ku tiirsanayn, Xor ah
Indespensable	Daruuri, Laga mamaarmaan
Indestructible	Aan la burburin karin ama la dumin karin
Index	Muujiye
Indicate	Tilmaamid, Tusid
Indigestible	Aan dheefshiidmayn, sharaf darro, Dabeecad xun
Indirect	Aan toos ahayn, Si dadban
Individual	Shakhsi gaar ahaaneed, Gaar ahaan, Keli-keli
Indoor	Gudo
Induction	Saaqid, la saaqo
Industrial	Warshadaysan, ee Warshadeed
Industry	Warshad, Wax soo saarid Farsameed, aad u shqeysa
Inedible	Aan la cuni karin, Aan cuntamayn
Inefficient	Aan si buuxda wax u tarayn
Inequality	Kala sarayn lays Quudhsado, Sinnan la'aan
Inert	Aan lahayn quwad uu wax ku dhaqaajiyo ama kula falgalo
Inescapable	Aan laga baxlan karin
Inestimable	Aan la qiyaasi karin, Aan aad u weyneyn, Qaali ah
Inexact	Aan sidii la rabay lahayn, Sax maaha
Inexpensive	Aan qaali ahayn, Qaali maaha, Rakhiis
Inexperience	Waayo aragnimo la'aan

Infant	Sebi, Dhalan, Ilmaha caruurta ah
Infantry	Ciidanka lugta, Askarta lugta ah
Infection	Cudur jidku ka qaado hawada oo aan dawo laheen
Inferior	Hooseeya, (Darajo iwm), ee Hooseeya
Inferno	Dab xoog wayn oo guryaha guba, Dad badan buuqooda
Infidelity	Ninka Naagtiisa kheyama, Qof aan diin haysan
Infinite	Aan dhammaad lahayn, Dhammad ma leh
Inflammable	Si hawl yar dabka u qabsan og
Inflexible	Aan qalloocsami karin, Aan la qalloocin karin
Influence	Duufsasho
Inform	Wargelin, La wargeliyo, Sheegid
Information	War, Akhbaar
Ingenious	Qofka Xariifka ah, Xirfadda & Maskaxda badan
Inglorious	Ceeb badan, Dahsoon, Handadan, ma qeexna
Ingratitude	U Mahad celin lalaan
Ingredient	Waxa ay ka kooban yihiin, Sida raashinka
Ingrowing	Hoos u baxa, Hoos u kora
Inhabit	Ku dhex nool, Deggan oo ku nool
Inhale	Neef qaadasho
Inherit	Dhaxlid, ka dhaxlid
Inhuman	Axmaqnimo, Aan dadnimo ahayn, bani'aadaminimo maaha
Initiate	Bilaabid, u yeelid, qofka loo yeelo
Inject	Durid, Mudid (Sida irbada dadka lagu mudayo)
Injection	Duris ama Mudis, (Sida Irbada oo kale)
Injure	Dhaawicid, Qoomis iwm

118

Injury	Dhaawac, Qoon, Waxyeelo
Injustice	Caddaalad la'aan, Caddaalad darro
Ink	Khad
Inland	Deggan Dalka Gudihiisa (Ka fog xadka iyo badaha)
Inmate	Ku nool, Degan
Inn	Aqal dadwynaha ka dhexeeya oo Hurdo, Cuno & Cabidda leh
Inner	Gudaha, Gudihiisa
Innocent	Sirmaqabe, Daacad ah
Innumerable	Aan la tirin karin, aad u badan in la tiriyo
Input	La geliyo, waxa la geliyo walax (Sida quwadda Mishiinka)
Inquire	Weydiisi, la weydiiyo
Inquiry	Weydiin, Su'aal
Insane	Waalan, Xis la'aan, Aan miyir qabin
Insatiable	Aan la raalligelin karin, Aad u cirweyn
Insect	Cayayyaan
Insecure	Aan nabad qabin, Aan bedqabin
Insensitive	Dareen la'a, Aan waxba dareemayn
Insepctor	Kormeere (Qofka wax kormeera)
Insert	Dhigid, meel dhigid ama siin, Ku hagaajin
Inshore	Xeebta ku qabsan (Dhaw)
Inside	Gudaha
Insignificant	Leh qiime yar, Macne yar ama Muhimad yar
Insist	Ku adkaysi (Dood)
Insoluble	Aan milmayn, Aan la xalili karin (Mushkilad)
Insolvement	Aan awoodi karin inuu dayn baxsho
Inspect	Kormeerid
Instalment	Hafto ku bixin, (Muddo-muddo ku bixin)

119

Instance	Tusaale, Dhab ama xaqiqo run ah (Tusaalayn)
Instant	Isla mar qura dhaca, Wakhtiga go'an ee ay wax dhacaan
Instead	Kahaboon
Institute	Bulsho ama Urur ujeeddo gaar ah (Tacliin ama wax kale) Isugu dhaama kobcin
Instruct	Wax barid (Leh Amarsiin & Tilmaamo)
Instruction	Tilmaan bixin iyo waxbarasho xirfadeed
Instructor	Qofka wax dhiga (Bare Xirfadle), Tababare
Instrument	Qalab, Aalad
Insulate	Dahaadhid, Ka xijaabid, kaga soocid waxaan dabgudbiye ahayn
Insulation	Duhaadhid, Xijaabis
Insulator	Xijaabe, Qolofta ama wayirka qaawan ee koronta da waxa loo dhaxaysiiyo
Insult	Caytan, Afka ka caayid
Insurance	Caymis (Insurance Company = Shirkadda Caymiska)
Insure	Xaqiijin
Integer	Tiro dhan oo aan Jajab ahayn: 1,5,9
Integrate	Isku wada geyn (Qaybo) dhan, dhammaystirid isku wadarayn guud
Intellectual	Maskax fiican leh, Maskax Fiican
Intelligible	Si hawl yar oo fudud loo fahmi karo
Intend	Qalbi ku hayn ama qorshayn, ugu tala galid
Intensity	Itaal
Intent	Nujad, Qasdi
Intentional	Ulakac, Khiyaar, Badheedh
Inter	Xabaal dhigid, Aasid (Meyd aasid, Aasid ama duugid)
Interact	Isku darsamid, Isla fal gelid, Isku dhafid

Interchange	Isku beddelid (Iswaydaarsi)
Intercourse	Galmo (Ninka & Naagta markay isku galmoodaan), Wax isweydaarsi
Interest	ahmiyad, Xiiso leh, Dulsaar ama ribo
Interfere	Faragelin (Arrin)
Interfuse	Isku dhexe laaqid, Isku dhexe darid 2 Gudaha
Interior	Gudaha deggan, Gudaha
Interlock	Isku xidhid
Intermediate	Dhexe (Intermediate School=Dugsiga Dhexe)
Intermingle	Isdhexgelid
Intermix	Isku khaldid, Isku qasid, Isku-wa-laaqid
Internal	Gudaha ah, ee Gudaha jira
International	Caalami, Caalimi ah
Interpret	Tarjumid, Ka tarjumis
Interrogative	Leh qaab su'aaleed, Weydiin ku tusi
Interrupt	Qashqashaad, Fadqalalayn, kala gooyn
Interval	Wakhti u dhexeeya laba dhacdo qaybood
Interview	Is arag waraysi ah
Intestine	Xiidmo, Mindhicir
Intial	Bilowga, ka bilowda
Intolerable	Aan loo dul qaadan karin
Introduction	Hordhac, Araar
Invade	Gelid dal si loo weeraro ama loo qabsado
Invalid	Aan qiime lahayn, Aan la isticmaali karin, Ma soconayo (Shaqaynayo)
Invent	Ikhtiraacid, Soo saarid wax cusub
Inverse	Kala rogan, Dhanka loo wareejiyey
Invert	Qalibaad, Kala rogid
Invest	Maal gelin, La maalgeliyo, Lagu kharshiyeeyo
Investigate	Baadhid (Dembi iwm)

Investment	Maalgelin
Invisible	Aan la arki karin
Invite	Casuumid, Marti qaadid
Involve	Ku Taxalluqid, Xiisayn
Inward	Gudaha jira, Xagga gudaha
Iris	Wiilka madow ee isha, Qaybta Madow ee isha
Iron	Xadiid, Birta Xadiidka ah, Kaawiyad
Irregular	Aan caadi ahayn, lid ku ah sharciga
Irrespective	Aan tixgelin lahayn, Aan la tirsan
Irresponsible	Aan Mansuul ahayn, Mas'uul maaha
Irrigate	Waraabin (Beeraha), Biyo Waraabin Beereed
Island	Gasiirad, Dhul biyo ku soo wareegsan yihiin
Isolate	Iska takoorid, Gooni ama keli u soocid
It	Magac u yaal ah waxaa aan Caqliga lahayn
Item	Shay, Walax
Ivory	Fool Maroodi

J

Jack	Jeeg, Jeegga Baabuurta lagu Dalaco, Jeeg ku Dallacid
Jackal	Yey, Yey (Xayawaan u eg eyga)
Jacket	Jaakeet, Koodh yar oo Shaadhka oo kale ah
Jail	Xabsi
Jam	Riqdid, Shiidid, Malmalaado ama Jaamka Rootiga la mariyo
Jammy	Uskak is jiidjiidaraya
Janitor	Waardiye, Ilaaliye, Qofka ilaaliya Guryaha iwm
January	Bisha ugu horraysa Sannadka Miilaadiga
Jar	Qullad, Sanqadh saliilyo ama jidhidhico leh
Jargon	Lahjad ana luqad aan la fahmayu
Jaw	Damauga, Daan
Jazz	Qoobka Ciyaar, Jaas
Jealous	Xaasis
Jealousy	Xaasidnimo
Jeep	Baabuur yar oo Fudud oo dheereeya (Dhulka aan sinayn) baa had iyo jeer lagu haraa)
Jeer	Si qaylo xun ah u Qosohid
Jeopardize	Khatar gelin, Sigid
Jerboa	Tig, Xayawaan jiirka u eg oo lugo iyo Dabe dheer leh
Jest	Jaajaalayn, Maad ama kaftan qosol leh
Jevelin	Murjin, Kurjis (Ka Isboortiga lagu tuuro)
Jew	Yuhuud, Qofka Yuhuudiga ah

123

Jewel	Dhagax qaali ah (Sida dheemanta iwm) Qiime sare leh
Job	Shaqo
Jockey	Fardafuulis
Jog	Hantaaqin, Riixid ama jugjugayn
Join	Ku biirid, ku darsamid, Xadhig (iwm) Xidhid, Guntid
Joint	Xubin (Jirdhka ah), Laabatooyinka Jirka midkood, Guntin, meel wax iska galaan
Joke	Kaftan, Xanaakad
Joker	Qofka Kaftanka badan leh, Qofka maada badan
Journal	Wargeys maalmeed, Wargeys maalin walba soo baxa
Joy	Farxad, Farax weyn
Judge	Garsoore, Garsoorid (Maxkamadaha)
Jug	Joog, weel wax lagu shubto oo dheg leh
Juice	Dheecaan, Dheecaanka miraha la shiday
Juicy	Dheecaan badan, Dheecaan leh
July	Bisha Toddobaad se Sannadka Miilaadiga, Luuliyo
Jump	Boodid, Booto
June	Bisha Lixaad ee Sannadka Miilaadiga, Juunyo
Jungle	Kayn ama dhul seere ah
Junior	Hoose, Heerka hoose (Darajada)
Jupiter	Meeraha ugu weyn ee Bahda Cadceedda
Jurist	Qaadi Maxkamadeed
Just	Isla: Sida (Just now=Isla iminka), Caadil
Justice	Caddaalad
Justify	Caddayn, Sabab sheegid, Sabab fiican u yeelid
Jute	Maydhaxda laga sameeyo dharka, Jawaanada iyo xadhkaha

Juvenile	Da' yar, Qof dhalinyaro ah, Dhalinyar
Juxtapose	Dhigid dhinac dhinac ah, Meeldhigid dhinac dhinac ah (Hareeraha)

K

Kale, Keil	Nooc kaabashka ka mid ah
Kangaroo	Xayawaan ku nool dalka Ostaraaliya oo ku booda labada lugood oo dambe (oo ka dhaadheer kuwa hore), Dheddig
Kaput	Wax kala Jabay
Keen	Fiiqan, Af leh uu wax ku jaro, Dareen wacan leh, U soo jeedo ama jecel
Keep	Hay, Xajin oo xafid
Keeper	Ilaaliye, Qofka xil gaar ah haya
Keeping	Hayn, Dhowrid, heshiis
Kennel	Cariish eyga hooy looga dhigo, Hoy ga eyga
Kerchief	Cimaamad, malkhabad, Qambo dumar (ta madaxa)
Kerosene	Gaas ama saliid
Ketchup	Yaanyo, Tomaudo shiidshiid cuntada kar layaga daro
Kettle	Kildhi, Jalmad
Key	Fure, Maftaax
Khaki	Kaaki, Dharka harqad adag ka sameysan, Direyska askarta oo Kále ah
Kick	Lugta ku hirdiyid, Laad
Kid	Waxar, Ilmaha ri'da, Cunug
Kidnap	Afduubid, Qafaalid
Kidnex	Kelli
Kill	Qudh ka jarid, Dil
Killer	Dilaa (qaatil), Laayaan

Kin	Ehel, Xigeel, Qaraabo
Kind	Nooc, Jaad, Naxariis
Kindergarten	Dugsiga carruurta aad u yar yar lagu barbaarsho
Kinetic	Socda, Xil ama ka waajibay socod
King	Boqor
Kingdom	Boqortooyo
Kinship	Ehelnimo, Xigaalnimo, Qaraabanimo
Kip	Hurdo, Seexasho
Kiss	Dhunkasho, La dhunkado, Dhunko
Kitchen	Mabbakh, Jiko, Qolka wax kariyo
Kitten	Yaan yuurta yar, Bisadda yar
Knave	Ninka aan daacadda ahayn, nin sharaf daran
Knead	Cajiimid, Xashid (Bur & biyo la isku cajimo)
Knee	Lawga, Jilibka lugta, Law, jilib
Kneel	Jilba joogsi
Knelt	Jilba joogsada, Joogsatay
Knife	Mindi, Mandiil
Knit	Tidicd, Soohid
Knives	Mindiyo
Knock	Garaac, Ridid, Leged
Knock	Garaacis, Ridid legad
Knot	Isku xidhid, Guntin
Know	Garasho, Garatid
Knowledge	Fahmo, Aqoon, Cilmi
Knuckle	Lafta isku xidha xubnaha farah
Kolkhoz	Iskaashi beereed ee ruushka
Koran	Quraan
Kudos	Caanimo, Caan ah
Kulak	Beeraha Qaniga ee Rushka

L

Lab	(Soo gaabin) sheybaar
Label	Qidcad yar oo warqad ama bir ama maro iwm, Oo korka lagaga dhajiyo wax soo sheegaysa wuxu wax ay yihiin, Halk
Laboratory	Shaybaadh, Qolka ama dhismaha lagu sameyo tijaabooyinka sayniska (Kimistariga)
Labour	Shaqaale, Shaqaalanimo, Shaqayn, aad isugu dayid
Lack	La'aan, Aan haysan, Aan ku filnayn
Lactic-Acid	Aysiidh chanaha laga hulo, Ama marka la jimicsanaayo aysiid ay murquhu dhaliyaan
Lactose	Sonkorta Caanaha dabeeciyan ugu jirta
Lad	Wiil, Ninka yar, Kuray
Ladder	Sallaanka, Sallan, sallaanka wax lagu fuulo (meelaha dheer)
Lady	Gabadh (La sharfo) naag mudan
Lag	Ka dambeyn, Dib uga dhac
Lagoon	Haro biyo dhanaan oo badda bacaad ka soocay
Lake	Haro ama war biyo ku jiraan
Lamb	Neylka ama naysha, Ilmo yar ee adhiga (Idaha)
Lame	Laangadhe, Qofka dhutinaya, Dhutiya
Lament	Calaacal, Baroordiiq
Lamp	Faynuus
Lancet	Mindi ama mandiil laba aflay ah
Land	Dhul

127

Landing	Soo degis, Dhulka ku soo degis (sida marka ay dayuuraduhu fadhiisanayaan)
Landlady	Naagta leh guriga kirada loogu jiro
Landless	Dhul hamti ah aan lahayn
Landmark	Calamada dhulka lagu sameeyo marku leh dhisanayo
Landowner	Qofka dhul hanti ah leh
Lane	Wadiigo yar
Language	Af dad ku hadlo, Luqad
Languid	Awood daro, Tamar darrayn, Heedadaw
Lantern	Tiriigga qaruuradiisa, shigni
Lap	Dhabta qofka, laalaabid (dharka)
Lapse	Iloowid, Hilmaan ama halmaan, Himaamid
Larceny	Xadis, Tuugeysi
Lard	Baruurta, Xaydha doon farka ana kharsirka ama kirkirka
Large	Baaxad leh, Weyn
Lariat	Xadhigga faraska lagu xidho markuu daaqayo ama la nasinayo
Larva	Dhasha cayayaanka
Larynx	Qulaaqulshe
Lash	Shaabuugeyn, Karbaashid, Jeedalid, tigtigid, xirxirid
Lass	Gabadh, Inanta
Last	Ugu dambeyn, Ugu dambeeya, ku dhammeyn
Latch	Sakatuuro, Halka irridda ama daaqaadda laga xiro, Handaraab
Late	Daahis, Wakhti dambe, Goor dambe
Lathe	Toorne, Mishiin birta lagu qoro
Lather	Xumbada Saabuunta
Latin	Laatiini, luqaddii Roominskii hore

Latitude	Lool, Xarriiqaha barbar la ah badhaha Dhulka
Latrine	Musqul, Baytalmey, qolka xaarka & kaadida
Latrine	Musqusha, Suuli
Latter	Kabacdi, Ka dambe (laba wax ka dambe), Ka dib
Laudable	Wardi, Tasbiixsi
Laugh	Qosol, Qoslid
Laughable	Lagu qoslo, Ka Qoslin kara
Launch	Qado
Launder	Dhar-dhaqid, Maryo maydhid
Laundress	Naag labandaaywte ah, Iyo kaawiyaddayntooda ama feerrayntooda, Gabdha ku lacag qaadata dhar dhaqidda
Laundry	Labandaaye, Doobi, Meesha dharka lagu dhaqo
Laurels	Geed yar oo cagaar ah mar walba
Lavatory	Qolka (meesha) lagu weji dhaqdo faraxasho
Lavish	Deeqsinimo badan, Sida lacag badan kharash qareeyay
Law	Sharci
Lawful	La shorciyeeyay sharci aheen abukate, Sharciyaysan
Lawless	Bilaa sharci, Sharci daro
Lawyer	Qareen, Qofka barta sharciga
Lax	Debacsan
Lay	Jiifin
Layer	Raso, Liid
Layman	Qofaan aqoon u lahayn shaqada
Lazaras	Maskiinka, Dawersade, Ninka aad Saboolka ah
Lazaret	Isbitaalka Dadka Juudaanka qaba
Lazy	Caajis, Qofka Caajiska ah

Lead	Hoggaamin, Horkacid, Curiye Macdan ah
Leader	Hoggaamiye, Horkaca
Leaf	Caleen
Leaflet	Xaashida yar ee Daabacan ee wax sifinaysa
League	Heshiis adag ama dawlado dhex mara si ay danahooda u ilaashadaan
Leak	Dilaac, Liig
Lean	Ku taakeysi, Weyd, Jiqilsatid adoo se taagan, Naxiif, Marked Suxulka meel ku taageersatid
Leap	Boodis, Boodid, Ka dul boodid
Learn	Wax la barto, la dhigto (Tacliin)
Leash	Harag yar oo qoorta looga xiro ayda si loogu kaxeeyo
Least	Walax yar, Ugu yar
Leather	Haraga xoolaha ee dharka laja Sameeyo
Leave	Ka tegid, Fasax yar oo gaaban
Leaves	"Leaf"=Caleemo (Wadar)
Lecture	Cashar, Khudbad
Led	Waa Hoggaamiyey, Horkacay (Wakhti tegey)
Lee	Dadab dabaysha laga dugsado, Dugsi
Left	Bidix, Wuu tegey, tegay "Leave" (Wakhti tegey)
Leg	Lug
Legal	Wax sharci ah, Wax la oggolyahay (Sharciga)
Leggy	Luga dhaadheer (Siiba Carruurta yaryar, fardaha yaryar)
Legible	Wax si fudud loo akhriyi karo
Legislate	Sharci dejin, Qaynuun Samayn
Legitimate	Si qaynuun ah, Caadi ah, Suuragal ah

Leisure	Wakhtiga Qofku firaaqada yahay, Wakhtiga aanad shaqada haynin
Lemon	Dhirta liinta
Lend	Amaahin
Length	Dhererka dhimac ilaaiyo dhinac, Dayn siin
Lens	Bikaaco
Leopard	Haramcad (Bahal)
Leper	Qofka qaba cudurka Juudaanka (Cudur halis ah)
Leprosy	Juudaan (Cudur)
Lesbian	Naag khaniis ah
Less	Yar, (Tiro ahaan)
Lesson	Cashar (Dersi)
Let	U oggow, u yeel: (Let us go=Inakeen aan tagnee) (Let me call him=I sii daa aan isaga u yeedhee)
Letter	Xaraf, Warqadda laysu diro
Level	Heer
Lever	Kabal
Liable	Dhici kara
Liable	Xoreyn, Xorayn
Liar	Beenlow, Beenaale
Liberate	Xoreyn, Xorayn
Library	Maktabad, Meesha Kutubta iwm, Lagu Akhriyo
Licence	Liisaan, Warqad sharci ah oo kuu fa
Lick	Leefid, Carrabka ku masaxid
Lid	Dabool
Lido	Xeebta halka lagu mayrto ama dabbaasho
Lie	Jiifsad, La jiifsado, Been (Run maaha)
Lieutenant	Laba xiddigle (Ciidan)
Life	Nolol

Lift	Kor u qaadid, Hinjin, Kor loo qaado, la hinjiyo
Ligament	Seed, Seedaha lafaha iyo Xubnaha jirka isu haya
Light	Ilays, Iftiin, Fudud aan cuslayn
Light hearted	Qof farxaan ah oo waji furan
Lighten	La shido, la ifiyey, la fududeeyay
Lighter	Jantisigaro, Qarxiso, Aaladda ololka Bixisa ee Sigaarka lagu shito, Walacad
Lightning	Hillaac
Like	Oo kale, U eg
Likeness	Isku ekaan
Likewise	Saas camal, Sidoo kale
Limba	Adin (Lug, Gacan, Baal, Midkood)
Lime	Nuurad (Walaxda Cad)
Limit	Xad (Heer ku xadaysan)
Limitation	Xaddayn, Qarradhidh
Limousine	Fatuurad dheer oo dadka Taajiriinta ay kaxeestaan
Limp	Dhutin, Dhutis, Socodka Laangadhaha ama jiiska oo kale
Line	Xarriiq, Xarriijin, La xarriiqo
Linear	La xarriiqay, ee Xarriiqda
Lineman	Ninka dejiya ee Hagaajiya laymanka tilifoonka & Taararka
Linguistic	Qofka yaqaan ama barta afafka Qalaad
Link	Isku xidhid
Lion	Libaax
Lip	Debin, Bushin
Lipstick	Xamuurada afka
Liqour	Nooc khamri ah
Liqueur	Caraq-Caroog-isbiiro lacabo
Liquid	Dareere

132

Liquidate	Ganagsi kacay- shadafaha laabtay, Cidhibtir
Liquify	Dareer laga dhigo, Dareera ka dhigid
Lira	Lacagta Talyaaniga laga isticmaalo
List	Liis, Liisgarayn, Liis ku qorid
Listen	Dhegaysi, Dhegeysad, la dhegeysto
Liter	Litir (Qiyaas) Halbeegga Mugga
Literacy	Wax la qori karo lana akhriyi karo
Literature	Suugaan
Litigate	Sharci u tegid, u dacwoodid Maxkamadda sharciga
Litre	Litir (Qiyaasta Mugga ama halbeeggiisa)
Little	Yaran
Livable	Lagu noolaan karo
Live	Nool, Naf leh: (Nafleyda iyo Dhirta)
Livelihood	Habka Nolosha, Macnaha nolosha
Liven	La nooleeyo, Naf la geliyo
Liver	Beerka (Nafleydu leedahay)
Liverstock	Xoolaha la dhaqdo (Geela, Adhiga, Lo'da iwm)
Livery	Astaanta alaabta ganalsiga, Shaqaalaha guryaha ka shaqeeya dharka isu ag ee ay xidhaan
Living	Nool, Ku nool
Lizard	Nooc Xammaaratada ka mid ah oo maso-lugaleyda u eg
Lncerate	Dhaawac, Marka gofku ay jaraan
Load	Culays, Lawdh
Loaf	Rootiga waaweyn, Saanjad, Wakhti lumay
Loan	Dayn, Lacagta Cid la amaahiyo
Loath	Aad necebtahay, Kabin, Doonayn, Jeclaysan
Loathe	Necbaysatid, Aad u nacdid, Karhid

Lobster	Aargoosto (Xaywaan badda ku nool)
Local	Wax u gaar ah, Ku kooban meel ama degmo
Locate	Tusid, Shaac ka qaadid (Meel), Dejin, Meeldejin, Yagleelid
Lock	Quful, Xidh, Quflid
Locket	Carrabka Silsilada Luqunta lagu xidho
Locomation	Socoto, Awoodda lagu socdo
Locomotive	Matoorka tareenka
Locust	Ayax
Lodging	Qolka ama qolalaka Caadig ah e loo kiraysto in lagu noolaado
Lofty	Sare, Sarayn
Log	Qoriga Xaabada ah ee la shito, Qalab lagu qiyaaso Xawaaraha Markabka ee biyaha, Soo gaabinta "Logarithm"
Logarithm	Nooc Xisaabaha.........
Logic	Cilmiga iyo Habka wax sabab loogu yeelo, Waa caqligal
Logical	Caqliga gali kara, Suura gal ah, Sabab si sax ah loogu yeeli karo
Loin	Qaybta Hoose ee dhabarka inta u dhexeysa feedhaha iyo miskaha
Loll	Kor isku taagid si caajisnimo ah, Si caajisnimo ah u fadhiisatid ama u nasatid,Carrab laalaadin sida eyga
Lone	Keliya, oo qudha, Keli ahaan
Lonely	Keli ahaan, Cidloonaya, Cidla, Kali
Long	Dheer
Longer	Ka dheer
Longevity	Cimri dheer, Nolol dheer
Longitude	Dhig (Xarriiqaha Dhulalka ee u Jeexan), Koonfur-Waqooyi
Look	Day, Eeg, Fiiri
Looking	Eegaaya, Fiirinaaya

Lookout	Iska jir, Iska eeg, Kor fiiri ama eeg
Loom	Mashiin Dharka lagu sameeyo ama lagu tidco
Loose	Debecsan, Aan giigsanayn ama Tigtignayn aan adkayn, aan aad u xidhnayn
Loot	Hoob, Dhac (Qof la dhacay)
Loquacious	Hadal badan, Qof hadal badan
Lord	Taliye haybad sare leh
Lore	Barashada Cilmiga laga hayo Wakhtigii tegay ama dabaqadii lahayd
Lorry	Gaadhi, Baabuur weyn (Sida kowa xqm uulka faada)
Lose	Lumisid, Lumid, Khasaarid
Lose	Khasaare
Lost	Lumay, Khasaaray
Lot	Badan
Loud	Cod dheer
Loudspeaker	Sameecad
Lounge	Qolka Fadhiga
Louse "Lice"	Injir
Lousy	Injir leh
Lovable	La jeclaan karo, Wax la jeclaan karo
Love	Jacayl, Jecel
Lover	Qofka wax jecel, Ninka iyo Naagta is jecel
Low	Hoosaysa, Hoose, Aan meel dheer gaari karin, Cida lo'da
Lower	Hoos u dhigid, ka hoose
Loyal	Daacad ah
Lubricate	Xaydheynta iyo Saliidaynta qaybaha Mishiinka si uu hawlyari ugu shqeeyo
Lucid	Qeex, si hawl yar loo fahmi karo, Madaxa ka fayoow

Lucky	Nasiib badan leh
Lucrative	Faa'iido leh, Lacag keenid
Ludo	Laadhuu, Ciyaar sida shaxda Miiska lagu dul ciyaaro
Luggage	Alaabta (shandadaha, Seexaaradaha, Sanduuqyada iwm)
Lumbar	Dhabarka intiisa hoose, Xanjaadhka
Lunacy	Waalli an miyirqab lahayn
Lunar	Dayaxa, ee dayaxa
Lunatic	Nin waalan
Lunatic-Assylum	Jeel Magnuun, Mana koobiyo, Isbitaal ka Dadka Waalan
Lunch	Hadhimo, Qado, Qadada ama cuntada dhuhurkii la Cuno
Lung	Sambab
Lure	Duufsi, Ka helitaan........
Lurk	Ugu gabbasho, ugu dhuumasho
Lusty	Xooggan oo Caafimaad qaba
Luxurious	Raaxo leh, lagu raaxaysan karo
Luxury	Raaxo, Nolol fudud oo raaxo leh
Lyceum	Gole lagu dooda oo wax lagu falanqeeyo
Lynch	Dambiile aan sharci lala liigsan- marin oo dadweynuhu ciqaabeen
Lyric	Midhaha heesaha ama gabayada

M

Macadam	Waddo laami ah (Nooc loo dhiso)
Macaroni	Baasto (Raashin, Baslo gaagaab)
Machine	Mashiin, Matoor
Machinery	Qaybaha socda ee Mashiinka, Mashiinnada
Machinist	Qofka Makaanigga ah, Qofka Mashiinka ku shaqeeya
Mackintosh	Koodh roobka laga xidho
Macrosopic	Ie aragtay- il qaatay
Mad	Waalan, Maskaxda ka jirran, Caqliga wax uga dhiman yihiin
Madam	Marwo (Dumarka eray lagu sharfo)
Made	La sameeyey, Samaysan
Madness	Miyirqab La'aan, Waalli
Madrigal	Gabay gaaban oo jaceyl ah
Mafia	Budhcad dadka laysa oo qarsoodi ah
Magazine	Wargeys gaar ahaan Xilli ku soo baxa (Toddobaadle, Bishii mar ama dhawrkkii Biloodba), Magaasiinnada waaw eyn
Magic	Sixir, Indhasarcaad
Magistrate	Garsoore Shicib ah oo Maxkamadda hoose ka garsoora ama gar naqa
Magnet	Bir-Lab
Magnetism	Cilmiga Birlabta, Habka iyo qaabka Birlabeed
Magnetize	Birlabayn, Birlab ka yeelid
Magnificient	Qurux badan, Fiican, Awood badan, iwm
Magnify	Weyneeyn

Magnitude	Laxaad
Maid	Oo ka shoqaysa Hotel, Aan la guursan, Lamadayo iwm, Gabadh Gashaanti ah
Mail	Habka dawladdu Boosta u socodsiiso
Maim	Naafayn
Main	Muhiim ah, Ugu muhiimsan
Maintain	Ku ilaalisid Meeshiisa-Siaano isu bedelin, Sii wadid, Sii socodsiin
Maintenance	Amba qaadis, Sii taageerid
Maize	Galley, Arabikhi
Majesty	Kii fiican, Wanaaganaa oo loogu yedho-Boqorada, Suldaanada, Garaada da
Major	Gaashaanle (Darajo Ciidameed), Qaybta
Major	Guddoomiyaha Dawladda Hoose, MadaxaMunashiibiyada ee ay Magaalo leedahay
Majority	Inta badan, Xagga loo badan yahay, Aqlabiyad
Make	Samayn, Suubin, la sameeyo
Makeshift	Ku meel gaadh
Maladministration	Maamul xumo
Malady	Cudur, Jirro, Bukaan
Malaria	Duumo, Cudurka Kaneecadu keento
Male	Lab, Labood ah
Malediction	Inkaar, Habaar
Malefactor	Eedaysane, Dambiile
Mallet	Buris, Dubbe madaxiisu qori yahay
Malnutrition	Nafaqo la'aan, Nafaqo darro
Malodorous	Ur la nebcaysto, Ur qadhmuun, Ur karaahiyo ah
Mama	Eray Carruurtu ugu yeerto Hooyadoo da, Hooyo
Mammal	Naaslay, Xayawaanka inta naaslayda ah
Man	Nin

138

Manage	Maamulid, Maarayn, Dubarid
Management	Maamul, Maarayn
Manager	Maamule, Maareeye
Mane	Sayn, Timaha saynta ah ee ka baxa Lu qunta fardaha, Libaaxa iwm
Mango	Maange, Canbe laf
Manhood	Xiliga ragu taabagalka yahay, Ninimo, Ninnimo
Manifest	Wax la taban karo oo sax ah, Qeexan oo shaki aan ku jirin
Mankind	Dadka oo dhan, Bani-aadam
Manly	Raganimo
Manner	Jidka ama Habka ay wax u qabsoomaan ama u dhacaan, Sida uu qofku ula dhaqmo dadka kale, Caadooyin, Dabeecad
Manoeuvre	Markaad si xirfad leh ama xaalad u bedeshid, Dhaqdhaqaaqa ama guubaabada Ciidammada
Manpower	Xoogsato, Shaqale
Mansion	Guri aad u weyn, Sida fiilada
Mantis	Cayayaan la yidhaa macooyo
Manual	Hawl gaianta lagu qabto, Gaomha lagu sameeyo, Wax gacanta lagu qabto
Manufacture	Wax soo saar
Manure	Digo, Saalada Xoolaha
Many	Badan
Map	Maab, Khariidad
Mar	Kharibid, Xumayn
Marble	Marmar, Mutunelo
March	Bisha saddexaad ee sannadka (Maajo)
Mare	Geenyo ama dameer (Dheddig)
Marine	Badda, Badda la Xidhiidha ama ah
Mark	Calaamad, Calaamadin, Summadin, Lacagta Jarmal

Market	Saylad, Suuq ama sariibad
Marriage	Guur, Aroos
Married	La guursaday, Is guursaday, Is Arooseen
Marrow	Dhuuxid, Dhuuxa lafta ku dhex jira
Marry	Guursi, la guursado
Marsh	Meel dhiiqo ah oo biyo fadhiisi leh
Marshal	Marshaal (Darajo Ciidameed ta ugu sarreysa)
Mart	Shuuq, Shuuqay
Marvel	Wax yaab leh, Wax lala yaabo (Farxad ahaan)
Marvellous	Heer sare, La yaab leh (Xagga fiican)
Masculine	Labood, Lab ah
Mask	Maskaraato - wax wejiga la gashado si aan laguu garan
Mason	Wastaad, Fuundi, Qofka dhismaha dhagaxa dhisa
Mass	Cut
Massacre	Dad badan oo si bahalnimo ah loo laayay
Massage	Duugis, Masaajo
Massenger	Biyantooni, Adeega, Qofka Farriimaha qaada
Massive	Wax weyn oo culays badan
Mast	Dakhal, Baalo (Baalo, biraha calanka, koran lada iwm)
Master	Ninka loo shaqeeyo, Qofka (Lab) Madaxa ah
Master mind	Wax dhacay, Dhacaya maskaxdii ka dambaysay
Masturbation	Sii gaysi
Mat	Darin, Darmo, salli
Match	Tarraq, Kabriid, Ciyaar, Tartansiin
Mate	Saaxiib ama Jaalle wax gooni ah ama shaqo gaar ah lagu saaxiibo

140

Material	Walax, Shay
Mathematics	Cilmiga Xisaabta
Maths	Xisaab
Matron	Naagta u Madaxda ah Kalkaaliyayaasha Caafimaad
Matter	Maatar
Mattock	Mandaraq (Qalab wax lagu qodo)
Mattress	Furaash
Mature	Baaliq, Qaan-gaadh
Maximum	Heerka ugu sarreeya, Ugu weyn ama sarreeya
May	Laga yaabaa, (Male): Wax dhici kara laga isticmaalaa
May	Bisha Shanaad ee Sannadka Miilaadiga, Maajo
Me	Aniga (Object form)
Meadow	Seero, Dhul daag loo xidhay
Meal	Cunto, Wakhti cunto
Mean	Macne, Micnaha eray ama weeri leedahay, Bakhayl, Quduuc, Liita, Xun, iwm: Dhex ah
Meanwhile	Ilaa inta la gaadhayo
Measure	Qiyaas, Cabbir, Qiyaasid, Cabbirid, La cabbiro
Mechanic	Makaanik, Qofka Xirfadda u leh ku shaqaynta Mishiinnada ama Mishiinnada wax ka yaqaan
Medal	Billad
Meddle	Badhtama ha, Dhexda
Media	Marka la isku daro, Raadyawga, Teefiiga joornaalka
Mediate	Dhexdhexaadin
Medical	Ee Daawada, Dawo leh
Medicine	Daawo, Dawo wax daweysa

Medico	Caafimaadka, Ama arday faafimaadka baranaya
Medium	Heer dhexe, meel dhexaad
Medlar	Geed midhood ubaxna leh
Meet	Kulmid, Lakulan
Meeting	Kulan
Melt	Dhalaalay (Dhalaalid)
Member	Xubin ka tirsan Koox ama guddi iwm
Membrane	Xuub
Memorable	La Xasuusan karo
Memorial	Xasuus Mudan, Xasuus-gal
Memory	Xasuus
Men	Rag, Niman (Wadarta "Man")
Mend	Kabid
Menses	Ciso, Caado, Dhiigga Naagaha ka yimaada
Menstruation	Dhiigaynta ama Cisada (Dumarka)
Mental	Ee qalbiga, Maskaxda ama caqliga ah (ku saabsan)
Mention	Magac sheegid, Sheegid, Magmagcaabid
Mentor	La taliye daacad ah, Macalin gaar ah
Mercenary	Askarigh dal aanu u dhalan ka shaqeeya calooshii u shaqayste
Merchandise	Alaabta laga ganacsado
Merchant	Ganacsade, Qofka Ganacsada alaabta (Baayac-Mushtar)
Merciful	Naxariis ama raxmad leh, naxariis badan
Merciless	Naxariis yar, naxariis ama raxmad daran
Mercury	Curiye: Macdan bir ah oo misna (Had iyo jeer) dareera ah, Kulbeegga baa ku shaqeeya iwm
Mercy	Raxmad, naxariis

Mere	Jidhaan, Dhijaan (Biyo ku jiraan)
Merry	Faraxsan, Riyaaqsan
Mess	Miiska ama cunto lu shuraakowga ragga soolanaha ahi samaystaan ee meel wax loogu wada kariyo (Cuntada)
Message	Farriin
Metal	Bir
Meteorology	Cilmiga Saadaalinta, Dabeycha iyo hawada
Meter	Qalab wax lagu qiyaaso, Qalabka Qiyaasta sheega
Method	Hab ama dariiq wax loo qabto ama loo samayo
Metre	Mitir (Qiyaas Masaafo ama dherer)
Metropolis	Magaalo aad u weyn
Mew	Ci'da Bisadda, Ci'da (Codka) ay Bisadu ku ci'do
Micro	Yar-(Horgale)
Microphone	Mikirifoon, Qalab hadalka loo adeegsado
Microscope	Qalab ama aalad lagu eego Waxyaabaha aad u yar yar ee aanay ishu arki karin
Mid	Ugu dhexeeya, Dhexda
Midday	Duhurka, Duhurka Maalintii, Malinbadh
Middle	Dhexe, Badhtan
Midland	Dalka Badhtankiisa, Badhtamaha dal
Midnight	Saqbadh, Habeenbadh
Midsummer	Muddada ah ilaa iyo 21 Juunyo gu' badh
Midway	Jidka badhtankiisa, Dhexdiisa
Midwife	Naagta Umilisada ah, Umuliso
Might	Waxaa laga yaabi lahaa: ("May") Awood weyn
Mighty	Quwad weyn lah, Awood badan
Migraine	Dhan jaf, Madaxu marku dhinac ku xanuuno

143

Migrate	Qaxid, Qixitaan, La qaxo ama meel kale la tago
Mile	Mayl, Qiyaas lagu cabbiro Masaafada iyo Fogaanta
Militant	Dagaal u heegan ah, Dagaal u diyaar ah
Military	Militari, Ciidanka Gaashaandhigga
Militate	Marka waxaan duntaa ahay gashid
Milk	Caano, Lisid, Caano-maalid
Milky	Caano leh, caano u eg, Caano ah
Mill	Weshadda galleyda iwm, Shiidda oo bur ka dhigta, Shiidid, Ridqid
Millepede	Han ga raaral
Milliard	Kun malyan=(1.000.000.000)
Million	Kun kun, Malyan=(1.000.000)
Millionaire	Maalqabeen walaayiin haysta
Mind	Caqli, Xasuuso, Maskax, Qalbiga ku hay
Mindful	U feejig ah, Feejigan, u qalbi furan
Mine	Waxayga, Kayga (Lahaanshaha qofka kowaad), Godka Macdanta, Macdan qodid, Miine aasid/Qarxin
Miner	Ninka Macdanta Dhulka ka soo qoda, Qofka Miinada Dhulka ku aasa= Miiniiste
Mineral	Macdan
Mingle	Isku darid
Mini	Yareeye
Minimize	Yarayn, soo koobid ilaa into ugu yar
Minimum	Ugu heer yar, Inta suuragalka ah ee ugu yar
Mining	Shaqada Macdan qodista ah, Macdanqodis
Miniskirt	Goono gaaban, Haaf gaaban
Minister	Wasiir, Gacan siin, u Gargaarid
Ministerial	Wasiireed, Xil-Wasiireed ama Wasiirnimo, Jago Wasiirnimo

Ministry	Hayad, Wasaarad
Minor	Ka yar, Ahmiyad yar, Midka yar (Laba wax)
Minority	Inta yar (Laba Tiro) ka yar
Minus	Calaamadda kala Jarka - (Xisaabta) ka jar
Minute	Daqiiqad, Miridh, (Wakhti ama Muddo) 1/60 Saac, Aad u yar
Mirror	Muraayad (ta la isku Arko ama la isku cego)
Misaaply	U isticmaalid si khalad ah
Misadventure	Wakhti xumaa, Nasiib daro ahaa
Misbegotten	Garac, Farakh, Wicil, Aan sharcigu bannayn
Misbehave	Sixun ula dhaqmid, Si xun ula Macaamilid
Miscall	Ugu yeeridhid magac khalad ah
Miscegenation	Iska dhal (Dadka), Muwallad
Misconduct	Akhlaaq xun, Dabeecad xumo
Misdeed	Ficil-xun, Samayn Dambi
Miser	Bakhayl, Qofka gacanta adag een waxba bixin
Miserable	Murugaysan, Murugad leh, Murugo Keenaya
Misery	Murugo, Qofka had iyo jeer Niyada xun
Misfit	Aan le'ekayn (Dharka iwm ee la gashado) Qofka aan Jagadiisa u qalmin
Misfortune	Nasiib darro, Nasiib xumo
Misgovern	Si xun u Xukumid (Dawladda)
Misinform	War been u sheegid
Misjudge	Go'aan xumo, Adan qadirin
Mislead	Hoggaan Xumayn, Si xun ama Wax dun u horseedid
Misplace	Mel khalad ah la dhigo
Misrepresentation	Figrad qalad ka siin

Misrule	Xukun xumo, Siyaasad xumi
Miss	La seegid, la waayid, Hordhac inanta aan la guursan magaceeda loo raaciyo (Miss-Faadumo)
Missile	Gantaal (HUB)
Mission	Ergo, Tiro dad ah oo shaqo gaar ah loo aaminay meel lagu diro (Dal kale), Barayaasha Diinta Fidiya, meesha
Missionary	Qofka loo diro si uu diinta dad u soo baro
Mist	Waqal daruureed, Ceeryaan
Mistake	Khalkad, Sax maaha
Mistress	Haweeneyda ama naagta Guriga Madaxa ka ah ama meel kale, Macallimad
Misunderstanding	Si khalad ah u fahmid
Misuse	Si xun u Isticmaalid
Mite	Lacag aad u yar
Mix	Isku dar, Isku dhex jir
Moan	Taah, Tiiraabid (Xanuun Awgeed)
Mobile	Si Fudud ama hawl yar u dhaqaaqi kara, la dhaqaajin karo
Mode	Dariiqad
Model	Modeel ama Moodo (Nooc)
Moderate	Iska ladan, La xadiday, Meel dhexaad ah
Modern	Casri ah, Wakhtiga cusub la socda
Modernize	Casriyayn
Modify	Wax ka beddelid, Sii hagaajin (Qalabeed)
Moist	Dharab leh, yar qoyan
Moisture	Dharab, Qoyaan
Molar	Gaws, Ilkaha dambe ee Cuntada riqda Midkood
Molecule	Molekuyuul (Saysis)
Molten	Dhalaalay (Biraha)

146

Moment	Wakhti yar
Monday	Maalinta Isniin
Monetary	Ee Lacageed, (Ku saabsan) Lacagta
Money	Lacag
Monitor	Horjooge, (Horjoogaha Fasalka)
Monkey	Daayeer (Xayawaan)
Monopolize	Koontayn, la Koonteeya
Monopoly	Wax qofkaliyii ama dad kaliya ay awood u layihiin inay soo saaraan, Gadaan ama iibiyaan, Koonto
Monsoon	Foore
Monster	Shaydan, Cirfiid
Month	Bil
Mood	Sida uu kolba qofka niyaddiisu tahay= Inuu Murugaysan yahay, Inuu farxsan yahay, Inuu qiiraysan yahay iwm
Moody	Murugaysan, Qiiraysan, Niyad beddelan
Moon	Dayax
Moral	Saxa iyo Khaladka ahmiyadooda
More	Badan, ka badan
Morning	Aroor, Subax, gelinka hore (ee maalintii)
Morrow	Berri, Maanta maalinta ku Xigta
Mortal	Dhimanaya, Aan noolaanayn
Mortar	Qaldad, Nuurad, Ciid, Biyo la isku walaaqo oo guryaha lagu dhiso
Morter	Qaldad, Nuurad, Ciid iyo Biyo laysku walaaqo, Oo lagu dhiso Labanka dhismaha iyo Talbiista
Mosque	Masjid, Beytka ilaahay, Misaajid
Mosquito	Kaneeco (Cayayaanka Keena Cudurka Duumada)
Most	Ugu badan, ugu tiro badan
Mother	Hooyo
Motion	Socod, Dhaqaaq

Motive	Wax socodsiinaya, Wax dhqaajinaya, Keenaya dhaqaaq
Motor	Mishiin Bixiya Quwad dhaqaaq, Matoor
Motto	Halhays=Odhaah
Mount	Kor u korid, La fanto (Kor) Sida (Buurta, Sallaanka iwm)
Mountain	Buur (Buur-weyn)
Mourn	Baroorasho, U Baroordiiqid
Mouse	Sandher, Jiir, Dooli, Wallo
Moustache	Shaarubo, Timaha Ragga Afka Dushiisa ku yaal
Mouth	Af
Move	Dhaqaajid, socodsiin
Moveable	La dhaqaajin karo, la qaadi karo
Movement	Dhaqaaq, Socod
Movies	Sinime, Shinemo, Filim
Much	Badan, Xaddi badan
Muck	Ciid isku wasa khayu, Wax aan fiicnayn
Mud	Dhoobo, Dhiiqo
Muezzin	Mu'adin, Ninka Misaajidka ka addima, Eedaama
Mug	Bekeeri dheg leh, U dadaalid imtixaan
Mule	Baqal (Ka ay faraska iyo Dameerku iska dhalaan)
Mullah	Sheekh, Wadaad
Multi	Hordhig=Wax badan ka leh
Multifarious	Kala nooc nooc ah, Kala duwan, Shaqo isku lahayn
Multiple	Ka leh qaybo badan, Ka haysta qaybo badan
Multiplication	Isku dhufasho (Xisaabta)
Multiply	Ku dhufo, Tiro ku dhufo, Isku dhufad
Multipurpose	U jeedooyin badan loo isticmali karo
Multitude	Tiro aad u weyn, Weynida Tirada

Mum	Hooyo
Municipal	Magaalo ama suuq leh Dawladda Hoose
Munition	Hubka Milatariga, Qoryaha, Madfacyada, Qumbuladaha iwm)
Mural	Sawir darbiga lagu sawiro
Murder	Gudh goyn, Qof dilis (Si sharci darro ah)
Murderer	Qofka cid dila, Gacan-ku-dhiigle
Murmer	Gungunuus, Hoosta ka gunuusid, Hdal hoos u dhigid
Muscle	Muruq
Muscular	Muruq leh, Ee Muruqyada, Muruqyo badan leh
Museum	Dhismaha ama guriga Hiddaha iyo Dhaqanka la dhigo
Mushroom	Boqoshaar
Music	Muusik
Musician	Qofka Muusikada yaqaan ee tuma ama qoraba
Must	Waa in, waxa lagu isticmaalaa Wakhtiga soo socda
Mutation	Beddel, Talantaali
Mute	Aamusan, Aan sanqadhayn, Qofka qalbiga la'een hadli karin
Mutter	Hadalka hoos u dhigid si aan loo maqlin
Mutton	Hilibka idaha, Hilibka adhiga
Mutual	(Jacayl, Jaallenimo, Xishmad iwm), Wadaagis ama wada qaybsi: Midba Midka kale
Muzzle	Gafuurka Xayawaanka (Sida Eyda ama Dawacada)
My	Kayga, Markaad waxaaga sheegayso (My pen=Qalinkayga)
Myself	Naftayda, Qudhayda
Mystery	Xaalad ama sir qarsoon oon la fahmi karin

N

Nab	Waa marka lagu qabto qof wax xun samaynaya
Nadir	Ugu hooseeya, Ugu liita
Nag	Gunuusid, Yuusid
Nag	Yusid
Nail	Musmaar, ciddida farta ku taal
Naive	Fudud
Naked	Qaawan, Aan dhar xidhnayn, la qaawiyey
Name	Magac, Magac bixin (What is your name=Magacaa)
Nameless	Magac ma leh, Magac aan haysan, aad u xun in la magacaabo
Namely	La yidhaahdo, Kala ah: oo lagu magacaa bo
Nap	Hurdo gaaban (siiba Maalintii) indha casaysi
Nape	Tunka, Luqunta gadaasheeda
Napkin	Harqad yar oo marka wax la cunayo la la isticmaalo oo kolba bushimaha lagu masaxo, Maro yar
Narcissus	Wiil african ah oo qurux badan
Narcotic	Waa walax hurdo ama dareen-la'aan dhalisa......(DAROOGO)
Narrate	Ka sheekeysid, Sheeko sheegid, Sheekayn
Narrative	Sheeko ama qiso
Narrow	Cidhiidhi ah, Diiq, Ciriiri, Aan ballaarnayn
Nasal	Dulka Sanka, Dalolka Sanka
Nasty	Xasakh xun, Xun oo khatar ama halis ah

Nation	Qaran, Waddan
National	Qaranimo, Waddan ah, Ee Waddanka
Nationalism	Waddaninimo
Nationalist	Waddani (Qofka)
Nationality	Dhalasho, Jinsiyad
Nationalize	Qarameyn, La qarameeyey
Native	U dhashay Dalka, Dhaladnimo
Natty	Sallaxan, Giigsan, Si fiican u nadaamsan
Natural	Dabiici ah
Naturalist	Qofka si gaar ha u barta ee darsa xayawaanka iyo dhirta
Naturally	Dabcan, Sida dabiiciga ah, sida lagu filayay
Nature	Dabaceedda, Caalamka oo dhan & wax kasta oo la abuuray
Naught	Waxba
Naughty	Rabshoole
Nausea	Yalaaluggo, Wiswis, Yiqyiqsi
Nauseous	Wiswis leh, Lagu yalaalugoodo
Nautical	La xidhiidha Maraakiibta, Badmaax yada ama badmareenimada
Naval	Ee Ciidanka Badda, Ciidanka Badda ah
Navigate	Kaxayso, Dayuurad iwm badmarid
Navigation	Badmareennimo, Badmaaxid, Cilmiga badmareennimada
Navigator	Badmaren, Qofka badmaaxa ah ee waayo-aragnimada u leh socdaalka badaha
Navy	Maraakiibta dagaalka ee dal leeyahay
Nay	Sidaas oo kale ma aha, maxaa yeelay
Nazi	Xisbigii Hitler-kii Jarmalka ee dagaalkii aad ee dunida ama adduunka qaybta weyn ka qaatay
Near	Dhawansho, U dhow

151

Nearly	Waxay ku dhawdahay, Qiyaastii waa ugu dhawaan
Neat	Nidaamsan, Si wanaagsan loo sameeyey ama hagaajiyey
Necessary	Wax Muhiim ah, Lagama-maarmaan
Necessitate	Xaxay lagama marrmaan ka dhigaysaa in, Ku kallifaysaa
Necessity	Lagama-maarmaanimo, Kallifaad, lagama-maarmaanimo
Neck	Luqun, Raqabad, Qoor
Necklace	Sisitada xaragada dumarku qoorta gashadaan
Necromancy	Sixir
Need	U baahan, Loo baahan yahay, Loo baahdo
Needful	Baahi, Aad loogu baahan yahay
Needle	Irbad (Sida ta dharka lagu tolo iwm)
Needless	Aan loo baahnayn, Laga maarmi karo
Neg-ligible	La dayici karo, Laga tagi karo
Negate	La diido, Buriso, Diiddo
Negation	Diidmo, In kirid
Negative	Erayada, Warcelinta diidmad ah, calaamadda kala jarka (-), burinta & beeneynta wax la yiri
Neglect	Dayac, La dayaca, Aan la daryeelin
Negotiate	U ergeyn, Waanwaan & heshiis kala faalootid wada xaajood
Negotiation	Wada hadallo waanwaaneed
Negress	Gabadha nigarooga ah (madow) dumarka ah ee midabkeedu madowga yahay
Negro	Dadka diirka madow
Neigh	Danan, Dananka Faraska, Cida Faraska
Neighbour	Jaar, Jiiraan, Daris
Neighbourhood	Jaarnimo, Derisnimo, Jiiraannimo

152

Neither	Midna maaha, Midkoodna ma....
Neo	(Hordhig)=cusub, dambe, eray horgale ah cusub
Neon	Neef aan midab lahayn oo hawada dhulkan aad ugu yar
Nephew	Ilmaha adeerka ama abtiga loo yahay, ilmaha uu mid Walaalkaa ama Walaashii dhashay
Nepotism	Eexda, qaraaba-kiil
Neptune	Mid ka mid ah meerayaasha cadceedda ku wareega
Nerveless	Bilaadareen, tamar la'aan
Nervous	Dareenle, Dareeme ah, dareemi og, Cabsi
Nescience	Ka maqan tahay aqoonta, Aqoon la'aan
Nest	Buul shimbireed, guriga shimbirta
Net	Shabaq, Shebekad ah
Netting	Samaynta ama isticmaalidda shebegga
Network	Mojada raadiyaha ama talefishanka
Neurology	Qayb cilmiga daawooyinka ka mid ah oo ku saabsan dareemayaasha·
Neutral	Dhanna raacsanayn, dhexdhexxad ah
Neutron	Qayb ka mid ah bu'da atamka oo aan wax danab ah qaadan
Never	Abadan, waligaa
Nevermore	Ha u celin, abadan mar-labaad
Nevertheless	Xiriiriye, sidaa awgeed, Si kastaba, Ee weli
New	Jadiid, Cusub
New Year	Sanad Cusub
News	War, Wararkii (warbixntii), ugu dambeeyey
Next	Ku xiga
Nexus	Silsilad is haysata

153

Nib	Qalinka la khadeeyo caaraddiisa wax qorta
Nice	Fiican
Nick	Luqun, Qoor, Raqabad
Nickel	Macdan bir ah oo adag
Nickname	Magac dheerid, naanays
Nicotine	Walax sun ah oo tubaakada ama buuriga sigaarka ku jirta
Niece	Gabadha (inanta) uu walaalkaa ama walaalahaa midkood dhalay
Niff	Qadhmuun U Ur-x
Niggard	Xaasid, Shaxeexnimo, Bakhayl
Nigger	Eray edeb-darro ah oo nigarooga lagu yidhi dad ka tirsan jinsiga diirka madow
Night	Habeen, Cawo
Night-club	Meesha habeenkii lagu tunto
Nightly	Habeen walba, Habeenkii dhacaba (la qabto)
Nil	Maleh
Nincompoop	Nacas, Qofka qalbi-daciifka ah
Nine	Sagaal, tiro 9 (IX)
Nineteen	Sagaac iyo toban
Ninety	Sagaashan
Nip	Qanjiidho, Aad ugu dabatid (sida far & suul cidiyada, ilkaha iwm)
Nipple	Ibta naaska, mujuruca carruurta la jiqsiyo
Nit	Qandhicil, ukunta injirta
Nitrogan	Neef (curiye) aan lahayn midab dhadhan ama ur midnaba oo ah 4/5 hawada dhulka
Nix	Waxba
No	Maya, Eray diidmo ah
Nob	Madax, qofka darajo sare leh

Noble	Haybad, Darajo sare
Nobody	Qofna, cidna
Nod	Madax urxid, marka Haa u jeedid ee madax hoos loo dhigo
Noise	Sawaxan, Qaylo, Buuq
Noisy	Buuqaya, Qaylinaya, buuq badan ama qaylo badan
Nomad	Reer guuraa
Nomination	Magacaabid
Non	(Hordhig) ah maaha, Ku lid ah
Non-stop	Kala joog lahayn, Is haysta
Nonage	Da'yar, Aan Baalaq ahayn, Da'da ka yar 21 jir
None	Midnaba, Midna maaha
Nonentity	Qof aan muhiim ahayn ama aan la qaddarin, Waxaan jirin ama iska khayaali ah oo la maleeyo
Nonplus	Fajicid iyo Amakaakid, Waxaad ku hadasho ama qabatid markaad garan weydo yaab awgii
Nonproductive	Wax soo saar lahayn
Nonprofit	Aan faaiido lahayn
Nonresident	Aan daganeyn
Nonresistant	Aan awood iska celin lahayn
Nonsense	Aan Caqliga gelayn, Macno darro
Nook	Rukun, Koone
Noon	Maalin badhka, Duhurka, 12-ka Duhurnimo
Noose	Suryo (Xadhkaha)
Nor	Midnaba
Normal	Caadi, Caadi ah
Norse	Afka (Luuqada) Reer Noorway
North	Waqooyi (Jiho)

Northern	Ee Waqooyi (Northern Region=Gobollada Waqooyi)
Nose	Sanka, San
Nostril	Dul, Daloolka sanka
Not	Maaha, Aan ahayn
Nota-Bene	Si deggan ugu fiirso, Fiiro gaar ah
Notation	Habka Calaamada & Tusmooyinka
Note	Naqilaad (Qorid), Qoris, Ogow, Ooraal Xasuuseed
Nothing	Waxba
Notice	Wargelin, Ogeysiis
Notify	La ogeysiiyo, Ogeysiin
Notion	Figrad, Aragti
Noun	Magac (Naxwaha)
Nourish	Nafaqayn, Nuxurin, Nafaqo siin
Novel	Nooc aan hore loo aqoon, Cajiib, Buug Sheeko ah
Novelty	Cuseeb, Bilaw ah
November	Bisha ii-aad ee Sannadka Miilaadiga (30 Casho)
Novice	Qof wakhfi yar ka shaqaynayay hawl
Now	Hada, Eega, Iminka
Nowadays	Maalmahan
Nowhere	Meelna
Nubile	(Hablaha) La guursan karo ama heer lagu guursado Jooga
Nucleus	Xundhurta, Bu'da
Nude	Qaawan
Nuisance	Dhib yar laakiin taxan, Khaati baa laga Joogaa
Number	Tiro, Lambar
Numeral	(Erey, Xaraf ama summad) ka taagan tiro
Numerator	Tirada Sare ee Jajabka

Numerous	Aad u tiro badan
Numskull	Qof doqon ah ama Maskax xun
Nun	Naagta Wadaadadda ah ee xer dumar ah la nool
Nuptial	Ee guurka ama arooska, Nurse, Kalkaaliye Caafimaad, Kalkaaliye qof jirran ama dhaawac ah
Nurture	Abaabin, Korin
Nut	Lafta Midhaha, Khudradda ka kooban qolof adag, Nadhka Boolka ku xidhma
Nutary	Nootaayo
Nutrient	Nafaqo, Nuxur leh
Nutrition	Nafaqo, Nuxur
Nutshell	Wax yar
Nylon	Dun jilicsan oo guban og (dab-qabsi og)

O

O'clock	Saacad Sheegista baa lagu Isticmaalaa: it is (8) O'clock= waa (8) saac
Oak	Nooc ka mida dhirta waauleyn ee Jirida weynleh
Oar	Seebka (Ka huuriga lagu kaxeeyo)
Oasis	Meel (Ciid nafaqo leh) Biyo iyo dhirna leh oo lama degaanka ku taalla
Oat	Midho adag oo ka baxa dhulk gabow oo la cuno
Oath	Dhaar, Dhaarta la dhaarto
Obdurate	Madax adag oo canaadi ah
Obedience	Mudeecnimo
Obedient	Mudeec ah, Madax furan
Obese	Buuran, Shuluq, Cuuran
Obey	Fulin, Adeecid
Object	Walax, Shay
Objection	Diidmo
Obligation	Xil, Waajib
Obscure	Dahsoon
Obscurity	Dahsoonaan
Observant	Il dheeri
Observe	U fiirsaho, Loo fiirsado
Obsolate	Aan dib loo sii isticmaali doonin, Wakhtigiisi dhacay ama dhammaaday
Obstacle	Wax aan la dhaafi karayn, Wax iskaa Hortaaga
Obstinate	Cannaad ah, Madax adag
Obtain	La helo, Laga helo, la keeno
Obtuse	Daacsan, Xaglaha u dhexeeya 90 iyo 180

Obvious	Iska cad oo la fahmayo, Qeexan, Shaki la'
Occasion	Lama filaan, Millayga ay dahcdo ama wax gaar ahi dhacaan
Occasional	Marmar fa arko, Marmar dhacdo, Marmar yimaada ama wakhti u dhaca
Occult	Qarin, Daah Saarid
Occupant	Qofka dega ama Buuxiya guri, Qol ama boos
Occupation	Degganaasho, ku noolid, Shaqo
Occupy	Ku nool, Lagu noolaado, La dego, La yeesho (Aqal, Beeri, Dhul iwm)
Occur	Dhicid, Wax dhaca, Shen did the accident occur=Goorma ayuu shiiku dhacay
Ocean	Bad-Weynta (Indian Ocean-bad-Weynta Indiya)
October	Bisha Tobnaad ee sannadka Miilaadiga
Oculist	Takhtarka Indhaha
Odd	Tiro kis ah, Yaab leh
Odious	Karaahiyo ama Karaahiyo leh
Odour	Ur, Urta Sanka=Sanka laga uriyo
Of	Ee
Off	Damin, Bakhtiin
Offal	(Uur ku jirta, Madaxa, Keliyaha, Wadnaha), Cadka ama Hilibaha Noocaas ahee Hilibka Neefka intiisa kale ka yar
Offence	Dembi
Offer	Ugu deeqid, U hibayn, Siin
Offhand	Og, Garanaya gacan ugu Jira
Office	Xafiis
Official	Shaqaale dawladeed, Wax aad ogalasho u liaystel
Offshot	Farac
Often	Inta badan, Badiyaaba, Wakhtiyo badan

159

Ogle	Ku dhaygagid ama aad u eegid
Oh	Haa "ujiibin" jibaadka xanuuka
Ohm	Halbeegga Cabbirka caabiga Korontada
Oho	Waan fahmay "ujiibin"
Oil	Waa saliida, Sida to baabuurta, Cuntada iwm, Saliidayn
Ointment	Dawada dhiiqda ama xaydha ah
Okay	Waayahay
Old	Gaboobay, Da'weyn
Olfactory	Ee dareenka Urta
Olive	Saytuun "kan janada"
Omega	Ugu dambayn, Farta giriiga xarafka ugu dambeeya
Omelette	Ukun, Beed lagu shiilay basal iyo yanyo
Omit	Ka saarid, ku dhicid (In wax la qabto) Ka tegid
Omnivorous	Cuna jaad walba oo Cunto ah, Akhriya nooc Walba oo Buug ah
Once	Mar
One	Kow, hal, Mid
One-sided	Dhinac keliyo
Ongoing	Waxdhan, Taam horu socod
Onion	Basal
Onlooker	Daawade, Fiiriye
Only	Oo Kaliya, Oo qudha
Onset	Weerar, Ama bilaw
Onshore	Xeeb u Jeed, Dhanka xeebta
Onward	Xagga hore, Hore
Oodles	Xaddi badan
Oof	Lacag
Ooze	Dhiiqo, Dhoobo
Opaque	Ileys ma gudbiye, If ma gu dudbiye
Open	Furan, Furid, La furo

Opening	Dalool, Bilaabid
Opera	Tiyaatar heesaha iyo Ciyaarnha lagu dawado
Operate	Socodsiin, Hawl Socodsiin, Maarayn, Qalid, (Wax qalidda Takhtarka)
Operation	Shaqayn, sida ay wax u shaqaynayaan, in shaqo ah, Qalliin (Takhtarka ah)
Ophthalmia	Indha-xanuun
Opiate	Daawo Dadka Seexsa
Opinion	Ra'yi, fikrad
Opponent	Qofka lala halgamayo ama lagu yahay Lidka
Opponent	Ka soo hojeeda, Diidan
Opportunity	Fursad
Oppose	Caaridid
Opposite	Lid, ka soo Horjeeda
Oppress	Cadaadin (Caddaalad darro awgeed)
Oppression	Cadaadid, Hoos u cadaadin (Caddaalad darro-awgeed)
Opt	Doorasho, Dooris
Optic	Ee isha, ee eragga (Ku saabsan indhaha iyo aragga)
Opticion	Qofka sameeya ama iibiya Qalabka indhaha & Aragga
Optimist	Qofka dhinaca fiican wax ka eega
Option	Ka dooran karo, Ikhtiyaar
Or	Ama, Mise
Oral	Aan foraal ahayn u hadal lagu sheego
Orange	Liin
Oratar	Af-tahan, Qofka sameeya Qudbadaha (hadalka)
Orbit	Meeris, Waddada uu meere maro ama ku Wareego
Orchestra	Dadka ama koox musiga tumta

Order	Hab, Nidaam, amar, Amar siin, Amrid
Orderly	Nidaamsan, Si fiican isugu hagaajisan
Ordinary	Caadi
Ore	Bir Qayriin, Bir Cayriin
Organ	Xubin Jidhka ka mid ah, Qayb jidh ka mid ah
Organization	Isu tag, Urur
Organize	Habayn, Qabanqaabin, Isu Ururid
Orient	Bari
Origin	Asal, Qof ama shay, Meeshuu kasoo bilaabmay ama kayimi
Original	Asali ah, aan weli doorsoomin ee Asalkii hore ah
Originate	Bilaabid, Asal dhalin ama Samayn
Ornament	Wax loogu talo galy inuu qurux ku kordhiyo wax kale, Qurxin, Qurux u samayn
Ornithology	Cilmiga barashada Shimbiraha
Orphan	Agoon ama rajo, Ilmaha uu aabihii ama Hooyadii ama Labadooduna ay geeriyoodeen
Orthopaedics	Cilmiga lafaha
Oryx	Biciid (Xayawaan Ugaadh ah)
Oscillate	Leexaysad, la leexaysto
Osculation	Dhunkasho, Shumis
Ostler	Fardajire, Qofka fardaha ilaaliya
Ostracize	Is go'doomin, Is karantiimayn
Ostracize	Isgoc doomin, Is karan tiimayn
Ostrich	Gorayo
Other	Kale, (Aan isku mid ahayn ama kii hore ahayn)
Otherwise	Haddii kale, Si kale, Hab kale
Ought	Ku waajibay
Ounce	Wiqiyad, Halbeeg miisaanka ah

162

Our	Kaayaga, Taayada (Marka Dad waxooda Sheegayan)
Ours	Waxayaga, (Aanu iska leenahay)
Ourselves	Nafahayaga, Qudhayada
Out	Banaanka, Dibedda
Out-Weigh	Ka cusleyn
Outbalance	Culaysin, Culays Saarid, Dheeliyid
Outcast	Mujtamaca laga dhexsaaro, Musaafurin
Outclass	Aad uga Wanaagsan, Ka fiican ama ka roon
Outcome	Ka soo baxay, Nafiija
Outcry	Baroor
Outdistance	Ka fogayn ama ka dheerayn
Outdo	Ka guulaysasho
Outdoors	Bannaanka Dibadda ah ee Hawada u fiican
Outer	Ka sare, Wax isku hoos jira ka sare ee dhexda ka fog
Outfighting	Feedhtan
Outfit	Dhar loo xirto Xafladaha, Aroosyada
Outgoing	Tegaya, Socda
Outgrow	Aad uga weynaan ama uga dheeraan
Outhouse	Dhismo yar oo dhismaha weyn ku dheggan
Outing	Fasax tegid
Outlay	Lalagta aad meel ku Maalgeliso
Outlet	Meesha biyaha ama fiifa laga sii daayo iwm
Outlook	Jeedaalin, Meel wax laga daawan karo ama laga eegi karo
Outnumber	Xad-dhaaf
Outplay	Ka ciyaar badin ama ka Ciyaar roonaan
Outpost	Kontarool Magaalad banaankeeda ah
Outpouring	Ka shubid, Ka soo shubid

Output	Wax soo saar, Inta ama tirada iwm ah ee wax ka soo Baxda
Outrageous	Ka nixin, aad u axmaq ah, xishmad daran
Outrank	Kadarajo sarreeya
Outrun	Orod-dheerayn, Orodka-dheerayn ama ka badan
Outset	Bihaw
Outside	Banaanka ama xaga dibeda
Outskirts	Hareeraha ama agagaarka Magaalada
Outsmart	Ka xarrago badan, Xarragoode
Outstanding	Ku soo jiidanaya
Outstay	Ku daahid
Ovary	Meelaha Manida dhadiggu ka Samaysanto
Oven	Muufo, foorno
Over	Kor
Over-Balance	Dheeliyid
Over-Shadow	Hadhayn
Over-come	Ka guuleysi
Over-head	Ka sareysa/sarreya madaxa dadka
Over-look	Iska indhatirid
Over-night	Habeen hore
Over-sleep	Aad u seexasho, Hurdo ku dheeraansho
Over-tax	Cashuur ku badan
Over-throw	Ridid, Inqilaabid, ka badin
Over-time	Wakhtiga dhuraadka ah u shafada
Over-turn	Qalibid
Over-work	Aad u shqeyn
Overall	Direes shaqaaluhu qashtaan oo isku tolan, Dhamaan guud ahaan
Overcoat	Koodh weyn
Overdo	Dib u dhicid

Overestimate	Buun buunin, Dheeraad ku qiijaasid
Overjoyed	Aad uga helay
Overseas	Dhul shisheye ah oo bad idin dhaxayso
Overstate	Buun buunis
Overtake	Dhinac ka dhaafay
Overwhelm	Dagid
Overwight	Miisaan dheeri ah Saaran yahay, Ka cusleyn
Ovum	Shahwada dhadigga
Owe	Qaamaysanaan
Owl	Guumeys, Nooc Shimbiraha ka mid ah
Own	Lahaan
OxDibi	
Oxygen	Curiye hawo ah
Oyster	Nooc kaluunka ka mida oo lagu cuno faydhiinka

165

P

Pace	Qiyaasta Tallaabada Socodka gaaban Tallaabooyinka Caadiga ah
Pace-maker	Betari wadnaha lagu xiro oo Karaaca Kórdhiya
Pacific	Nabadeed, Nabad jecel, Deggan
Pacify	Dejin, Qaboojin
Pack	Xidhmo alaab ah oo laysku xiray amaduubay si loo qaado
Package	Alaab la isku xixiray ama la isku cabbeeyey
Packet	Baakidh, Baako
Pact	Heshiis, Mucaahado
Paddle	Usha Huuriga lagu wado, seeb yar
Paddy	Bariiska weli baxaya, Bariiska Beerta ku yaal
Padlock	Quful, Qufulka wax lagu xidho
Page	Bog
Pagon	Cawaan, Qofka aan diin lahayn ama haysan
Paid	Bixiyey, la bixiyey
Pail	Baaldi
Pain	Xanuun, Xanuunjin Nabar
Painkiller	Dawada Xannunka Joojisa
Paint	Ranjieyn, Naqshadayn, Rinji
Painter	Rinjiile, Qofka wax Rinjiyeeya sida guryaha iwm
Pair	Lamaan, Laba
Pal	Saaxiib, Jaalle
Palace	Qajar ama guri weyn
Palace	Dhan-xanaffa afka

166

Palatable	Dalqada lodkecda xee xee........
Pale	Weji madoobaaday (Is beddeley), Caro ama Murugo Wejiga qofka laga dareemo
Palm	Baabacada, Dhirta Jiridda Timirta oo kale ah
Palpable	La dareemi karo ama la taaban karo, Caqliga u Cad
Palpitation	Wadno garaad
Paltry	Xaasid, Xagiir
Pamphlet	Buug yar, Jariidad
Pan	Maqale, Maqli, Hordhiga ah dhamaan Dhan, Giddi
Panacea	Daweysa Cudurradoo dhan
Pancreas	Beer yaro
Panic	Argagax
Panorama	Heego "Dhulsare Markaad wax ka dawanayso"
Pant	Higada, Markuu qofku higoonayo
Pantaloon	Surwaalka
Pantheism	Diin aminsan wax walba in ay ilahay yihiin
Panties	Matante, Kastuumo
Papa	Babaay, Canbe filfil
Paper	Xaashi, Warqad
Paper money	Lacag Xanshi ah, Noodh
Papyrus	Nooc Warqad ah (Xaashi) oo Masaaridii hore dhir ka samaysan jirtey
Parachute	Dallaayad ku Boodis, Baarashuut
Parade	Rigo (Ciidanka)
Paradise	Janno
Paraffin	Gaasta la shito
Parallel	Is bar-bar yaac (Xariijimo), Barbaro ah
Paralytic	Dhan qalal (Cudur), Faalig
Parasite	Deris ku-Nool

Parasol	Dallaayadda Qorraxda laga qaato
Paratroops	Ciidanka loo tababaro dalayad ama baarashuud ku boodista
Parcel	Baqshad alaab ah
Pardon	Saamaxaad, Cafis
Parent	Labada Waalid, Midkood, Aabbo ama Hooyo
Pariah	Qoflun
Parity	Is le'eg, siman
Park	Seere, Meesha Waddada ka mid ah ee Baabuurta la yara dhigan karo
Parliament	Golaha Shacbiga, Baarlamaan
Parlous	Wax aan xaaladoodu fiicnayn, Wanagsanayn
Parrot	Shimbir Dadka Canjisha, Qofka Hadalka ku celceliya
Part	Qaybo
Partake	Saamiqaad, Ka qaybgal
Partial	Qayb ahaan
Participate	Kala qaybsi, Saami yeelatid
Particle	In aad iyo aad u yar
Particular	Keli ah, Gaas ah
Parting	Kalatag socdaal ah
Partition	Kala qeebin
Partner	Wadaage, Saxiib, Kuwa is qaba
Party	Xisbi
Pass	Gudub, Dhaaf, Dhaafid
Passage	Marin
Passbook	Booga qofka haysto ee Xisaabta bangiga ku qoran tahay
Passenger	Rakaab, Dadka fuushan Gaadiidka kirada ah sida diyaarada, Tareenada iwm
Passer-by	Dttinac mare, Gees mare

Passion	Markaad qof u hamooto, Laadifad
Passive	Caajis, Aan firfircoonayn
Passport	Dhaafiye, Dal kumar, Baasaaboor
Password	Af Garasho ay ciidanadu isticmaalaan
Past	Wixii tegay Wakhi hore, Dhaafay, Gudbay
Past master	Maamulihii hore ee urur, Ana khabiir
Paste	Qoosh, Wax laysku khalday
Pastime	Wax la qabtay Wakhti tegay, Si farxad leh wax Wakhtiga laysku dhaafiyo
Pastry	Dolshe ama kake yar yar
Pasture	Dhulka doogga leh ee Xoolaha la dejiyo, Daaqin
Pat	Dhirbaaxo, Dhirbaaxid
Path	Wadiiqo, Waddo-Luuqeed
Pathology	Sayniska Cudurrada
Patience	Samir, Dulqaadasho
Patient	Samir leh, dulqaadasho leh, Buka, Bukaan jiif ama Socod ah
Patriot	Qofka Waddaniga ah
Patrol	Ku dul Wareegga meel, K Ormeerid, Temeshlayn, ilaalin
Patron	Macmiil, Qof shirikad leh, Qof wax Mas uul ka ah
Patter	Jaqaf-Jaqafta Cagta (Socodka), Hadalka ka dhakhsaha ah
Pattern	Tusaale Fiican
Paucity	Yaraanta tiro leedahay
Pause	Hakadka yar ee Hadalka ama waxa la Qabanaayo
Paw	Cagta Xayawaanka (Qoob Maaha) Cidiyaha ah
Pay	Bixi, Siin Lacag, Siin, Bixin
Payment	Bixin, Lacag Bixin, Mushaar iwm

Peace	Nabad, Nabad qab
Peach	Wacdiyid
Peacock	Daa'uus, Shimbir qurux badan
Peak	Halka ugu sarreysa, Ugu fiiqan, Sida Buurta Figta
Peanut	Lawska, iwm
Pear	Geed midho Macaan (Ubada u eg) oo Miirid leh
Peasant	Beer-Qodaal
Pebble	Dhagax Dixeed-Dooxooyinka Biyuhu maraan laga helo
Pedal	Ee Cagta lagu Isticmaalo (Beetalka Baaskiilka)
Pedestrian	Qofka Jidka suuqa dhinaciisa maraya
Pedlar	Qofka alaabta iibiya ee taafadaha la dhex mara
Pee	Kaadi, Kaadinayaa
Peep	Khaawisaad, Dhawaaq dhuuban aa Shimbiraha yaryar wada sameeyaan (Niiq-Niiq)
Peerless	Wax aad aaminsan tahay wax ka fiican inanay Jirin
Pelican	Shumbir Biyood wen oo af dheer iyo Kiish ka Hooseeya (Kaydka Cuntada) leh
Pellucid	Aad u qeexen
Pelvis	Laf Miskeedka, Lafta Misigta
Pen	Qalinka Khadka leh
Penalty	Ciqaab ah wax xun oo fashay ama qaynuun diidis
Pencil	Qalin qori
Pending	Go'aan sugid ama dejid sugid
Penetrate	Galaya (Sida Boolka iyo Godka), Mudid, Dhexgelin
Penicillin	Dawo (Anti-Baayotig)
Penis	Buuryada ama Qoodhaha (Guska)

170

Penniless	Lacag la'aan
Penny	Lacag ganbo ah, Kuumi
Penny pincher	Lexejeelo, Sida dadka da'da ah
Penology	Barashada Mushkiladaha Ciqaabta sharciga ah
Pension	Lacag bixin Caadi ah oo qofka Shaqada ka fariista la siiyo
Pensive	Fikir qoto-dheer, Si daran u fikrad badan
Pentagon	Shan-geesle
Penury	Sabool-Fakhri
People	Dad, Dad-weyne
Pepper	Basbaas
Per	Midkiiba
Percentage	Boqolkiiba (Inta tiro mid kale ka tahay Boqol kiiba)
Peregrination	Socdaal, Safar
Perennial	Wax sanadkoo dhan socda, Wakhti aad u dheer ku dhamaada, Dhirta 2 Sano in ka badan jirta
Perfect	Roon, Wacan, Aan iin lahayn
Perform	Ka yeesho (Ka dhigta), La Hahaajiyo
Perfume	Barafuun, Cadar, dareere udgoon oo la marsado
Perhaps	Laga yaabaa, Laga yaabee
Peril	Khatar weyn, (Khatar Keenaysa)
Period	Xiisad, Wakhti (Laba Wakhti inta ka dhexeysa)
Peripatetic	Kolba meel ka tegis oo meel kale tegid sida Xerta diinta ee KOlba reer taga
Periscope	Qalab loo adeegsado daawashada iyo Aragtida
Permanent	Joogta ah
Permission	Oggolaansho, Fasax

Permit	U oggolaansho, Sii dayn, Fasaxid, A wood bixin, Oggolaansho qoraal ah
Pernicious	Dhib badan oo Wax yeello ah
Perpendicular	Xagal qumman ku ah (90), ku qotoma
Perpetrate	Dembi gashid, Khalad samaysid
Perplex	Hal-Xilaarayn, Adkayn, Xagga Maskaxda
Perquisite	Gunno, Waxa ka siyaadada ah Mushaarka
Persist	Is dabajoog oo aan dhamaad leheen
Person	Qof ah Nin, Naag ama Carrur, Qof
Persona grata	Qof loo baahanyaha Shakhsiyadiisa dadnimadiisa
Personal	Shaqsi ahaan, Qof u gaar (Leeyahay)
Personality	Shakhsiyadiisa, Dad la dhaqankiisa
Perspire	Dhididid, La dhidido
Persuade	Ku Dirqidid, Ka Dhaadhiciso wax
Peruse	U akhriyid, Si deggan u akhriyid
Pesky	Arbush, Qas
Pessimism	Waa aminsanada mar walba wax xun baa dhacaya
Pestle	Tib, Tibta wax lagu tumo
Pestle	Tib, Tibta wax lagu tumo
Petal	Ubaxa Qaybtiisa sare ee Midabka leh
Petition	Arji wadajir loo qoro
Petrol	Baasiin, Baatrool
Petroleum	Saliidda qayriin ee Dhulka laga soo qodo
Petty	In yar, Aan muhiim ahayn
Phantom	Wax qaab ama hab biniaadan leh oo aad aminsantahay in aad aragtid oo been ah
Pharmacology	Cilmiga dawooyinka laxiriira
Pharmacy	Dukaanka lagu iibiiyodaawoyinka iyo qalabkesda
Pharynx	Qulaanqulshaha Cunaha ku yaalla

172

Phenomenon	Wax u muuqda ama lagu arkayo (Garanayo), Dareenka
Philately	Ururinta tigidhaha Boosta "Balwad" (Hiwaayad)
Philology	Cilmiga (Sayniska) Dabeecadda iyo Horumarka Afka (Luqad ama Af gaar ah
Philosophy	Falsafad
Phlegm	Xaakada, Candhuuffa adag ee latufo
Phone	(Soo gaabinta Telefoon), Dhawaaq qura ee Hadalka ka mid ah
Phonology	Cilmiga dhawaaqyada Hadalka, Barashada Cod (Dhawaaq) is Beddelka shaqal ama shibane
Phosphorus	Curiye Hurdi ah oon Bir ahany, Waxaaka mid ah dhhibcaha Saacadaha Habeenkii Mugdiga ifa
Photogenic	Qofka Sawirka ku qurux badan
Photograph	Sawirka (kamarad lagu sawiro)
Phrase	(La Xiriira Naxwaha (Erayo ka mid ah Weerta oon macna gaar ah samyn karin
Phut	Xumaaday, Halaabay
Physical	Wax Muuqda, la arki karo
Physician	Takhtarka Daawooyinka iyo Qalliinka
Physicist	Qofka Aqoonta u leh Cilmiga Fisigiska
Physics	Cilmiga (Sayniska) la xiriira Maayada (Mattar), Tamarta (Energy), Sida Sanqadha, Kulaylka iwm
Physiology	Barashada hab shaqaynta Jidha biniaadanka, Xayawanka iyo dhirta
Physique	Qaabka iyo Dhismaha jirka
Pick	Kor u qaad (Faraha) ku qaadid
Pickpocket	Tuug, Jeebsiibe
Pictorial	Ee sawireed, Leh ama ku saabsan Sawirro la sameeyey
Picture	Sawir Gacmeed

Piece	Waslad, Qidcad, Qurub
Piecemeal	Qurub-qurub u fashid, Marba in qabatid, Waqtiga u kala qaybisid
Pierce	Mudis, Daloolin (Walax fiiqan lagu Falo)
Pig	Deofaarka
Pigeon	Xamaam "Shinbir"
Pile	Raso Weyn, Rasayn
Pilgrim	Xaaji
Pillar	Tiro, Tiir, dhiidib
Pillow	Barkin, Barkimo
Pilot	Qofka Dayuuradda (Kiciya, fariisiya) Qofka markabka Soo xidha ama kaxeeya
Pimple	Burada Jidhka ku taala
Pin	Biin, Wax yar oo wax laysugu qabto
Pincers	Kalbad (Nijaarka ayaa Isticmaala) Wax lagu kala jaro Musbaarka iwm
Pineapple	Cananaas (Miraha)
Pink	Baydh, Qiyaas ah 1/8 galaan
Pioneer	Qofka u horreeya ee meel soo Sahansha (Soo arkooda) Wax Cusub Sahansha, Horseeda
Pipe	Dhuun, Qasabad, Tuubo
Piracy	Qof ka xada figradaha, Orahda, Iwm oo sheegta
Piss	(Si edeb darro ah) Kaadidid laysku kaadiyo, Kaadi qoyso, Kaadi
Pissed	Sakhraan, Unburiyaakooni
Pistol	Baastoolad, Tamuujad, Damuujad
Piston	Baastoolad, Tamujad
Pit	Geel, God dheer, Furuq dhoon
Pity	U naxdid, u Muraaqootid wax qof ku dhacay ama arrin xun oo ku timi
Place	Meel, Meel dhigid

Plain	Si hawl yar loo arko, Maqal ama fahmo fudud, Dhulka siman ee Balaaran
Plait	Tidic, Soohdinta (Xarigga, Timaha) iwm
Plan	Qorshe
Plane	Qalab lagu simo looxa dushiisa, meel siman
Planet	Meerc (Maaris, Fiinis, Dhulka iwm)
Plant	Dhir, Beeridda, Dhirta, Qalabka Wershedeynta
Plantain	Geedka Muw bakooni
Plantation	Bed dhul ah oo dhirta dhulka Ballaaran ee Sonkorta, Shaaha, Buuriga, Cudbiga iwm ka baxaan
Plash	Sanqadha ka baxda markabiyaha wax lagu dhufto
Plaster	Talbiista Darbiga iwm lagu shaqlo, Dabaaro
Plastic	Caag ka samaysan
Plate	Sixni, Bileydh, Dabaq
Platform	Meel dhulka (Waddada, Jidka, Golaha ha) ka korreysa
Platinum	Bir qaali ah oo u eg qalinka "Silver"
Platoon	Guutu "Ciidan"
Platter	Xeedho, Saxan weyn oo gun gaaban (Hilibka) lagu rito iwm
Play	Ciyaar, Ciyareed, Dheelid
Playback	Dib u duubio cajalad, Dhageysi ama daawasho
Playboy	Taajir jetel in uu lacag badan kharastgar eeyo
Player	Qofka Ciyaartoyga ah, Jilaa
Playing card	Turub
Playmate	Ciyaalka Saxiibka ah, Jaalle
Plea	Marka aad dadka ka borjayso in ay wax sameeyaan

175

Pleasant	Farax gelin, Farxad leh, Lagu farxi karo
Please	Fadlan, Bilax saanag
Pleasure	Farxad raalli gelin
Pleat	Shushub
Plentiful	Xaddi badan, Aad u badan
Plenty	Fara badan
Pliers	Biinso, Kalbad (ta korontada oo kale)
Plot	Meel dhul ah oo la dhisto (ama Beerto), mu'aamarad
Plough	Baaqbaaqa beerta, Ciid rogidda dhulka (Dibi-Cagaf iwm)
Pluck	Rifid, riftid baalasha digaagga, Gorayada iwm
Plug	Gufeys, Carrabka xarigga (Qalabka Korontada ku shaqeeya), Dabka loo geliyo
Plumber	Ninka ka shaqeeya ee isku xirxira Qasabadaha, Tuubooyinka, Dhuumaha iwm
Plunder	Dhinaca Dadka, siiba marka uu dagaal Socdo ama Xifaaltan ka dhex jiro Shacbiga
Plural	Wadar (Ereyga ah), ka badan
Plus	(U gee, ku dar, (2 + 8 = 10)
Pneumatic	Ku shaqeeya ama ay waddo hawo laysku cadaadshay (Taayirka)
Pneumonia	Xanuun halis ah oo ku dhaca Sanbabada
Pocket	Jeebka surwaalkashaadh ka, Koodhka iwm
Poem	Gabay, Masafo (Qoraal ah)
Poetess	Qofka dumara ee qora gabayada iwm
Poetry	Sida ama habka falka gabyaaga, Gabayga
Poignant	Wax udgoon oo dhadhan macaan-Sida suugada

176

Point	Caaradda ama fiiqa walaxi leedahay, heer, dhibic, tilmaan
Pointless	Macno daran, Ujeedo la'aanaan lahayn wax dhibco ah (Ciyaaraha)
Poison	Sun, Dhimasho ama dhaawac xun u keenta Naflayda
Polar	Labada dacal ee dhulka midkood (Waqooyi iyo Koonfur), Dacallada birlabta
Pole	Labada dacal ee dhulka midkood (W. & Koonfur), Dacallada Birlabta
Police	Bileys, Boolis
Policy	Siyaasad, Hadal qoraal ah oo qandaraaska, (Heshiiska) Caymiska ah
Polish	Kaga dhaalisid, Si fiican u hagaajisid
Polite	Edeb leh, Edebsan
Political	Ee Siyaasad
Politician	Qofka Siyaasiga ah, Wax ka yaqaan Siyaasadda
Politics	Cilmiga denbiga, Habka iyo Qaabka Dawladda, Aragtida Siyaasadeed, Arrimaha Su'aalaha Siyaasadda
Poll	Cod Bixin doorasho, Baar ka jarid
Pollute	Waskheyn (Siiba Haanta Biyaha)
Poltroon	Fulay
Poly	Hordhig-badan
Polychrome	Midabyo, Ranjiyo badan
Polygamist	Ninka dhawr ama naagaha badan qaba
Polygamy	Caado ah in Ninku naago badan qabo isla mar ama wakhti keliya
Polyglot	Qofka afafka ama luqadaha badan yaqaanna
Polygon	Shaxan ama Sawir shan dhinac ama in ka badan leh (Dhinacyo toosan)
Polytechnic	Dugsi leh qaybo badan oo Wax barasho farsameed

177

Polytheism	Musric, Qof ilaahyo badan rumajsan
Pomegranate	Romaanka "Midho"
Poniard	Tooray (Mindi gal leh)
Pony	Faras dhal yar oo Carruurtu fuusho
Pool	Berkedda lagu dabbaasho, Ka dhexeeya Dadweyne
Poor	Faqiir, Sabool, Miskiin
Poorly	Si aan wanaag sanayn, Si xun
Pope	Baadari, Ninka Diinta Kaatooliga u sarreeya (Roma)
Poppycock	Aan caqliga geli karin
Popular	Ay dadweynuhu leeyhiin, caan ah, dadku wada yaqaan
Popularity	Caannimo, dadka ku dhex caan ah
Populate	Dad dajin, Dad ku nooleysiin
Population	Tirada dad meel ku nool, Dadweyne
Pore	Daldaloolo yar yar oo maqaarka jirka ku yaal oo dhididku ka soo baxo, barasho ama dersid feejigan
Porous	Daldaloolada badan leh, sii daynaya dareeraha (Sida shaan dhada)
Porridge	Cunto Fudud oo jilicsan, Boorish
Port	Dekad, magaalo Dekad leh
Portable	La qaadqaadi karo, Aan meel ku dhegsanaynse kolba meeshii la rao loo qaadan karo
Porter	Xammaal, qofka alaabta qaada (shaqadiisu taa tahay), waardiyaha irridda ilaaliyaha irridda
Portion	Qayb, Qayb ka mid ah, Saami
Portrait	Sawir la qurxiyey
Portray	Sawir ka sameyn, Si buuxda erayo ugu sharxid
Position	Meel, boos
Positive	Togane, run ah ama xaqiiq ah

Possess	Lahaa, la yeesho
Possession	Lahaansho
Possibility	Suuragal, Suurtogal
Possible	Suurta gal ah, Suuroobi kara
Post	Meesha uu Askariga ilaaliyo, meesha askari degto, waraaqo boosta dhigid, Boosta waraaqaha laga diro
Post	(Hordhig) ka dib... kaa ka dib
Post-date	Taariikh dib ugu dhigid (taarikhda la qoro)
Post-mortem	Baadhis caafimaad oo qofka lagu sameeyo markuu dhinto kadib
Postage	Lacagta laga bixiyo warqadaha boosta lagu rido
Posterior	Xagga dambe, Kaa dambe
Posterity	Qof tafiirtii ama ciddii ka faracantay
Postgraduate	Waxbarashada iwm ee la qabto qalinjibinta ka dib
Posthumous	Uur ku hadh, qofka dhasha (ilmaha markuu Aabbihii dhinto ka dib, dhaca ama geeri ka dib dabadeed yimaada
Postmaster	Qofka u madaxdaa boostada
Postmeridiem	(P.M.) gelinka dambe ama niska dambe
Postpone	Dib u dhigid, U kaadin
Postprandial	Qadada dabadeed, Hadhimada ka dib
Posture	Meesha jidhka, xaalka jidhka ama qalbiga
Pot	Dheri, digsi, weelka wax lagu kariyo, Dusuud
Potassium	Curiya, jilicsan oo dhalaala oo bir cad ah
Potato	Baradho, bataato
Potentate	Qof xoog badan, qof meel xukuma
Potential	Jiri kara ama iman kara, ficil keeni kara
Pother	Buuq, Arbush, Qaylo

Potter	Marka shaqo yar la qabto ama shaqo tamar yar lagu qabto, (dherya samayn)
Pouch	Shandad ama boorso yar oo jeebka lagu qaato
Poultry	Shimbiraha lacuno sida Digaaga, Xamaamica iwm
Pound	Rodol, (miisaanka Ingiriiska), gini (Lacag) ridiqid jajebin
Pour	Shubid, la shubo ama ku shubid
Poverty	Saboolnimo, Caydhnimo, Faqri
Powder	Budo riqdan, boodhar, Boolbaro
Powerful	Awood badan, xoog weyn, quwad leh
Powerless	Awood darro, Awood yari, Aan xoog lahayn
Practicable	Wax gacanta laga qaban karo
Practical	Hawl gacmee elan ku qabasho, Wax kastoo gacanta laga qabto
Practice	Gacan ka qabasho, Hawl gacmeed, Gacan ku falis
Practise	Ku celcelin wax qabasho
Praise	Amaanid, Amaanis, La amaano
Prate	Iska hadlid, Si aad ah u hadlid
Prattle	U hadlid si carruurnimo ah
Pray	Tukasho, (Sida salaada marka la tukanayo)
Prayer	Salaad (salaadda la tukado)
Pre-eminent	Ugu wanaagsan, Ka wanaagsan kuwa kale oo dhan
Pre-exist	Hore u sii jiray, Mawjuud sii ahaa
Precaution	Ka digtoonaan, Digniin laga hor tagayo khatar
Precede	Ka horreeya, Hortiis yimaad
Preceptor	Bare, Macallin, Tababare
Preciosity	Safayn, qaali ah, quiimo badan
Precious	Wax qiimo weyn leh

Precise	Si sax ah loo sheegay, Sax ah
Precision	Sax, Khalad la'aan
Preclude	Ka ilaalin ama ka celin inuu qof wax sameeyo
Precursor	Qof ama wax kale oo horseed u ah wax dhici doona
Predecessor	Qofka xafiis ama maamul uga horreeya qof kale oo kala wareego
Predicate	Caddayn in wax run yihiin
Predict	Sii sheegid inta aanay wax dhicin ka hor
Predilection	Jeclaan gaar ah, Door bidis
Predominate	Ka gacan sarreyn, Ka awood iyo tiro badan
Preface	Sharax uu ku qoro qofka qoraaga ahi buuggiisa
Prefect	Sax, Taam, Kaamil dham
Prefer	Ka door-bidid
Preference	Ka doorbidid ama ka doorbidasho-
Pregnant	Uur leh ama riman (dhedig)
Prehistoric	Dhigaalka ama qoraalka taariikhdaka hor, Intaan taariikhda la qorin
Prejudice	Iska jeclaansho ama iska necbaansho
Premature	Wax dhaca ama la falo wakhtigey ku habbooneyd-ka hor
Premise	Weedh sabab leh
Preoccupy	Mashquulin, La mashquuliyo
Preparation	Diyaarin, Diyaar garayn
Preparatory	In la diyaariyo u baahan
Prepare	Diyaarin
Prepay	Carbuun, Sii bixin, Qadimid
Prescient	Wax ka og ama wax ka sheegi kara wax soo Socda
Presence	Joogitaan
Present	Jooga, Hadiyad, Ugu deeqid, Siin

Presentation	Soo bandhigid
Preserve	Dhibaato ama khatar ka ilaalin
Preside	Xukun ama awood yeelasho (Madax la noqdo)
Presidency	Xafiiska Madaxtooyada
President	Madaxweyne
Press	Isku cadaadin, Jariidad, Maqaal, Daabicid
Pressure	Cadaadis
Prestige	Ixtiraam ka dhasha guul iyo Lahaansho iyo wixii la mid ah
Presto	Degdeg, Si dhakhso ah
Presume	In si laysaga qaato, in run laysaga qaato
Pretend	Iska yeelyeelid, matelid, Iska dhigid
Prettify	Qurxin, la qurxiyo
Pretty	Ku soo jiidanaya, Jinniyad lah, Qurux leh
Prevail	Kagacan sarreyn, ka guulaysi
Prevaricate	Beenayn
Prevent	Iska hortaagid, ka celin, ka joojin
Prevention	Joojin, Is hortaag
Prewar	Dagaalka ka hor, Dagaalka hortii
Prey	Raq
Price	Qiime, Qiime wax lagu gado
Prick	Daloolin
Pride	Isla weyni
Primary	Wax walba ugu horreeya ama ugu Muhiimsan
Prime	Qayb ugu fiican, Ugu Sarraysa, Muhiim loo baahan yahay
Primegal	Wakhtigii ugu horreeya taariikhda Adduunka
Primitive	Wakhtiyadii hore, Ilbaxnimadiisu Dambayso

Primogeniture	Ilmaha curad, Curad
Prince	Wiilka ama gabadha boqorkudhalay (ina bagor)
Principal	Qofka Dugsiga ka Madaxa ah, Ugu Muhiimsan
Principle	Hab wax u shaqeeyaan, Qaynuun, Runku salaysan
Prink	Midab yara casaan ah, Mindi (Soodh) Geliso (Ku dalooliso)
Print	Dabicid, La daabaco
Priority	Ka mudan, Mudnaansho la siiyo
Prison	Xabsi, Jeel (meesha lagu xidho dadka danbiilaha ah)
Prisoner	Xidhan, Maxbuus, Qof jeelka ku xidhan
Private	Gaar loo leeyahay, Sir
Privation	La'aansho waxyaabaha nolosha lagama maarmaanka ah
Privilege	Tixgelin ama mudnaan cid la siiyo
Prize	Abaal-gud, Jaa'isad
Probabale	Dhicic kara, si noqon kara
Probity	Dabeecad toosnaan
Problem	Mushkulad, Xisaab ama su'aal la xalilo
Procedure	Hab wax loo sameeyo, Sida wax loo qabto
Proceed	Hore u socod, Sii wadid
Process	Sida ama jidka wax loo yeelo ama qab qabto waxyaabo isku daba xidhan oo si isdaba joog ah u dhaca
Procession	Tiro Dad ama Gaadiid ah oo is daba socda
Proclaim	Daboolka ka qaadid, Dad-weynaha u soo Bandhigid
Procrastinate	Dib u dhigid, Dib u dhig
Prodigal	Khasaare ah

183

Prodigy	Wax la yaab leh oo la moodo in waxyaabaha Dabiiciga ah ku lid tahay
Produce	Soo saarid, Dhalid, la soo saaro
Production	Tacab, Soo saaris, Wax soo saar
Productive	Wax soo saari kara, Wax dhalin kara
Profession	Shaqo cidi qabto siiba loo baahan yayah Tababar iyo aqoon kaleba
Professor	Macallinka Jaamacadda wax ka dhiga
Proffer	Ugu deeqid, Deeq
Proficient	Xirfad leh, Khibrad leh
Profit	Macaash, Faa'iido
Profitable	Laga Macaashi karo, Faa'iido keeni kara
Profound	Si qoto dheer, si aad ah u qoto dheer
Profuse	Badan, aad u badan, la heli karo
Prognosticate	Wax ka sii sheegid wax dhici doona
Programme	Barnaamij, Wax lagu talo galay in la fuliyo
Progress	Horumar, Horusocod, Horukac
Progression	Horosocodnimo
Prohibit	Mabnuucid, Wax la gaban Jiray oo la Joojiyo
Prohibition	Joojin (Wax la samayn jiray), Mamnuuc
Project	Mashruuc, Qorshe
Projector	Waa qalab "gudbiya Sawirka gidaarka oo lagu istimaalo shanemoyinka iwm
Proletariat	Xoogsatada, Dabaqada Shaqaalaha ah
Prolong	Sii dheereyn
Prominent	Si hawl yar loo arki karo
Promise	Ballan, Ballan-qaadid
Promote	Dallacsiin, Horu-dallicin
Promotion	Dallacaad
Prompt	Aan daahin, aan wakhtiga dib uga dhicin

Pronoun	Magac-u-yaal (Naxwe)
Pronounce	Ku dhawaaqid, Shaac ka qaadid
Pronunciation	Habka ama sida Erayada loogu dhawaaqo
Proof	Caddayn, Sabab sheegid
Propaganda	Dacaayad
Propagate	Tarmid, Baahid, Si ballaaran u fidid
Propel	Hore u kaxayn, Hore u wadid
Proper	Habboon, Ku habboon
Property	Astaan, Hanti
Prophet	Nebi, Rasuul
Proportion	Xidhiidhka uu wax uga dhigmo wax kale
Proportional	Isku dhigma, u dhigma
Propose	Ujeeddo, Qasdi, Muraad, Ra'yi soo jeedin
Prosecute	La sii wadid, La bilaabid Taxenayaal Sharci ah iyadoo ka soo horjeedda
Prospect	Maskax ku sii hayn, Rajayn, La filo, la sii dhowro
Prospectus	Xayeysiin qoraal ah oo warbixin leh
Prosper	Guulaysi, Barwaaqaysi ama barwaaqayn
Protect	Ilaalin, Badbaadin, Daaficid, ka ilaalid
Protection	Ilaalis, Badbaadis, Dhib ka hor tegis
Protective	Ka ilaalin kara, ka hor tegi kara, ka celin kara
Protectorate	Maxmiyad, Dal uu ilaaliyo dal kale oo awood weyni
Protest	Diidmo, Diidid, Qaadicid
Protocol	Naqliga ama qoraalka hore ee Heshiis
Protractor	Aalad lagu cabbiro Xaglaha
Proud	Isla-weyn, Kibir weyn, qab weyn, han weyn
Prove	Cadee, Caddeyn

185

Proverb	Maahmaah
Provide	Siin, U qaybin
Province	Qayb weyn oo Maamul leh oo dal ka mid ah (Gobol) Dalka oo dhan marka Magaala-madaxda
Provision	Qaybqaybis, Waqtiga soo socda u sii qaybin, Raashin qaybin
Provisional	Ah Xiliga marka la joogo oo qudha oo marka dambe la beddeli doono
Provoke	Ka lanaajin, Ka cadhaysiin, laga carasiiyo
Proximate	Ugu dhawaan, Ugu dhaw, ka hor ama ka dib
Psyche	Nafta, Xis, Caqli, Ruuxdabani-aadamka
Psychology	Cilmi nafsi
Puberty	Balluq, Qofku markuu baaluq noqdo
Public	Dadwynaha ka dhexeeya
Publicity	Caannimo, La wada yaqaan
Publish	Ogeysiin dadweynaha, Daabicid ama u soo Saarid (Buug, Wargeys, Maqaal iwm)
Puddle	Meel yar oo Biyuhu ku fariistaan markuu Roobku da'o, Sida meelaha Dariiqyada dhex ah
Pudgy	Gaaban oo Buuran
Puke	Hunqaacid, Matagid, la mantago
Pull	Soo jiidid, Soo jiid, la soo jiido
Pulse	Garaaca caadiga ah ee Halbowlaha dhiigga qaada
Pulverize	Shiidid, Ridqid, Daqiiqid
Pump	Mishin meel wax ka soo saara (Sida ka neefta soo saara, ka Biyaha soo saara iwm)
Punch	Qalab ama mishiin lagu jaro Daloollada, feedhid, Tatoomid
Punctual	Aan ka soo hor marin kana dib dhicin Wakhtiga

Punctuate	Xarakayn, Qofralka la Xarakeeyo
Punish	Ciqaabid, Karbaashid, la ciqaabo
Puny	Yar oo caato ah
Pupil	Wiilka isha, Ardayga Dugsiga dhigta
Purchase	Iibsasho, Gadasho
Pure	Soocan, Saafi ah, aam waxba ku khaldannayn
Purify	Safayn, Saafi ka dhigid
Purpose	Ujeeddo
Purse	Shandad yar oo Lacagta lagu qaato, Boorso
Pus	Malax
Push	Riixid
Put	Dhigid, la dhigo, dhig
Putrid	Qudhmay, uray
Puzzle	Su'aal ama Mushkilad ay adag tahay sida loo fahmaa ama looga jawaabo
Pyjam as	Labiska Hurdada, Shaati iyo Surwaal lagu Seexdo
Pylon	Baalo ama biraha ama tiirka dheer ee Xadhkaha dhaadheer ee korontada dusha laga marsho
Pyramid	Ahraam: (buuro Qaahira "Masar" laga dhisay)
Python	Jebiso, Mas weyn oo waxa uu rabo inuu cuno isku marmara oo Jejebiya-Burbursha

Q

Quadrant	Goobada Rubuceed, Afar meelood oo meel Waax Quadruped, Xayawaanka afarta adin leh
Quadruple	Afar meelood u qaybin
Quadruplicate	Afar goor ku celin
Quaff	Aad u Cabid, Aad u dhamid
Quail	Cabsi, Baqdin, Baqid
Quake	Gariirid (Sida Dhu garurka)
Qualification	Qiimayn, Tababar, Aqoonsi
Qualify	Tababarid, Caddayn
Quality	Tayo
Qualm	Shaki
Quandary	Mixnad, Marxalad aadan garanayn si aad wax u badbaadiso
Quantity	Tiro, Xadi badan
Quantum	Qeyb aad iyo aad u yar
Quarrel	Cilaaqtan, Cilaaqtamid
Quarry	Waxa lagu gabado Marka aad Xayawaan ugadhsanayso
Quarter	Rubuc, Afar meeloodow meel
Quarterly	Saddexdii Biloodba mar
Quartz	Nooc Macdanta ka mid ah
Quash	Diidid
Quaver	Hadal googoynayo, Hadal la gargariirid
Queen	Boqorad, naagta Boqorka
Queer	Wax aan caadi aheen, Dabeeci aheen, Ama laga roone "Khaniis"
Quench	Damid (Dabka), Harraad tirid, Qaboojin (Biyaha)
Quern	Mikiinada lagu ridqo xawaashka
Querulous	Cabasho badan

Query	Su'aal Shaki leh
Quest	Xaqiijin raadin
Question	Waydiin, Su'aal
Queue	Fayl, Kuyuu, Dad isku daba-xidhiidhsan
Quibble	Ku murmid wax aan micno lahayn
Quick	Boobsiis, Dhaqso, Degdeg
Quick Sand	Dhiigo, Dhiidhi
Quicken	Boobsiin, Dedejin
Quicklime	Nuurad qoyan
Quid pro quo	Abaalmarin
Quiet	Jabaq-la'aan, Sanqadh iyo Hadal la'aan
Quietude	Degganaan
Quietus	Naf ka saarid
Quilt	Furaash la huwado oo cudbi ama baal shimbir ka sameysan
Quinine	Kiniin
Quinsy	Cuna-Xanuun
Quintal	Kiintaal, Boqol Rodol
Quip	Kilmad yar oo loo riyaaqo loo qoslo
Quire	Afar iyo Labaatan xaashiyood oo nooc Wax lagu qoro ah
Quisling	Daba dhilif
Quit	Ka tegid, Xil, Masuuliyad ama shaqo, Iska dhaafid
Quite	Si Buuxda
Quiver	La ruxo, Ruxid
Quixotic	Wax khayaali ah
Quiz	Kedis (Sida Barnaamijka Kedis)
Quo-warranto	Waaran maxkamadu goyso oo la wiidiinayo Jagada loo dhiibay
Quorum	Inta ugu yar ee gole looga bahan yahay, Inay sharci gaaraan, Qaraar gaaraan
Quotation	Tusalooyin, Hal ku dhigyo

Quote	Ka soo Xigasho
Quotient	Laba tiro marka laysku qaybsho wax ka soo baxa

R

Rabbit	Bakayle
Rabies	Cudur ayda iyo dacawada ku dhacaoo waala
Race 1	Orod, Tartan
Race 2	Dad isku jinsiyad ah
Rachauffe	Diirin mar labaad sida Cuntada
Racket	Usha lagu ciyaaro Kubbadda Miiska
Raconteur	Sheekeeya, Qofka sheekeeya
Radar	Raadaar, (Sida Raadaarka lagu arko dayuuradaha)
Radiate	Kaah bixin, Bixin ama dirid falaaraha sida kuwa Cad-ceedda ama kulka
Radiator	Taangigga Biyaha ee Baabuurka
Radical	Xididshe, Qof aaminsan in wax wajl laga badalo hab u dhaqanka Nolosha
Radio	Reediyow
Radioactivity	Wax kasta oo hawada ku jira oo wax ka baxay oo waxyeela unugyada dadka
Radiology	Wax ka kooban iftiin oo biniaadanka lagu baaro sida raajada iwm
Radius	Gacan (Dhexroorka Nuskii)
Raffle	Iibinta Shatiyada Bakhtiyaanasiibka
Rag	Maro Calal ah
Ragamuffin	Qofka Uskagga badan (Wasakhda badan) ama had iyo jeer Wasakhda ah
Rage	Cadho, Cadhooday

190

Ragged	Jeex-jeexan, Daldaloola (Gaar ahaan Dharka)
Ragout	Suqaar, Hilib yar yar oo Khudaar lagu daray
Raid	Weerar, Dhacid
Rail	Birtoos loo dhigo ama taago
Railway	Tareenka
Rain	Roob
Rainbow	Caasha carab dheer, Jeegaan
Raincoat	Jaakada roobka la xidho
Raindrop	Dhibicda roobka
Rainfall	Roobka ka da'a meel inta uu le'egy ahay
Rainy	Rooban, Roob leh
Raise	Sare u qaadid
Raisin	Sabiib, Canab la qalajiyey
Rake	Faraley (Xashiishkaa yaa lagu Ururiyaa)
Rally	Isu soo Ururid
RamS	umal, Wanka aan la dhufaanin
Ramadan	Ramadaan, Soon, Bisha Muslimiintu soonto
Rampart	Dhufays, Daafac, Difaac
Rample	Temeshlayn
Raname	Magac u bixin, Dib u magacaabid
Random	Nasiibin, Ku nasiibin
Range	Tixid, Taxan (Wax sida Silsiladda xidhiidhsan)
Ranger	Dhir ilaliye, Seere Celiye (Qof)
Rank	Derejo, Derejeyn
Rankle	Gocasho, Gocday, la Gocdo (Jecleysto)
Ransom	Madax Furasho
Rant	Faanid, ka bad-badin
Rap	Sanqadh yar
Rapacious	Qofka Lacagta aad u jecel

Rape 1	Kufsasho, la tegid, Muquunin
Rape 2	Geed Midhihiisa saliid laga helo
Rapid	Deg-deg, Dhakhso leh
Rapprochement	Isku soo laabasho, Si Saaxiibtinimo ah, Isu soo Laabasho
Rapture	Farxad aad u wayn
Rare	Dhif, Macduun ah, Aan had iyo jeer jirin ama la arag, Naadir
Rarefy	Ku baahid, Safayn, kala baahid
Rarity	Macduunimo
Rascal	Aan daacad ahayn
Rascal	Duli, Nadal
Rash	Marka si aan degganayn wax loo falo ama sameeyo
Rasp	Nooc soofaha ka mid ah
Rat	Jiir, Dooli
Rather	Ka doorbidis, Doorbidid
Ratify	Caderyn Saxiix ah
Ratio	Saami, Isku dhig
Ration	Cunto, Raashinka Lacuno, Raashin
Rational	Caaqil fiican
Rationale	Sabab u yeelid, Sabab leh
Rationalize	Sabab u yeelis
Rattle	Sameyn Cod yar, Sida (Jiiq-jiiq)
Ravage	La baabi'lyo, Baabi'in
Rave	Hadal sare u dhihid si cadho kujirto
Ravenous	Aad u gaajoonaya
Ravine	Meel godan oo laba Meelood oo Sareeya hareeraha ka xigaan
Ravish	La tegid
Raw	Wax aan bislayn, Karsanayn, Qeedhiin
Ray	Falaadh iftiin ama kaah
Raze-Rase	Baabi'in, Burburin

Razor	Makiinad, Makiinadda ama sakiinta Gadhka lagu Xiiro
Re	Mar Labaad
Re-echo	Deyaan labaad
Re-entry	Gelid mar labaad
Reach	Gaadhid, Tiigsad
React	Dib u falid, Samayn
Read	La akhriyo, Akhriyid
Readdress	Beddelid-Cinwaan, Beddelid cinwaan
Reader	Akhriyo, Qofka aad wax u akhriya
Readjust	La Qabsasho, Mar labaad, Sidhimin mar kale
Ready	Diyaar, Diyaar ah
Reaffirm	Caddeyn ama u rumeyn mar labaad
Real	Run ah
Reality	Run
Realize	La Rumaysto, Ōgsoonaan
Ream	480 Xaashiyood
Reanimate	Dhiirri gelin, Xoogayn
Reap	Goyn (Sida Qasab goynta)
Reappear	Soo Muuqasho mar labaad
Rear	Gadaal, Xagga Dan be
Rear 2	Xannaanayn
Rearm	Hubsiin, Hub Lasiiyo, Hubayn
Reason	Sabab, Garaad
Reasonable	Caqli gal, Wax macquul ah ama sabab yeelan kara
Reassure	Shaki ka saarid
Rebel	Anti, Laga soo soo horjeesto, Ka soo horjeedsi (Dawladda)
Rebind	Isku xidha mar labaad
Rebirth	Is beddel xagga Niyadda ah

Rebound	Ka soo booid sida (Kubbad Gidaar lagu dhuftay)
Rebuff	Diidmo-deeqeed ama Codsi
Rebuild	Dib u dhisid, Dhisid mar Labaad
Recalcitrant	Canaad ah, Canaad
Recall	Xusuusasho, la Soo noqosho
Recant	Ka noqosho
Recapitulate	Ku celin, Dulmarid mar labaad
Recast	Ka badalid habkii hore ama
Receipt	Helitaan, Rasiidh
Receive	Helid, Gaadhsiin
Recent	Waqti aan fogayn
Receptacle	U bax sida
Reception	Soo dhoweyn
Recess	Waqtiga ay shaqadu istaagto
Recession	Dhaqaalaha dalku markuu marxalad Xunkujiro
Recipe	Hab ama dariiqo wax loo sameeyo (Sida Cuntada_
Reciprocal	Rogaal, Beddel, kala beddelasho
Reciprocate	Siin adoo u gudaya wax hore laguu siiyey
Recite	Abaal celin, Siin adoo u gudaya wax hore laguu siiyey
Reclaim	Hagaajin, Toosin
Recline	Nasasho, Nasin, la nasiyo
Recluse	Cidla ku noolaasho, qofka aan jeclayn in dad kale la noolaado
Reco-gnition	Aqoonsi, Garasho (Sida: Isla markiiba waan aqoonsaday)
Recognizance	Rahmaad, rahan
Recognize	Aqoonsasho, Garawsi
Recoil	Dib u gurad, Dib u boodid
Recollect	Xusuusasho

Recollection	Xusuusad
Recommend	Ku talin
Recompense	Abaal marin
Reconcile	Heshiin, Heshiisiin
Recondition	Hagaajin samayn wax marka sidiisii hore lagu celiyo
Reconnoitre	Soo sahamin, soo ilaalayn soo basaasid
Reconsider	Dib u fiirini eegid, Baaraan degid
Reconstitute	Dib u habeen
Reconstruct	Dib u dhisid, dib u Kabid
Record	Xusuus qorid, Rikoodh, Naastaro
Recount 1	U sheegid, ka sheekayn
Recount 2	Dib u tirid, Tirin mar Labaad
Recoup	La soo noqod Maalkagii
Recourse	Caawimo ka filid, Gargaar ka dalbid
Recover 1	Ladnaan
Recover 2	Galayn, Gelin gal Cusub
Recriminate	Ashkatoyin adoo ka aargudanaya ashkato hore laguugu sameeyey
Recrimination	Dacwo, Ashkato, Aargudasho ah
Recruit	Xubin Cusub oo ku soo biira Urur
Rectangle	Afar geesle, - Leydi (Xisaab)
Rectify	Qumin, Hagaajin, Toosin, Safayn
Rector	Maamulaha kulujada ama Jaamacada
Rectum	Malawad, Malawadka naflayda
Recumbent	Jiif, Jiifa
Recuperate	Xoog yeelasho ka dib marka uu qof Xanuunka ka Bogsado (Baan qadasho hagaagta)
Recur	Ku celin, Imaasho
Recurve	Dib u qaloocin, Qaloocsan
Red	Guduud, Casaan, Midka cas
Redden	La guduudiyo, Casayn, La caseeyey

Redeem	La soo noqosho, Soo furasho
Redezvous	Kulan Qarsoodi ah
Redo	Falid ama samayn mar labaad
Redolent	Carfid, Ur udgoon
Redouble	Wax laga cabsado, Wax laga baqo
Redoubt	Meel daafac aad u adag leh
Redoubtable	Wax laga baqo
Redound	Ka bid, (Wax fiican haddaad fasho (Sharaftaaday kabaysaa)
Redress	Isu dheelitirid mar labaad
Reduction	Yaraan
Redundant	Dheeraad ah, Aan loo baahnayn, Siyaado ah
Reek	Ur aan ud goonayn/Carfoonayn, Ur Qadhmuun
Reel	Aalad lagu duubo dunta iwm si ay u hawlyaraato isticmaalkeedu
Reel 2	Gariirid, Dhicddhicid
Refection	Cunto khafiif ah
Refectory	Qolka Cuntada, Gaar ahaanna meelaha Dadka badani ku nool yihiin
Refer	Tixraacid, ku halqabsasho
Referee	Garsoore (Gaar ahaan Ciyaaraha)
Reference	Ka tusaale qadasho
Referendum	Waa food ay dawladu dadwey naha ku Weydiinayso inay rabaan amadoonayan Xeer gaar ah
Refill	Buuxin mar Labaad, Dib u buuxin
Refine	Safayn, (Sida Batroolka iwm)
Refinement	Habka safaynta, Safayn, Safaysan
Refit	Dib u rakibid, dib u sameyn
Reflation	Marka ay badato lacagta dalka ku Jirta
Reforest	Dib u dhirayn, Beeris kale
Reform	Dib loo habeeyo

Reformation	Dib u habeyn
Refrain	Ka waanin
Refresh	Qaboojim, Sida Marka aad daalan tahay oo aad wax qabaw cabto
Refrigeration	Qaboojiye
Refuge	Hoyga Qaxootiga
Refugee	Qaxooti (Qofka)
Refulgent	Widhwidhaya
Refund	Lacagta laguu soo celiyo
Refusal	Diidmo
Refuse	Diidid
Refute	Beenayn, burin
Regain	Dib u helis, dib u helid
Regale	Ka farxin, Farxad gelin
Regard	Tix-gelin
Regency	Xafiiska qofka ku meel Gaarka ah
Regenerate	Dib u habeen, Cusboonaysiin, Dhisid iwm
Regent	Qof si ku meel gaar ah meel loogu dhiibay
Regicide	Qofka dila Boqorka, Dambiga dilista Boqorka
Regime	Dawlad dal xukunta iyo habka ay ku xukunto
Regiment	(Ciidan) joogto ah oo guutooyin ama kooxo loo kala qaybiyey oo uu xukumo Gaashaanle Sare
Region	Gobol
Register	Diiwaan, Diiwaan gelin
Register	Diiwaan-hayn
Registration	Diiwaan gelin
Regret	Ka Xumaanto, Khalad qof galay, Ka shanlayto
Regular	Joogto, Caadi ah

Rehearsal	Alamintayn, Ku celcelin ciyaareed
Reign	Xili xukuumadeed, xilli dawlad ama boqortooyo talin jirtay
Reimburse	U gudid, U magdhabid
Reinforce	Adkayn, Xoojin
Reinsure	Dib u hubin, Dib u xaqiijin
Reiterate	Dib u dhihid, Ku celin hadal
Reject	Diidid, Ku gacan saydhid
Rejoice	Farxad gelin
Rejoin	Dib u xidhiidhin, Jawaab ama Wargelin
Rekon	Xisaabin, Isku xisaabin
Relate	U sheekayn, Xidhiidhin
Relative	Qaraabo, Ehel
Relax	Nasasho, Debcin
Release	La Siidaayo, Sii deyn
Relegate	Qof dhulkiisa laga fogeeyay
Relent	Cadha bur-bur
Relevant	Xidhiidh la leh
Reliable	Laysku aamini karo, Laysku halayn karo
Reliance	Aaminid, Isku hallayn
Relieve	Ladnaan, Xanuun ka ladan
Religion	Diin, Caqiidad (Islamic Religion Diinta Islaamka)
Relinghish	La samro, Samrid
Relish	Ka helid, Ku raaxaysi
Reluctance	Diidid, Nebcansho, Karah
Rely	U baahan, Ku tiirsan, Ku kalsoon
Remain	Hadhid, Baaqi, Reebid
Remainder	Hadhaa, Baaqi
Remand	Xabsi ku hayn iyada oo aan la Xukumin, rumaan
Remark	Wax ka sheegid
Remarry	Mar Labaad la guursado, Dib u guursi

Remedy	Xusuusasho
Rememberance	Xusuus
Remind	Xusuusin
Reminisce	Ka fekerid ama ka hadlid, Waxyaabo hore u dhacay
Remiss	Sag saag, Shaqo ka warwareegid, Dayacid
Remission	Denbi dhaaf, Saamaxaad
Remittance	Lacag dirid
Remote	Fog, Qoto dheer
Remote	Aad u fog, Qoto dheer
Remove	Eryid, Tuuris, ka saarid
Remunerate	Abaal marin
Rend	Kala jarid, Xoog ku kala qaybin
Render	U celin, Sida Ilaahay mahad u celin
Renegade	Diinta diida ama diinta ka baxa
Renew	Cusboonaysiin, Dib u Cusboonaysiin
Renounce	Diidmo
Renovate	Dib u habeen, Cusbonaysiin
Renown	Caan
Rent 1	Dalool gaar ahaan dharka, Jeexdin (Dhar)
Rent 2	Kiro, Ijaar
Reocation	Guurid
Reopen	Dib u furid, Furid mar labaad
Reorganize	Dib u qorshayn si looga faiidaysto
Repair	Dayactirid, Dib u hagaajin
Reparation	Magdhow
Repatriate	Tarxiilid, Musaafurin, Ama Qaxootiga dib dhulkiisa loogu celiyo
Repay	Dib u bixin (Lacag), U soo celin
Repeat	Ku celin

Repent	Ka xumansho wax xun oo aad horay u Samajsay
Repiration	Neefsi, neefsasho
Replace	Dib u dhigid (Walax ama shay), Makaan gelin
Replace	Ku soo celin, Badalid
Reply	Warcelin, Ul jawaabid
Report	War-bixin
Repose	Ku nasasho meel
Represent	Matalaya
Repression	Cadaadin, Maskaxda ku dirqiyid
Reprieve	Dib u dhigid (Sida qof la dilayo oo Wakhtigii dib loogu dhigay)
Reprint	Dib u daabicid
Reproduce	Dib u sameyn wax u eg wixii hore
Reproof	Canaan, Ceeb
Reptile	Xayawaanka boga ama berka yku socda sida maska, Xamaarato
Republic	Hab dawladeed oo ay dadku soo doortaan, Madaxa Jamhuuriyadda
Reputation	Qofka dadka kale waxa ay ka aminsanyihiin
Request	Codsasho, Weydiisasho, Codsi
Requiem	Qofdhintay raaxada uu galo, Aama musig Macaan
Require	U baahan, U Baahasho
Requisite	Assaasi lagamamaarmaan
Rescue	Badbaadin, ka samato bixin
Research	Baadhis si wax Cusub loo soo saaro
Resemblance	U ekaan, u eg, isku-ekaan
Resemble	Loo ekaado, U ekaansho
Resent	Nebcaysaho, Nebcaystay
Reserve	Keydsasho, la kaydsaday

200

Reservoir	Taangi, Berked, Meel biyaha-magaalooyinka loogu kaydsho
Reset	Afayn, Soofayn, Dib ugu celin meel hore laga qaaday
Resettle	Dib u dejin
Reside	Ku noolaansho
Residence	Meesha lagu noolyahay guri iyo iwm
Residual	Gunku-hadh
Residue	Hadhaa
Resign	Ka tegid, (Ruqsayn Shaqo)
Resin	Xanjadda Dhirta
Resist	Caabiyid, u adkaysi
Resistance	Adkaysi, Caabi
Resole	Jaan saarid, Sarsaarid (Kab)
Resolve	Ku goosasho, Ku tashi, Dib u xallid
Resolve	Ku warwareejin, ku meerid
Resource	Hanti, Qaniimad, Khayraadka dhulka
Respect	Ixtiraam, ixtraamid
Respire	(Neefsasho)
Respond	Ka jawaabid
Responsibility	Mas'uuliyad
Responsible	Mas'uul
Rest	Nasasho, Nasad, inta kale
Restate	Sheegid mar labaad
Restaurant	Hudheelka cuntada leh, Hudheel cunto
Restore	Dib u keenid, Soo celin (Sida waa la soo celiyey alaabtii La xaday)
Restrict	Xadayn
Result	Go'aan, Natiijo, Gabagabo
Resume	Ambaqaad
Resuscitate	Miyiris, Miyirsaday
Retell	Sheegid mar labaad
Rethink	Dib uga fekerid

Reticule	Boorsada Dumarka
Retina	Liid Xuub ah oo isha gadaal kaga yaal
Retire	Hawl gabid
Retool	Qalabayn
Retort	Degdeg uga jawaabid
Retrace	Dib u raadin
Retrograde	Dib u jeedin
Return	Soo noqosho, Soo noqod
Revenge	Aargoosi, Aar gudasho
Revere	Qaderin, la qaderiyo
Reverse	Kala rogid, Lid
Review	Dib u hubin, Wax ka qorid
Revile	Naanaysid Xun
Revise	Nakhtiimid, Ku noqosho, Hubin
Revolution	Tawrad, Kacaan, Marka meel wax dul wareegaan
Revolver	Tumuujad, Baastoolad (Nooca is Cabbeeya)
Reward	Abaalgud, Abaal marin
Rewrite	Dib u qorid, Qorid mar labaad
Rib	Feedh, Feedh feedhaha kamida
Rice	Bariis
Rich	Hodan, Taajir, Maalqabeen
Rickets	Cudur lafaha gala oo gaar ahaan Carruurta ku dhaca
Ride	Farda fuulid, Fuulid
Ridiculous	Wax lagu qoslo
Rifle	Rayfal, Nooc ka mid ah Qoryaha Rasaastu ka dhacdo
Right	Xuquuq, Sax ah, Sax, Midig
Rigid	Wax adag oo aan la qaloocin karin
Rind	Qolofta Midhaha
Ring	Kaatun, Faraati, Fargal, Giraan

Rinse	Dhaqid sida dharka, Biyo kaga saarid
Riot	Qalalaaso
Ripe	Bis-laad (Sida Midhaha)
Rise	Soo Bixin, sida dayaxa, Qorraxda
Risk	Khatar, Halaag
Risponse	Jawaab
River	Tog, Webi
Road	Jid, Waddo, Dariiq
Roam	War-wareegis (Socod) aan ujeeddo lahayn
Roar	Codka libaaxa oo kale ah
Roast	Shiilid, Hilib la shiilay ama Hilib roos ah
Rob	Dhicid sida Xoolaha la dhaco
Rock	Dhadhaab
Roll	La giraangiriyo, Giringirin
Romance	Sheeko ku saabsan mashaakil qof soo maray ama jacayl
Roof	Saqafka, Dedka (Sida Saqafka Guryaha)
Room	Makhsin, Qol
Root	Xidid, (Sida Xididdada Geedka)
Rope	Xadhig
Rot	Qudhmid, Qaasiyid
Rotate	Meel ku wareegid, meel ku wareejin sida afar iyo labaatankii saacba dhulka mar buu isku wareegaa
Rotten	Qudhun, Khaayis
Rough	Qalafsan
Round	Qab goobaabin ah sida kubbadda
Rouse	Toosin, Kicin, (Hurdo ka kicin), Hiyi kicin
Route	Jid, Waddo
Row	Dhinac tax, Tixid, Taxan
Rub	Masaxid, Tirtirid

Rude	Dabeecad xun
Rug	Ruumi, Roog, Roogga dhulka
Ruin	Baabi'in, Burburin
Rule	Xukumid (Sida, Wuxuu Xukumaa Gobol)
Rum	Khamriga laga sameeyo dheecaanka Sonkorta
Rumour	War aan rasmi ahayn ee dadku isla dhex maraan
Rump	Badhida Xayawaanka ama Xoolaha
Run	Orday, Ordid, Orod, Carar
Rupture	Kala jajabid
Rust	Daxal, daxalaystay
Ruthless	Bilaa Naxariis, Naxariis laawe

S

Sabbath	Maalin Hadhgal, Maalin Nasasho
Sable	Xayawaan yar oo lagu qiimeeyo dhogortiisa qurxda badan, Madow Murugo
Sabot	Kab loox ama qori ka samaysan, Qaraafiic
Sabotage	Curyaamin
Sabre	Soodh ama binet lagu dagaallamo oo marmaroora
Sack	Joonyad, Kiish (Maro ama wax kale ah)
Sacred	Barakaysan, Barako leh
Sacrifice	Sadaqo, Wax ilaahay hortii lo bixiyo
Sad	Murugaysan, Murugo leh, Murugoonaya
Saddle	Koore, Kooraha faraska dhabarkiisa lagu fariisto
Saddler	Qofka koorayaasha sameeya
Sadism	Qof ku raaxaysta dhib aatooyin uu dadka u geysto "Cudur Maskaxda ah"
Safari	Socdaal, Ugaadhsi ah siiba lagu isticmaalo Bariga iyo Badhtamaha Afrika
Safe	Khasnad, Ammaan ah, Ka dhowrsanaan khatarta, Badqaba
Safeguard	Badbaadiye, Xirsi
Safety	Ammaan ah, Dhawrsoonis, Badqabis
Safety-pin	Biinka dharka laysugu qabto
Sag	Soo qalloocsamid, soo godmid
Sagacious	Maskax wanaagsan
Sage	Qof xikmaawi ah, Abwaan, qof murti badan
Said	Dhahay, Yidhi, la yidhi

205

Sail	Shiraaca doonyaha, Bad marista, Bad maaxid
Sailor	Badmaax, Badmareen, Qofka markabka ama Doonida ka shaqeeya ee la socda
Saint	Weli, Qofka karaamada leh, Qofka weliga ah
Sake	Sidaas daraareed, Daraadeed
Salaam	Salaan
Salable	Iib geli kara, La iibin karo
Salad	Saladh, Khudrad Cunnada marka la cunayo lagu darsado
Salary	Mushaaro, Lacagta qofka shaqaalaha caadiga ahi uu Bishii mar qaato
Sale	Iib, gadasho
Salesman	Gade, Iibiye
Salient	Ka muuqda, si hawlyar loo garan karo
Saline	Cusbo leh, Milix leh, ay milix ku jirto
Saliva	Candhuuf, Dhareerka afka
Saloon	Qol ama makhsin markabka ka mida oo dadka ka dhexeeya
Salt	Cusbo, Milix
Salutation	Salaan tixgelin Mudan
Salute	Salaan (Siiba ta Ciidammada)
Salvage	Badbaadinta hantida
Salve	Walax dufan ah oo la mariyo dhaawaca ama gubashada, Nabarrada iyo wixii la mida
Salvo	Xabbad-ridid ama dab ridid looga jeedo salaan ama soo dhaweyn
Samaritan	Qofka naxariista leh ee caawiya dadka dhibaataysan
Same	Isku mid ah, isla mid ah
Sample	Sanbal, Mid la mid ah wax isku nooc ah oo tusaale ahaan loo soo qaaday

206

Sanatorium	Isbitaalka Dadka wadnaha ka jirran ama Dadka Xanuunka ka ladnaada lagu xannaaneeyo
Sancity	Welinimo, Barako
Sanction	Fasax qof la siiyo si uu wax u sameeyo, Oggolaansho loo siiyo awood inuu wax falo
Sanctuary	Mel barakaysan
Sanctum	Meel barakaysan
Sand	Caro, Ciid, Camuud
Sandal	Sandhal, Jambal kabaha suumanka is weydaarsan leh
Sandalwood	Cuud "geeb udgoon oo la shiito"
Sandwich	Rooti hilib la dhex geliyey
Sane	Caqli wanaagsan, Maskax fayow
Sang	Heesay, Balweeyey
Sanguinary	Dhiig badani ku daato
Sanguine	Rajo leh, Dhinaca fiican wax ka eega
Sanitary	Nadiif ah, ka dhowrsan Wasakh iyo wixii kale ee Jirro keenaya, Fayow
Sanitation	Isku Dubbaridista ilaalinta fayada ama Sixada
Sanity	Taami, Maskax fayoobi
Sap	Dabaal, Qofka nacaska ah
Sapient	Fiican, Maskax wanaagsan
Sardine	Malaay, Kalluun yaryar oo cad fiican oo macaan leh
Sat	Fadhiistay, Fadhiyey
Satan	Shaydaan, Shaydaan ah
Satchel	Shandada lagu qaato alaabta yaryar ee Fudud siiba Buugaagta (Dugsiga iwm), Waxaanay ka samysan tahay saan a
Sateen	Dhar dhalaala oo cudbi ama suuf ka samaysan
Satelite	Dunida, Meere ku dul wareega, Dayax

Satiable	Si Buuxda looga raalli noqdo, aad kuu raalli gelinaya
Satiate	Raalli gelin buuxda, La raalli geliyo
Satiety	Marka ama Xaaladda si Buuxda loo raalli noqdo
Satin	Walax Xariir ah oo dhinac ka jilicsan kana dhalaalaysa
Satisfaction	Raali-gelin
Satisfactory	Raalli gelin leh, Ku siinaya Farxad iyo Raalligelin
Satisfy	La raalli geliyo, Ralli gelin la siiyo
Saturate	Rib ka dhigid (Dareeraha), La gaadhsiiyo Heerka ugu Sareeya ee Suuragal ah
Saturday	Sabti, Maaalinta Sabtida
Saturnine	Murugaysan, Murugo leh
Sauce	Suugo, Maraqa Raashinka lagu darsado
Saucepan	Digsi dheg la qabto (Sida Maqliga) iyo Fur leh oo Suugada lagu sameeyo
Saucer	Seesar, Saxan yar oo Bagacasan oo Koobka la Dul saaro
Saunter	Temeshlayn, Socod laafyood ah
Saute	Shiilan, la shiilay (Raashin)
Savage	Badow, Badow ah, Debad galeen ah, Waxshi ah, Axmaq ah
Savanna	Dhulka bannaan ee dhirtu ku yar tahay ama aan lahaynba, siiba Laatiin Ameerika
Savant	Nin Waxdhigasho fiican leh si weyn wax u dhigtay
Save	Nabad-geliyey, La badbaadiyey, La keydsho, Keydinta Lacagta iwm, Mustaqbaika loo dhigo
Savour	Marka uu qof raashin cunaayo isagoo tartiib u dhadha minaaya
Savoy	Nooc Kaabashka ka mid ah (Khudaar)

208

Saw	La arkay, Mishaarta lagu jarjaro qoryaha, la miinshaareeyo, Miinshaar ku jarid
Sawyer	Ninka Shaqadiisu tahay inuu qoryaha ama looxaanta ku jarjaro Miishaar ama Miishaareeyo
Say	Dhihid, dheh, la dhaho, la yidhi
Scabbard	Galka Soodhka, Galka tooreyda
Scaffold	Sakhaalad, Waxa loo koraa meesha la dhisayo, Jaranjaro
Scald	Biyo kulul ku gubasho
Scale	Qiyaas ka qaadasho
Scalp	Madaxa intiisa kale marka laga reebo Wejiga, ama inta timaha leh mooyee Madaxa intiisa kale
Scalpel	Mindi yar oo qalliinka dadka lagu isticmaalo
Scamp	Marka hawl ama shaqo loo qabto siaan niyad ahayn, u shaqayn niyad jab leh ama si Caajisnimo ah
Scan	Aad u eegid, Eegmada ku celcelin, Daymo
Scandal	Fadeexad
Scandinavian	Magac laysku yidhaahdo Waddammada kala ah: Dhenmaark, Noorway, Iswiidhan, Aayslaand
Scant	Wax aan ahamiyad ama tixgelin weyn la siin
Scanvenger	Xayawaanka Bakhtiga cuna ama kuba nool
Scapegoat	Qof lagu ciqaabo ama lagu canaanto Khalad uu qof kale ama cid kale sameeyey ama falay
Scapula	Garabka intiisa ballaadhan ee qarqarka ka hooseeya
Scar	Xagtin, Xangurufo

Scarce	Aan laga haysan tiro ku filan, ka yar intii loo baahnaa
Scarcely	Yara, aan yara qeexnayn, Yara malayn
Scarcity	Tiro yaraan, Baahida yar
Scare	Baqdin gelin, ka bajin
Scarf	Iskaaf, maro luqunta lagu xidho
Scarlet	Guduud ama casaan dhalaalaya
Scatter	Kala baahid, kala firdhin
Sceery	Waxyaabaha dabiiciga ah ee degmo leedahay, Sida Buuraha, Kaymaha, Dooxooyinka iwm
Scene	Muuqaal, Aragti gaar ah
Scent	Ur-Udgoon, Urta Naftu jeclaysato
Sceptic	Qofka ka shakiya Runta dood gaar ah ama fikrad gaar ah iwm leedahay
Scerosis	Jirro keenta ama dhalisa in Xubnaha Jiljilcsan ee Halbowlayaashu ay adkaadaan
Schedule	Faahfaahin ama qoraallo tusaaya wax lagutala galay, Jadwal
Schematic	Wax marka sawir ahaan lagu Tusaaleeyo, Ee qorshe ama nidaam (hab)
Scheme	Qorshe, Mashruuc qof keli ahi sameeyo si uu ugu horumaro
Schnorkel	Aalad ama qalab ka sameysan Tuubo dheer oo Maraakiibta badda hoos marta (Gujis), Uu suurta gelisa in ay hawada soo Qaataan
Scholar	Ciyaala-Is-kuul, Arday, Qofka Aqoonta badan leh
Scholarship	Deeq Waxbarasho
School	Dugsi, Iskuul Meesha wax lagu barto, Raxan Kalluun ah oo wada dabbaalanaya, Tiro weyn ama tiro badan oo kalluun ah

Sciatic	Waa xanuun ka ku dhaca curuuqda miskaha
Science	Saynis, Cilmid dabeecadeed
Scientific	Cilmiyeysan, Cilmi ku dhisan
Scimitar	Seef gaaban oo yara qaalooban oo laga Isticmaali jiray Beershiya, Carabta iyo Turkiga
Scissor	Maqas ama Manqas, Ka dharka marka la tolayo lagu Jarjaro
Scold	Canaanay hadallo cadho lihi weheliyaan
Scoop	Masaf ama mafag
Scooter	Dhugdhugley, Mooto
Scorch	Engejin, Qallajin, Gubid ama kul ku engejin
Score	Dhibco (Buundo Tirsiga Ciyaaraha), Lagu Calaamadeeyo ama lagu sunto Jaris, Xagtin, Xariiq
Scorn	Yasid, Xaqirid
Scorpion	Dib-qalloc ama daba-Qallooc
Scot-free	Wax aan dhibaato lahayn
Scotch	Diidmo-is hortaag, Dhaawicid ama nabar ku dhufasho aan dil ahayn
Scoundrel	Nin aan waxba isku falayn, Khasiis
Scour	Xaquuq ama Xoqid ku nadiifin, Loo baahdo, Raadis deg-deg ah
Scowl	Huruufid, Si xun u eegid, Huruuf
Scrag	Qofka ama Xayawaanka Caatada ah, Raqabada ama luqunta idaha inta lafaha ah ee Maraqa lagala baxo
Scram	Soco, Bax, Orod, Carar
Scramble	Korid, Fanansho, Kuwo kale la halgamid
Scrap	Maro yar, Kharqad yar warqad yar iwm
Scrape	Dhilic, Fiiqid, Harag ka saarid ama diirid

211

Scraper	Qalabka wax lagu xoqo xaqooqo, Ama diiro
Scratch	Xangaruufo, Xagtin
Scream	Qaylada dhuuban (Xayawaanka, Carruurta, Shimbiraha, is xoqa Biraha iwm)
Screen	Boodhka filimka laga daawado, Muraayadda hore ee Baabuurka iwm, Wixii wax laga arko
Screw	Nooc ka mid ah, Musmaarka
Scribble	Far dhakhso la qoray oo aan la fahmikarin
Script	Qoraal, Far la qoro, Far gacanta lagu qoro
Scrub	Xogid
Sculpture	Qoridda, (Qori, Dhagax, Bir, iwm)
Scurry	Si degdeg ah u carar, U bood
Scuttle	Talaabaysi degdeg ah ama Daldaloolin
Sea	Maanyo, Bad
Seal	Calaamad, Sumad, Shaabad ama bahal bada kujira
Seamy	Dhinac xun "Scamy side of Life"
Search	Doon doonid, Baadigoobid
Seashell	Xaaxayda bada
Season	Xilli, Fasal, (Gu', Dayr, Xagaa, Jiilaal) Qaybaha Sannadka
Seat	Fadhi, Fadhiisin
Second	Labaad, ka labaad, Ilbidhiqsi, Midhidh daqiiqad
Secondary	Aan muhiim ahayn, Secondary school-Dugsi sare
Secret	Sir, Qarsoodi, Qarsoon
Secretary	Xoghaye
Sect	Kox ka go'day bulsho uga go'day diin darteed

Section	Qayb, Qormo
Sector	Qaybo goobo ka mid ah oo u dhexaysa laba Xarriiqood oo isku xidha
Secular	Nidaam dimograti ah oo xaga diinta ka fog
Secure	Badbaadsan, Nabadqaba
Security	Nabadgelyo, Badbaado, Nabadqab
Sediment	Huubo, Huubaha ka hara wax la Isticmaalay
Seduce	Duufsi, Wax xun sayn
See	Arag, Fiiri, Arkid, Fiirin
Seed	Abuur, Iniin, Midhaaha iniintooda
Seek	Raadin, Doondoonid, u eegid
Seem	La moodo, u sansaan eg
Seesaw	Leexo, Loox dheer oo laba qof Midba dacal kaga fariisto oo laysku ruxo
Segment	Gobol, Go'ama qayb
Segregate	Laga sooco inta kale, Gooni ka geysid kuwa kale
Seismology	Cilmiga (Sayniska) dhulgariirka
Seize	Qabasho
Seldom	Dhif dhif, Marmar ama Wakhti
Select	Ka doorasho, Xulasho
Selection	Xul, Doorasho
Self	Naf, iska, Iskii, Iskeed, iwm
Selfish	Intii nuur, Anaani, Aan dan ka gelin kuwa kale
Sell	Iibisid, Gadid (Sida Dukaanka iwm)
Semblance	Muqaal guud ama wax wax kale u eg
Semester	Sannad dugsiyeedka barkii ama sannad Jaamacadeedka badhkii
Semi	(Hordhig)=Barkii, Sida goobada badhkeed

213

Semifinal	Wareega labaad ee ciyaaraha
Seminar	Aqoon-isweydaarsi, Siminaar, Wax-barasho gaaban
Senate	Golaha Mudanayaasha ee mareekanka
Send	Dir, Dirid, Dirto, U dirid, loo diro ama la diro
Senility	Kharaf
Senior	Ka sare, heer sare ah, uga sarreeya xagga derejada, awoodda
Sensation	Dareen, Dareemis
Sense	Dareen, Dareemayaal sida indhaha, dhegta iwm
Senseless	Aan dareen lahayn, Maalayacni, Nacasnimo
Sensible	Caqliga gali kara, La qaadan karo, Macno samayn kara ama la rumaysan karo
Sensitive	Dareemi og, Dareen badan
Sentiment	Shucuur, Ra'yi, Dareen
Sentry	Askariga Waardiyaha ah Ilaaliyaha
Senttence	Weedh, Weedho, Erayo hadal macne leh sameynaya
Separate	Kala Soocan, La kala qaybshay, Kala gooni ah, Kala sooc
September	Bisha sagaalaad (9) ee Sannadka Miilaadiga, Sibtembar
Sequel	Natiijo, Caaqibad
Sequence	Isku xigxiga, Isdaba-jooga, isku xirxiriirsan
Sergeant	Saddex Alifle (Drajo ciidan): Saajin
Serial	Taxane ah
Series	Taxan (Aan is beddelin), Isku xidhiidhsan
Serious	Khatar ah, il-daran, Halis ah
Servant	Qofka adeega, Adeege, Shaqaale

214

Serve	U adeegidda, Adeegid
Service	Adeegnimo-Shaqo
Session	Kalfadhi, Gole, Maxkanad, Barlamaan
Set	Dhicista ama gabbashada, Dhicista (Cadceedda, Dayaxa, Xiddigaha iwm), Tiro alaab ah oo isku nooc, Nidaamin
Settee	Kursi dheer oo raaxa badan
Settle	Degid, Dejin, la dego ama la dejiyo
Settlement	Degganaansho, Dejin, Degmo, deggan
Seven	Todobo
Seventeen	Todobaiyo toban
Seventy	Todobatan
Sever	Jarid, Goyn
Several	Dhawr, Saddex ama ka badan
Severe	Si adag, Xaal adag, (Qallafsan), Xoog leh
Sew	Tolis, Tolid (Irbad & Dun la isticmaalo)
Sewage	Bulaacad ama boosaneerada
Sewing-machine	Harqaan, Makiinadda Dharka Dawaar
Sex	Galmo, Labood ama dheddig
Sexual	La xidhiidha galmo iwm, Galmo
Shackale	Seeto, Shakaal
Shade	Hadh, hadhayn, Hoos
Shadow	Hadhaysan, Hoosis
Shady	Hadhac, hadh leh
Shaft	Daab, Sabarad
Shake	Lulid, Ruxruxid, Dhaqdhaqaajin
Shaky	Lulmaya, Gariiraya, Ruxmaya
Shallow	Aan hoos u dheerayn, Gun dhaw
Shame	Xishood, Wax isku fal, Isku sheexid, Isla yaabid
Shampoo	Saabuun dareere ah oo timaha Madaxa lagu maydho (Dhaqo)

Shank	Dhudhunka lugta (Inta u dhexaysa Jilibka iyo Raafka)
Shape	Qaab
Share	Saami, Qayb
Shark	Libaax badeed
Sharp	Fiiqan
Shatter	Burbur qarax oo kale ah
Shave	Xiirista Gadhka, Gadh xiirid
Shawl	Garbo-saar, Shalmad
She	Iyada, Qofka dheddigga iwm
Sheaf	Warqado ama xanshiyo is kor saaran
Sheep	Adhi, Ari, Ido
Sheet	Harqad, Durraaxad, Xaashi ama Harqad iwm
Shelf	Raf, Qori ama biir darbiga ku sameysan oo wax la Saarto
Shelter	Hooy
Shepherd	Arijir, Qofka ariga raaca
Sheriff	Nidaam Marcekan ah oo qof loo dorto in uu Sharciga ilaaliyo
Shield	Gaashaan
Shift	Meel ama jiho ka beddelid, Koox shaqaale ah oo shaqada mar wada gala (Qabta)
Shine	Widhwidhin, Dhalaal cad
Ship	Markab
Shirk	Xil ama Shaqa diid
Shirt	Shaadh, Shaati, Qamiis
Shiver	Gariir, Kurbad, Jareen
Shock	Naxdin, Argagax
Shoe	Kab
Shoot	Toogasho, Dhug ama shiishid
Shop	Dukaan, daas ama macdaar

Shore	Qooriga Badda
Short	Gaaban
Short tempered	Xanaag dhaw
Shortage	Yaraan, Gaabnaan, aan ku filnayn
Shortcoming	Ceeb, Eed Qof leeyahay
Shorthand	Calaamado lagu badalo alfa beetooyinka
Shorts	Surwaalka gaaban (Ka kubadda lagu Ciyaaro)
Shortsighted	Indhuhu daciifaan oo meeldheer wax ka arkeen
Shot	Ridis "Hubka, Qoriga"
Shoulder	Garab, Garabka gacanta dusheeda ah
Shout	Qaylo
Shovel	Manjarafad (Ta ciidda iwm lagu qaado)
Show	Tusid
Shower	Rushaashad, Tan lagu qubaysto
Showpiece	Bandhig alaabeed
Showroom	Carwo bandhig
Shrimp	Aargoosasho
Shrink	Isku roorid, Isku ururid (Sida dharka qaar marka la mayro)
Shroud	Kafan, Marada Maydka lagu duubo
Shrub	Dhirta laama-yarada ah ee dhowrka Jirridood (ee yaryar) leh
Shrug	Garab gundhin
Shun	Iska joojin
Shut	Xidh, Xidhid
Shy	Xishoonaya ama xishoonaysa, Xishood leh
Sick	Buka, Jirran, Xanuunsanaya
Sickle	Majo, Qalab lagu jaro cawska, Gallayda, Haruurka iwm
Sickness	Jirro, Bukaan, Xanuun

Side	Dhinac, Hareer
Sideline	Wadada dinaceeda
Siege	Qabashada ciidan xoog ku qabsado magaalo iwm
Siesta	Wakhtiga u dhexeeya duhurka iyo Casarka ee la nasto ama la seexdo
Sight	Aragga, Aragti, Aragga ama wax arag
Sightless	Arag darro, indho la'i
Sign	Summad, Astaan, Saxeexid
Signal	Seenyaale
Signature	Saxeex
Significant	Aad lagama maarmaan u ah, qiimo u ah, qiimo u leh
Silence	Aamusnaan, Jabaq la'aan, Sanqar la'aan
Silent	Aamusan
Silk	Xariir
Silly	Doqon, Dabbaaal
Silver	Qalin (Macdan) qaali ah
Similar	U eg, la jaad ah
Simple	Fudud, aan adkayn, Hawl yar ama muhiim ahayn
Simpleton	Maan gaab
Simulate	Iska yeel yeel
Simultaneous	Dhaca isku mar qudha
Sin	Dembi, Sharci jabin
Sincere	Daacad, Mukhlis ah
Sing	Heesid, La heeso
Single	Keli ah, Mid qudha, keli
Singlet	Singalaydh, Garan, Marada shaadhka laga hoos xidho
Singular	Keli (Naxwe)
Sink	Qarraq, Degista Biyaha la maquurto

Sip	Kabasho
Sir	Mudane, Erey ixtiraam-muujin ah oo ragga lagu yidhaa
Sisal	Xigga, Xig, Xaskusha
Sister	Walaasha, Walaal (Gabadh ah)
Sit	Fadhiisin, Fadhiisad
Site	Meel, Boos
Situated	La dejiyey, Xaal xumi, Ku yaalla
Situation	Degaan, Xal (Siday arrimuhu yihiin)
Six	Lix, Tirada ah Lix=6
Sixteen	Lixiyo toban
Sixty	Lixden
Size	Inta wax dhumucdiisu ama baaxaddiisu tahay
Skating	Kabo, Qoryaha barafka lagu taraaraxo rabiish "Nooc Kalune"
Skeleton	Dhiska lafaha jirka
Sketch	Sawir-gacmeed dhakhso loo sameeyey
Skew	Duwid, Dhinac u qalloocin, Aan toosnayn
Skill	Farsamo, Xirfad
Skin	Harag, Maqaar, Saan
Skip	Booddo awreed
Skipper	Naakhuudaha Maraakibta, Iyo Donyahe
Skirt	Kurdad, Toob gaaban
Skivvy	Booyiso, Jaariyad, Adegto
Skulduggery	Khiyaamayn
Skull	Lafta Madaxa
Sky	Cirka
Skyscraper	Guryaha aad iyo aad u dhadheer
Slap	Dhirbaaxid, Dhirbaaxo
Slattern	Basari, Baali
Slaughter	Birayn, Gawracidda iyo Galista xoolaha

Slave	Addoon
Slay	Gawracis, Qalis, Dilid (Nafta ka Qabasho)
Sleep	Hurdo, Seexasho
Sleepy	Lulo, Laamadoodaya
Slight	Xoogay, yar
Slip	Simbiriririxasho, Siibasho
Slogan	Hal ku dhig (WEER)
Slope	Tiiro, Janjeer
Slot	Jeexdin, Jeexdin aan daloolin oo wax lagu ridi karo
Sloven	Qof basari ah, Qofka (feejig darro) Qaabxumida, Labbis Xun leh
Slow	Qunyar, Aayar
Sluggard	Qunyarluud, Caajis, Aayar socda
Small	Yar, Aan weyneyn
Smart	Widhwidhaya, Xariif ah, Si fiican u labbisan
Smell	Ur
Smelt	Dhalaalinta Birta (Kala Soocidda), Ilka caddeeyey
Smile	Ilka caddeyn
Smith	Tumaal, Birtun
Smoke	Qiiq, Qaac, Sigaar cabid
Smooth	Siman, Si fiican, Siman
Smuggle	Koontarabaanin, Koontarabaan
Snake	Mas
Snare	Dabin
Snatch	Boobis, Ka gaadhsiin
Sneak	Dhuumasho, ka war-sheekood
Sneeze	Hindhiso
Sniff	Fiifsi, Neef ka qaadasho xagga sanka oo Sanqadh leh

220

Snore	Khuurin, Khuurayn (Hurdada dhex deeda)
Snow	Baraf-dhado
Snuff	Buuriga Sanka, Buuri san ka qaadasho
Snug	Dugsi leh, Laga ooday dabaysha iyo Dhaxanta
Soak	Qoyaan, Id qooyo, Qooyn
Soap	Saabuun
Soar	Hawada loo gano
Social	Wada noolaasho, Bulsho wada nool
Socialism	Mabda'a Hantiwadaaga
Society	Bulsho, Mujtamac Beel
Sociology	Sayniska ama cilmiga dabeecadda iyo Korniinka Bulshada
SockI	skaalsho, Sharaabad, Maro cagaha kabaha Buudhka ah loo gashado
Socket	Meel ay wax ku dhex jiraan (Sida godka isha), Daloolada korontada laga qaato (Fiish) Bareeso
Soda	Walax kimiko oo lagu daro waxyaabaha Khamiirinta u baahan ama saabuunta
Sodium	Curiye (Na) Milixda ku jira
Sofa	Kursi fadhi oo dheer ee dhowr qofi ku fariisan karto
Soft	Jilicsan
Soil	Ciid
Solar	Cadceedeed, Cadceedda ah
Solder	Laxaamad
Soldier	Askari
Sole	Sarta hoose ee kabaha, Midka keliya: Kalluun balaaran oo badda ku jira
Solemn	Nidar, Si niyad ah
Solid	Adke
Solidarity	Isku xidhnaan

Solitary	Keli-nool, Aan la wehelin, Kelinimo
Soluble	Milmi kara, Ku dhex qasmi kara dareeraha
Solution	Qoosh, Xalilid
Solve	Xal, Xallilaad
Solvent	Mile
Some	Xoogaa yar
Somebody	Qof
Somehow	Si ahaan
Something	Wax
Sometimes	Marmarka qaarkood
Somewhat	Waa yara
Somewhere	Meel (Aan aad loo garanayn)
Son	Igaar, Inanka (la dhalay)
Song	Hees
Sonic	La xiriira dhawaaqa (Sanqarta)
Soon	Dhakhso
Soot	Manduul, Madowga meel ku samaysma qaac markuu ku baxo
Soppy	Aad u qoyan
Sorghum	Masaggo
Sorrow	Calool xumo (Murug), Murugo
Sorry	Ka xumaansho: Waan ka xumahay!
Sort	Nooc
Soul	Ruuxda, Nafta, Qudha
Sound	Dhawaaq, Jabaq, Sanqadh, Caafimaad-qab, Qiyaasta dhereka hoos ee badda iwm
Soup	Maraq, Fuud
Sour	Dhanaan
Source	Meesha wax ka soo baxaan, Sida isha Biyaha ama Mishiinka korontada dhaliya

South	Koonfur (JIHO)
Southern	Ee koonfureed, Koonfur ah
Sow	Shinniyeynta beerta, Midho ku beeridda beerta
Space	Meel banaan oo sidaas u sii wenayn
Spade	Badeele, Manjarafad, Nooc turubka ka mid ah
Spanner	Kiyawe, Qalabka Boolasha lagu furo, Baanad
Spare	Dayactir, Keyd
Spark	Dhinbiil (Faliidh dab ah)
Speak	.Hadal, La hadlo
Spear	Waran
Special	Gaar, Khaas, Laba-daraale
Specific	Wax gaar ah, Si gaar ah
Specimen	Mid tusaale ah
Spectator	Daawadaha (Siiba Ciyaar), qofka daawanaya wax (Ciyaar, Riwaayad iwm)
Speech	Hadal, Khudbad
Speed	Xawaare, Xawaareyn
Spell	Yeedhis (Erayo ah) Xarfaha uu eraygu ka kooban yahay
Spend	Kharash garayn, Kharshiyeyn, Isticmaalid
Sperm	Manida labka (Shahwada)
Spice	Xawaash, Walxaha raashinka iyo Shaaha udgooneeya
Spider	Caaro (Naflay yar oo khafiif ah)
Spin	Samaynta dunta, Wareejin ama dubid
Spinal	Xangulayda Laf-dhabarta ku dhex jirta
Spine	Laf-dhabar
Spiral	Mardhacyo leh, Garaaro leh
Spirit	Ruux, Naf, Niyad
Spit	Candhuuf tufid

Spittle	Calyo, Dhareerka afka, Candhuuf
Split	Kala jabin
Spoil	Kharibaad, Wax Xumayn
Spokesman	Af-hayeen, Nin af-hayeen ah
Sponge	Isbuunyo, Buush
Spoon	Qaaddo, Malqacad
Sport	Ciyaar=Ciyaar la daawado oo tartan ah
Spot	Bar, Dhibic, Meel gaar ah
Spray	Buufin
Spread	Firdhin, fidin, Kala fiiqin
Spring	Molo, Kariirad, kaamaan, gu' (Fasalka u dhexeeya Jiilaalka iyo Xagaaga), Isbiriin
Spy	Basaas, Jaajuus
Square	Labajibbaar
Squeeze	Majuujin, Maroojin
Squint	Indhaha cawaran, Cawarrada indhaha
Squirrel	Soongur (bahal yar oo dabagaalaha u eg)
Stable	Xidhan, Adag oon dhaqdhaqaaqayn, Xerada Fardaha
Stadium	Xero loogu talagalay Ciyaaraha lagu qabto, garoon ciyaareed
Staff	Shaqaale, Shaqaale meel ka shaqeeya
Stage	Marxalad: Meesha (Meel kor u yara dheer) Qofka hadlayaa ama qudbadeynayaa isku taago
Stagger	Heedadow, Dhacdhacid (Sida qofka Sikhraansan)
Stair	Jaranjaro
Stammer	Haghago (Marka la hadlayo oo hadalka la qabqabto)
Stamp	Shaambad, Tigidh ama shati (Ka boosta oo kale)
Stand	Joogsi, Istaag, Sarejoog

Standard	Heer
Star	Xiddig
Stare	Ku dhaygagid (Eegmo)
Start	Bilow, Bilaabid
Starve	Gaajo, Macaluulid
State	Waddan, Xaalad, Sheeg
Station	Meel (Wax deggan yihiin) Istaan ama Boostejo
Statistics	Tiro koob
Statue	Sanam, Meesha Idaacadda ama TV-iiga hadalka iyo Barnaamijyada laga sii daayo
Stature	Joogga Qofka
Stay	Joogis, Joogid
Steady	Deggan
Steam	Qaac, Uumi
Steel	Bir adag oo ah isku darka xadiidka iyo Kaarboon ama Curiye kale
Steep	Aad u janjeedha, Janjeera
Steering	Isterso, Shukaan
Stem	Jirrid
Step	Tallaabo
Sterile	Ma dhalays ah
Stethoscope	Qalab (Aalad) uu takhtarku dhegaha gashado oo ay dhegaystaan sanqarta Jidhka hoostiisa
Stick	Ul
Stick	Dhegdheg ah
Stiff	Aan si hawl yar loo qalloocin karin ama la qaab beddeli karin
Stifle	Neef-qabatow
Still	Taagan, Dhaqdhaqaaq iyo Jabaq la'aan, Weli (Aan weli)
Stir	Qasid, Walaaqid, Lulid, Kabsi

225

Stock	Jirridda hoose, Cammiraad
Stomach	Calool
Stone	Dhagax
Stooge	Dabadhilif, ka lagu adeegsado ama adeegto
Stool	Kursi dheer, Saxaro
Stop	Joojin, Istaag, Joogso
Store	Bakhaar, Qolka kaydka, Kayd, Kaydin
Storey	Dabaq ka mid ah Guriga ama dhismaha fooqa ah
Storm	Duufaan
Story	Sheeko
Straight	Toosan, Qumman, Qumaati ah, aan qallocnayn
Strange	Yab, Fajac, Aan hore loo arag
Strangely	Si aan la arki jirin
Stranger	Qof qalaad oo qariib ah
Strangle	Cunoqabad lagu dilo, Cunaha la qabto, Ceejin
Strategy	Meel dagaalka ku habboon muhiin ah
Stream	Il (ta Biyaha oo kale), Ililad
Street	Suuq, Waddada magaalo ku taal ee aqalladu hareeraha kaga soo jeedaan (Labada dhinac)
Strength	Xoog
Stress	Cadaadin, Xoog saaris
Stretch	Kala bixin, Kala fidin
Strict	(Xaal) Adag
Strike	Mudaaharaad, Giriifid, Garaacid
String	Xarig, Khayd
Strip	Ka bixin, Qaawin (diir ama qolof) ka xuubin ama ka xayuubin
Stroll	Tamashlayn
Strong	Xoog ah, Xoog leh, Xooggan

226

Structure	Aragti, Muuqaal
Struggle	Geesi, Halgan, Halgamid
Stub	Gummud, Haash, Dabo
Stubborn	Canaadi
Stuck	Waa dhidban yahay, aan dhanna u baxayn, Hadalkiisa taagan
Student	Arday (Siiba ka Jaamacadda dhigta)
Study	Wax-barasho
Stumble	Takhan Takho, Harraatida, Turunturo
Stupid	Fikrad gaab ah, Nacasnimo, Dammiin
Style	Hab (Qoraal hadal, Dharxidhasho iwm)
Subcontract	Qandaraas ka sii qaadasho
Subdivide	Sii kala qaybin kale
Subject	Maadad, Hoos yimaada
Submarine	Badda hoosteeda, Gujis (Markab dagaal oo badda hoos mara)
Submit	Isu dhiibid
Subordinate	Hooseeya, Ka hooseeya
Substance	Walax, Shay
Substitute	Ku beddelid, Isku beddelid
Subtract	Ka jarid, Tiro laga jaro tiro kale 6 - 2 = 4
Succeed	Guuleysi
Success	Guul
Successive	Isku xigxiga
Succour	Macaawimo, Gargaar
Such	Saad Camal, Oo kale, Sidaa oo kale
Suck	Nuugid, Nuug, Nuujin, Jiqis
Suckle	Naas Nuujin, Naas jaqis, Candho Nuugid (Jaqid)
Sudden	Si lama filaan ah, Kediso
Suffer	Ku dhacay ama haya (Cudur, Arrin kale)

Sufficient	Ku filan
Suffocate	Cabbudhid, Cabbudhaad
Sugar	Sonkor
Suggest	Qasdiyid, Niyeyn, Arrin soo jeedin ama soo Bandhigid
Suicide	Is dilid, Is dil
Suit	Suudh, Dhar isku joog ah (Isku mid ah) koodh iyo Surwaal isku nooc ah, ku habboon
Suitable	Ku habboon
Sum	Wadar, Xaddi Lacag ah
Summary	Soo koobid, Soo yarayn
Summer	Xagaaga=Xiiliga u dhexeeya Bilaha Juun ilaa Ogosto
Summit	Figta, Halka ugu dheer, Shir heer Madaxweyneyaal ah
Summon	U yeedhis, Wacid, isku yeerid
Sun	Qorrax, Cadceed
Sunday	Maalinta Axadda, Axad
Superabundant	Aad u xad dhaaf ah, Ka badan intii ku Filnayd
Superior	Sarreeya, ka tiro badan
Superman	Nin Dadka caadiga ah ka awood badan
Supersonic	Guuxiisa ka dheereeya, ka dheereeya Guuxa
Supertax	Canshuur dheeraad ah
Supervisor	Qofka dusha ka ilaaliya ee kala wada hawsha iyo Shaqaalaha
Supper	Casho, Cuntada la cuno Habeenkii
Supperlative	Ugu Fiican, Ugu heer sarreeya
Supply	Qaybqaybin, U qaybin
Support	Xejin, Xejiyo, Taageerid
Suppose	Kaba soo qaad in = u Malayn
Supreme	Ugu sarreeya (Darajo ama Awood)

Surcharge	Dulsaar, Takhsiir
Sure	La Hubo, Shaki la'aan, Xaqiiq
Surface	Sagxad, Dusha
Surgeon	Dhakhtarka qalliinka
Surgery	Cilmiga iyo Barashada nabarrada iyo cudurrada la qalo
Surmise	Malayn, Male
Surmount	La xallilo, Laga roonaado (Dhibaato iwm)
Surname	Naanays
Surplus	Siyaado ka ah intii loo baahnaa
Surprise	Amakaag, Yaab, Naxdin, Yaabid, Amakaagid
Surrender	Is dhiibid (Sida marka dagaalka)
Surround	Ku soo wareejin, Agagaarayn
Survey	Sahamin
Survive	Cimri dherer
Suspect	Waswaasid, Ka shakiyid
Suspend	Soo laalaadin, Hoos u soo laalaadin
Suspicion	Waswaas, Shaki
Suspicious	Laga was waasay, Shaki ah, Shaki leh
Swallow	Dhuujin, Liqid, Dejin (Cuno Marin)
Swan	Shimbir badeed (Cad)
Swarm	Raxan u wada socoda, Shinnida, Shimbiraha iwm
Sway	Lulid, Ruxruxid
Sweat	Dhididka jidhka
Sweep	Fiiqid, Xaaqid, Dhul xaadhid
Sweet	Macaan, Dhadhan macaan
Swell	Barar, Bararid
Swift	Dedejin, Boobsiin
Swim	Dabbaalasho, Dabbaal ama la dabbaasho

Swing	Leexaysi, Laalaadin
Switch	Shide-Bakhtiiye, Daare-damiye
Sword	Binnad, Soodh, Mindida Bunduqa afkiisa ku jirto
Swot	Dadaal
Syllabus	Manhaj, Muqarar
Symbol	Calaamad, Summad
Symmetry	Isku mid ah, Is le'kaanaya
Sympathy	Naxariis, u Jiidh-debecsanaan
Synchronize	Isku mar la dhaqaajiyo, Isku mar dhaca
Syphilis	Cudurka la yidhaa Xabbad ama Waraabow
Syrup	Sharoobo, Dawooyinka dareeraha ah
System	Hab, Nidaam

T

Tabernacle	Teendho, Taanbuug si ku meel gaadh ah loo degen yahay
Table	Miis, Jadwal Wakhtiyeed
Tablet	Kiniin, Dawo
Tabloid	Maqaal, Wergays yar
Taboo	Xaraan, Wax eebe aanu rabin in aad Samayso
Tacit	Aamusnaan, Aad ku Taageertay qof kale Rayigiis
Tack	Musbaar Madax balaadhan
Tacky	Aan weli qalalin (Siiba Rinjiga)
Tact	Xeelad
Tactics	Xeelad, Taktiko
Tadpole	Rah Yar
Tail	Dabo (Dabada Xayaawaaka oo kale)
Tailor	Dawaarle, ka dharka tola
Take	Qaadid, La qaado, Qaad ,Wax qaadid
Tale	Sheeko
Talent	Karti
Talk	Hadal;la hadlo;Hadlid
Tall	Dheer (Siiba Dadka), Kor u dheer
Tallow	Xaydha xoolaha oo shamaca laga sameeyo
Tally	Xisaab xir, Marka ay is leek ekaato tiradu
Talon	Ciddida Haddka
Tame	Rabbaayad, Rabbaysan, Carbisan
Tan	Cadceedu markay midabka jirka doorsoomiso
Tandem	Bushkuteeti, Baaskiil laba qof wadaan

Tang	Ur, Dhadhan deer
Tangent	Xood
Tangerine	Liin yar oo Macaan
Tangible	La taaban karo
Tank	Taangi, Haan Biyeed ama batrool iwm, Kaare dubaabad;Taangiga dagaalka
Tankard	Koob dheg leh
Tanker	Markab weyn oo shidaalka qaada
Tantalize	Haweysi, Wuxuu qof haweysanayo ama ku hamiyo
Tap	Meesha qasabadda laga xidho ama laga furo. fur
Tapestry	Daabacad
Tar	Daamur
Target	Meesha la shiisho, Badhka (Halka wax lagu toogto
Tariff	Sicirka, Qiimaha ay u gooyso dawladu gaadiidka, Huteelada iwm
Tarn	Kal
Task	Shaqo
Taste	Dhadhan, Dhadhamid
Tax	Canshuur
Taxi	Tagsi, Baabuurka yar ee la kiraysto
Tea	Shaah, Caleenta Shaaha
Teach	Barid, Wax u dhigid, wax barid
Teacher	Macallin, Bare
Team	Koox
Tear 1	Jeex-jeexid gaar ahaan Warqadaha, Dharka
Tear 2	Ilmo, Oohin
Technician	Farsamo-yaqaan
Technique	Xeeladda wax qabasho
Technology	Tig-nooliyadda

Tedious	Wax daalinaaya (Waa Hadal wax daalinaya)
Teenager	Dhaw iyo toban jir, Laga bilaabo 13 - 19 Jir
Teeth	Ilko
Teetotaller	Ruuxa aan weligiis khamri cabin
Teg	Sabeen ama wan laba jir ah
Telecommunication	Isgaadhsiin sida, Iidaacada, Telifoonka iwm
Telegram	Teligaraam, Taar (Ka laysku diro)
Telephone	Telifoon
Telescope	Aalad lagu eego xiddigaha iyo Meerayaasha
Television	Telifishan, Raadiyaha layska arko
Tell	U sheeg, loo sheego
Temperature	Kulsid
Temple	Rugta Sanamada lagu Caabudo, Dhafoorka
Temporary	Aan rigli ahayn, Aan joogta ahayan
Ten	Toban, Toban (Tiro ah 10)
Tenable	Wax suurto gal ah oo la samayn karo
Tenant	Qofka wax ijaarta, Qofka kiro bixiya meel uu Kiraystay
Tend	Ilaalin
Tend	U janjeedhsanaasho (Wuxuu u janjeedhaa in uu tago)
Tender	Arji loo qorto qandaraaska
Tendon	Seed
Tenfold	Toban xubnood ama Tobnaad
Tennis	Kubbadda Miiska
Tense	Kala Jiidid, Kala Jiidis
Tense	Hadal gaaban ujeeddadii oo dhani ku dhan tahay
Tent	Taanbguug, Teendho

Term	Waqti Xaddidan
Termagant	Coon, Naag qaylo iyo dagaal badan
Terminate	Dhamayn, (Qandaraaskii wuu ka dhammaaday)
Termite	Aboor
Tern	Shinbir badeed
Terrestrial	Meelaha lagu nool yahay ee dhulka ah
Terrible	Wax ku-naxdin geliya, wax kaa nixiya
Terrific	Heer sare, Aad u fiican
Terrify	Bajin, Ka bajin, Baqo gelin
Territory	Dhul ay Dawladi Xukunto, Degmo
Terror	Baqdin badan
Test	Imtixaanid, Tijaabin
Testament	Dardaaranka
Testate	Qofka dardaarma dabadeedna dhinta
Testicle	Xiniin
Testify	Caddayn, Markhaati furid
Testimonial	Caddayn
Testy	Qofka camalka xun
Tete-a-tete	Fool-ka-fool, Hadal laba qof ka dhexeeya
Tether	Dabarka, Xadhiga xoolaha lagu xidho marka ay daaqayaan
Textile	Hab dhar samayneed (Sida Warshadda dharka ee Balcad)
Thank	Mahadnaq, U mahadnaqid
That	Kaas, (That car=gaadhigaas)
Theatre	Masrax, Meesha riwaayadda lagu dhigu
Theft	Tuugnimo, Xatooyo
Their	Kooda, Waxooda (Their house= Gurigooda)
Then	Kadib, Dabadeed
Theodolite	Aalad lagu eego kala sarraynta dhulka
Therapy	Daaweyn

234

There	Meesheer, Halkeer
Thereabouts	U dhow, Meel
Thereafter	Sidaa dabadeed
Therefore	Sidaasi
Therein	Hal kan ama shaygan
Thermometer	Kul-beeg
Thermos	Darmuus, Falaasta sida ta shaaha lagu shubto
These	Kuwan
Thews	Muruqyo
They	Iyaga, Iyaka
Thick	Dhumuc weyn
Thicket	Kayn, Dhir badan oo meel ku wada taalla
Thief	Tuug, Qof wax xada
Thigh	Bawdada
Thin	Dhumuc yar, Dhuuban
Thing	Wax, Walax
Think	Fekerid, La fekero
Third	Saddexaad
Thirst	Oon, Marka wax la cabbo loo baahdo, Harraad
Thirteen	Saddex iyo toban (13)
Thirty	Soddon
This	Waxaan, Kan
Thong	Suun ka samaysan saan
Thorax	Sakaarka (Shafka, Laabta)
Thorn	Qodax, Waa geed Qodax leh
Thorough	Dhammaystiris, Dhammaystirid dhinac kasta
Those	Kuwaas
Thought	Hammi, Fikrad
Thousand	Kun (1000)

Thrash	Ulayn, Karbaashid
Thread	Dun
Threat	Hanjebaad
Three	Saddex (3)
Thresh	Tumid, Balka ka ridid
Thrice	Saddex jeer
Thrill	Argagax ama yididiilo, Yididiilo leh
Throat	Cunaha
Throb	Boodboodid, Sida Wadanaha Garaaciisa
Throe	Xanuun kulul sida Xanuunka ay la Kulanto Qofka dumari marka ay umulayso
Throne	Kursiga Boqorka
Throttle	Siririn, Ceejin (Cuno ama Hunguri Ceejin)
Throughout	Dhan walba, Dhinac kasta
Throw	Tuurid
Thrush	Cabeebka, Xanuunka Carruurta afka kaga dhacd
Thud	Sanqadh yar, Sida wax meel jilicsan ku dhacay oo kale
Thug	Danbiile, Gacan ku dhiigle
Thumb	Suul, Suulka, Gacanta
Thunder	Onkodka Roobku dhaliyo, Onkod
Thursday	Khamiis, Maalin maalmaha Toddobaadka ka mida
Thus	Sidaas oo kale
Thyroid	Qanjidhada Xoqadaha
Tibia	Lafta san-qaroorka, Labada Mataanood ee Addinka ta hore
Tick 1	Shilinta, Dhibiijo, Galka barkimada, Sanqadha ama Codka ay Saacaddu sameyso marka ay soconayso
Ticket	Tigidh, Shati (Sida Tigidhka Diyaaradda lagu raaco)

236

Tide	Mowjad
Tidy	Nadaamsan, Habaysan
Tie	Xidhid, Isku xidhid
Tiger	Shabeel
Tight	Adkayn, Xidhid, Ku adkayn
Tigress	Shabeelka dhadig
Tile	Marmar
Till	Ilaa, Sida (Till tomorrow=ilaa Beri)
Tilt	Janjeedhin
Timber	Loox Guryaha lagu sameeyo ama dhiso
Time	Waqti ama millay
Timid	Fulay
Tine	Afka Farageytada
Tinkle	Iftiin Mar yaraanaya marna weynaanaya
Tiny	Aad u yar
Tip 1	Caaro sida (Faraha Caaradooda), Laaluushid Laaluush siin
Tipsy	Sakhraan aan aad u sakhraansanay n
Tiptop	Aad iyo aad u fiican, Wanaagsan
Tire	Noogid, Tabcaamid, Daalid
Titan	Halyay xoog weyn, Diric, Geesi
Titivate	Qurxoon
Title	Cinwaan (Buug)
To	Ku
Toad	Nooc raha ka mid ah
Toast	Duban, La dubay
Tobacco	Tubaako, Buuri
Today	Maanta
Toddle	Gaangaanbin
Toddler	Qofka yar ee Socod-baradka ah
Toe	Far cageed
Toff	Qof xaragoonaya, Si fiican u lebisan

Toffee	Macmacaan, Nacnac
Together	Wada jir, La jiro
Toilet	Qolka Biyaha, Suuliga, Musqul
Token	Calaamad (Xusuus ah)
Tolerate	Loo dul qaadan karo
Toll	Tiro-koob, Shilka, Dhimashada, Dhawdcca
Tomato	Tamaandho, Yaanyo
Tomb	Xabaal, Qabri
Tomboy	Gabadha Ciyarta Jecel
Tomcat	Bisadda lab, Curri
Tomfool	Qofka aan sida fiican u fekrin
Tomorrow	Berri, Berrito
Ton	2240 oo rodol, Tan (Miisaan)
Tongue	Carrabka Dadka iyo Xayawaanka
Tonight	Caawa
Tonsils	Xoqado, Qanjidh ku yaalla cunaha
Tonsure	Bidaar
Too	Aad: Sidaas oo kale
Tool	Qalab, Qof lagu shaqaysto
Toot	Codka Foorida
Tooth	Ilig
Top 1	Diidiin, Diinka (Noole)
Topic	Cinwaan
Topple	Ruxmid, Lulid-Ridis keenta
Torch	Toosh, Tooj, Kaarboono
Tortoise	Diinka (Noole)
Tortuous	Qalqalooc, Qalqaloocan
Torture	Ciqaabid
Toss	Kor u tuurid
Tot	Qofka yar ee Carruurta ah
Total	Wadar, Isu-geyn

238

Totter	Tukubid, Jiitan
Touch	Taabasho, La taabto
Tough	Adag, Xoog badan
Tour	Socdaal, Dalxiis
Tournament	Tartan, Loolan ciyaareed
Tourniquet	Aaladda lagu joojiyo dhiig bixidda
Tow	Jiidid
Towards	Xaggiisa, Xaggas
Towel	Tuwaal, Shukumaan
Tower	Qudbi
Town	Magaalo, Suuq (Xaafad)
Toxic	Sun ah, Sun leh
Toy	Alaabta yar yar ee Carrurtu ku ciyaarto
Trace	Raadin, Calaanmad
Trachoma	Cudur indhaha ku dhaca (Taraakoome)
Track	Raad
Tracksuit	Tuutaha Ciyaartayga
Tractor	Cagafcagaf
Trade	Ganacsi
Tradition	Dhaqan, Caado Ummadi leedahay
Traffic	Socodka Baabuurta, Dadka iwm
Tragedy	Mar xalad xun
Trailer	Remoodh, Remor, Gaadhi isjiid ah
Train 1	Taranka, Tababarid
Traitor	Qofka dalkiisa hadimeeya, Khaayina
Trample	Ku tumasho
Tranquil	Deggan
Transcribe	Cajelad war ku duubnaa oo loo bedelay ama jaamacadu warqad ay Ardada siiyaan oo ku Saabsan Maadooyin kii
Transfer	Beddelid, La beddelo
Transfigure	Qaabka Beddelid

Transfix	Ka taagid
Transform	Qaabka beddelid
Transfuse	Dhig ku shubid qof
Transgress	Ku xad gudbid, La gardarreysto
Transit	Dhaxdin marka meel loo sii hoydo, Deedna laga guuro
Transition	Kala guur
Translate	Isku beddelid laba Af, Turjimid
Translucent	If yar gudbiye
Transmit	Dirid (Sida War dirid) Tebin, La tebiyo
Transparent	If gudbiye, If tebiye
Transplant	Abqaalid (Beerta ama dhir)
Transport	Daadgurayn, Gaadiid
Transverse	Waxay sheegtaa wax kaga toosan dhinaca midigta, Waa kalmad loo isticmaalo xaga favsamada
Trap	Dabin
Trash	Qashin, Ku daafad
Travail	Xanuunka Umulidda (Markay Naagtu dhalayso)
Travel	Socdaal, Socdaalid
Traverse	Dhex mara, Ka gudba
Trawler	Markab "Kuwa Kaluumaysiga"
Tray	Masaf, Shay balaadhan oo alaabta fudud lagu qaado
Treacherous	Sir-loow, Daacad laawe
Tread	Ku Joogsi, Cadaadin
Treason	Waa dambiga aad ka gasho dhulka ama dalka
Treasure	Khasnad
Treat	La macaamilid, Ula macaamilid
Treaty	Heshiis
Tree	Geed

240

Trek	Socod lug ah dheer oo adag
Tremble	Gariirid, Kurbasho (Jidhka)
Tremendous	Weyn, Xoog badan
Tremor	Ruxan, Lulan
Trench	Saaqiyad Mooska Biyaha daadka layskaga gudbo
Trespass	Gelis dhul dadkale leeyihiin si sharci daro ah
Tress	Tijaabo
Triangle	Saddex xagal, Saddex Geesood
Tribe	Qabiil, Qabiilo, Qolo
Trick	Khiyaaanno, Khiyaamo
Trickle	Qulqulid
Tricycle	Baaskiilad Saddex shaag leh (Bushkileyti)
Trigger	Keebka qoriga ama Banduuqa
Trigonometry	Nooc Cilmiga Xisaabta ka mid ah
Trim	Habaysan
Trip	Socdaal, Safar
Tripe	Caloosha Xoolaha qaybteeda la cuno
Triple	Sadex Jibaar
Triplet	Saddex Carruur ah oo mar Hooyo keliya wada dhasho
Trivet	Dharaarro
Troop	Koox Ciidan ah
Tropic	Kulaalle
Trot	Guclayn (Orod Guclo ah)
Trouble	Arbushid, La arbusho
Trough	Jiingadda Xoolaha lagu waraabiyo
Trouser	Surwaal
Trowel	Malqacadda ama qadada Sibidhka lagu qado ee wax lagu dhiso
Truck	Baabuur Xamuul qada

241

True	Run ah
Trug	Danbiil, Sanbiil, Saladda
Truncheon	Garuun gaaban, Budh gaaban sida kan Askarta oo kale
Trunk	Jiridda Geedka, Maroodiga Gacankiisa
Trust	Aamin, Aaminid
Truth	Run
Try	Tijaabin, Isku dayid
Tryst	Kulan ka meel qarsoodi ah ay ku kulmaan laba qof oo is Jecel
Tsetsefly	Dhuug (Dukhsi qaniina Lo'da, geela iwm)
Tube	Tuubo, Tuunbo, Dhuun
Tuberculosis	Qaaxo, Cudur feedhaha ku dhaca
Tuesday	Salaasa, Talaada, Maalin ka mida Maalmaha
Tug	Soo dhifasho, Soo jiidis xoog ah
Tumble	Ka soo dhicid
Tumescent	Bararan, Bararay
Turban	Cimaamad
Turn	Leexasho, Jeedin, Weecin
Tusk	Fool dheer, Sida foolka Maroodiga
Tutor	Macallin gaar ah
Twaddle	Hadal doqonimo, Hadal Nacasnimo
Twain	Laba
Twaine	Isku marid, Isku duubid
Twelfth	Laba iyo Tobnaad
Twelve	Laba iyo toban
Twice	Laba goor, Laba mar, Laba jeer
Twilight	Shaac, Shucaac sida kan marka Qorraxdu dhacayso ama soo baxayso
Twin	Qofka Mataanka ah

Twinkle	Iftiin mar yaraanaya marna Weynaanaanaya
Twist	Duubid, Marid, Marmarid
Two	Laba
Tympanum	Dhegta dhexdeeda, Dhegta gudaheeda
Type	Nooc
Type	Teebgareyn, Mishiin wax ku qorid
Typhoid	Xanuun ku dhaca Xiidmaha
Typhus	Xanuun, Cudur ama jiroo Xummad Badan iyo Daciifin leh
Tyre	Shaag, Lugta baabuurta iwm

U

U-turn	Wadada ama jidka marka baabuurku uu jidka lee ku soo fiireeyo
Ubiquitous	Wax meel kasta jooga ama u eg inuu Joogo
Udder	Candhada Xoolaha
Uglify	Fool xumayn, La fool xumeeyo
Ugly	Fool xun
Ulterior	Ka danbeeya (Macanaha ama Ujeeddada ka Dambeysa)
Ultimate	Ugu danbayn, Kama dambayn
Ultimatum	Go'aanka ugu dambeeya
Ultrasonic	Woxuu sheegaa codadka frequans koodu aad iyo aad u dhaadheer yihiln ee dhagaha dadku maqli karin
Umbilical	Xundhurta, Xudunta
Umbrage	Dulmid, Dulmi
Umbrella	Dallad, Dalaayad
Umpteen	Wax badan

Un-answered	Aan laga jawaabin
Unable	Aan kari karayn, La kari karin
Unaccustomed	Aan la caadaysan
Unadvised	Aan waansanayan, Aan laga tashan
Unalloyed	Saafi ah, Waxba lagu darin (Macdantoo kale)
Unalterably	Aan la beddeli karin
Unanimous	Tageerid buuxda
Unanswerable	Aan laga jawaabi karin
Unapproachable	Aan loo dhowaan karin
Unarmed	Aan hubsidan, Aan Hubaysnayn
Unasked	Aan la weydiisan
Unattached	Aan ku xidhnayan, Ku xidhnayn
Unattended	Aan ka soo qayb gelin
Unavoidable	Aan laga maarmi karin, Laga fursan karin
Unaware	Aan ogeyn
Unbalanced	Aan caadi ahayn (Dadka, Maskaxda)
Unbearably	Aan loo adkaysan karin
Unbeliever	Qofka aan Ilaahay Rumaysnayn
Unborn	Aan dhalan, Welima dhalan
Unbounded	Aan Xad lahayn
Unbuttoned	Aanay Badhamadu u xidhnayn
Uncalled	Aan la rabin, Aan loo baahnayn
Uncared for	Aan la xannaanayn
Uncertain	Aan la hubin
Uncivil	Aan edeb lahayn
Unclad	Qaawan
Unclaimed	Cidna sheegan in ay leedahay
Uncle	Adeer, Abti
Unclean	Nijaas, Nadiif maaha, Nijaas ah
Uncoloured	Aan la buunbuunin, Ama lama sii dhaadheerayn Hadalka

Uncommon	Aan caadi ahayn
Unconcerned	Aan khusayn
Unconditional	Aan sabab lahayn, Aan sabab loo yeelin
Unconscionable	Aan loo hobsan, Aan laga fiirsan, Aan loo fiirsan
Unconsidered	Aan loo fiirsan, Aan laga fiirsan
Uncover	Aan fur lahayn, Aan daboolnayn, Daaha ka qaaddid
Uncrowned	Aan la boqrin, Lama boqrin, Lama caleema saarin
Undecided	Lagu go'aansan, Aan lagu goosan
Undeclared	Aan lagu dhawaaqin
Undefended	Aan la difaacin
Undeniable	Aan la dafiri karin
Undeniable	Aan la inkirikarin, Ama la dafira karin
Under	Hoos, Xagga hoose
Under-Current	Biyaha Dhulka Hoostiisa Mara
Under-dog	Qiimo lahayn, Sharaf lahayn
Under-done	Aan aad u karsanayn (Gaar ahaan) Hilibka
Under-fed	Aan cunno badan haysan
Under-foot	Cagta hoosteeda
Under-graduate	Qofka Jaamicadda ku jira ee aan qaadan Shahaadadii uu Jaamacadda kaga qalin jebin lahaa
Underact	Aan siday ahaayeen loo qaban
Underarm	Gacanta lagu hayo
Underground	Dhulka hoostiisa
Underhand	Si qarsoon, Si qarsoodiya
Underlie	Hoos Jiifsasho
Underling	Qofka qof kale ka hoos shaqeeya
Undermentioned	Hoos lagu sheegay, Sida aan hoos ku sheegi doono

245

Underpopulated	Dad yaraan, Marka loo ego dhulka weynidiisa ama khayraadkiisa
Underproduction	Wax soo saar yar
Undersigned	Aan loo badheedhin, Aan loo kasin
Undersigned	Aan loo kasin
Understand	Garasho, Fahmid, La garto
Undertaker	Xabaalo qod, Xafaar
Undervest	Garanka, Garan
Underwear	Dharka Hoosta laga xidho sida Garanka, Nigiska, Qafaasada, Googoradda iwm
Undo	Furfurid
Undomesticated	Naagta aan hawlaha guriga ku fiicnayn Baali ama Basari
Undoubted	Aan shaki lahayn, Run ah
Undress	Dhar bixin ama dhar saaris
Undying	Aan dhimanayn, Ma guuraan
Uneasy	Raaxo lahayn, Aan debecsanayn
Unemployment	Shaqo la'aan
Unending	Dhamaad lahayn, Aan dhammaanayn
Unequal	Aan sineen, Si xaq ah loo Simin
Unexampled	Aan tusaale la mid ahi jirin
Unfair	Aan Xaq ahayn, Xaq maaha
Unfaithful	Aan u daacad ahayn
Unfamiliar	Aan la aqoon, Caan maaha
Unfathomable	Aan guntiisa la gaadhin
Unfeeling	Aan dareen lahayn, Aan Naxariis lahayn
Unfit	Aan u qalmin, Uma qalanto ama qalmo
Unfit	Aan cafimaad qabin, Aan ku haboonayn
Unforeseen	Aan la arkeen, Aan muuqanayn, Aan loo jeedin "Mustaqbal"
Unforgettable	Aan la cafin karin ama loo dambi dhafi karin
Unfounded	Aan aasaas lahayn

Unfurl	Kala bixin sida shiraaca Donyaha ama dalada
Unfurnished	Aan gogol lahayn (Guryaha)
Ungovernable	Aan la xukumi karin
Unguarded	Aan la wardiyeynayn ama iska ilaalin
Unhand	Sii-deyn, Faraha ka bixin
Unhappy	Aan farax Sanayn
Unheard	Aan la Maqlim
Unhold	Aan la haysan qofna
Uniform	Isku mid, aan bed-beddelayn
Unify	Midayn
Unimpeachable	Aan su'aal laga soo celin, Aan laga shakiyin
Union	Isutag, Urur
Unique	Keli, Gaar
Unite	Ururid, Isutegid
Unity	Midnimo
Universe	Caalam, Kown
University	Jaamacad
Unknown	Aan la ogayn
Unlawful	Aan Sharci aheen
Unless	Haddii, Ilaa iyo
Unlettered	Aan tacliin lahayn, aan baran waxba
Unlike	Aan la mid aheen
Unload	Ka rogid, Rar-ka-dhigid
Unlooked-for	Aan la filayn, Aan loo diyaargaroobin
Unmatchable	Aan lays le'ekaysiin karin
Unmeaning	Aan ujeeddo lahayn
Unmentionable	Aan laga sheekayn karin, Xumaan awgeed
Unmistable	Aan lagu khaldami karin
Unnatural	Aan caadi ahayn, Dabiici maaha
Unnoticed	Aan la dareemin

247

Unnumbered	Ka badan wax la tirin karo
Unparalleled	Aan barbarro ahayn
Unpleasant	Aan wanagsanyn
Unpopular	Aan caan aheen
Unprecedented	Aan hore loo aqoon, Aan hore u dhicin
Unprivileged	Faqiir, Dabaqadda ugu hoosaysa
Unquestionable	Ka fog in laga shakiyo
Unquestioned	Aan laga doodin
Unravel	Fagid
Unreal	Khayaali, Aan run ahayn
Unreasoning	Qufid, Qodid, Faagid Bilaa Sabab
Unreliable	Aan la amini karin
Unrest	Aan degganayn
Unsaid	Aan la dhihin
Unsay	Inkirid, Dafirid
Unseat	Xafiis ka qaadid, Kursi ka qaadid
Unseen	Aan la arkayn, Aan muuqan
Unserving	Aan weecweecanayn, Toos ah
Unsettle	Aan degin, Aan la dejin
Unsightly	Indhaha u daran
Unsound	Aan wanagsanayn ana fiicnayn
Unspeakable	Aan laga hadli karin, Aan hadal lagu soo koobi karin
Unthinking	Aan laga fekerin
Until	Weli, Ilaa iyo markay
Untimely	Dhaca ama yimaada waqti ama millay Khalad ah
Untiring	Manooge, Madaale, Aan daalayn
Untold	Aan la tirin karin, Aan la soo koobi karin
Untouchable	Aan la taaban karin, Loo dhawaan karin
Untruth	Aan run ahayn
Untutored	Aan waxba aqoon, Aan waxba la barin

Unused	Aan la Isticmaalin
Unusual	Aan caadi aheen
Unwell	Aan fiicnayn aan caafimaad qabin
Unwilling	Aan ogalayn, Diidan
Unwonted	Aan la rabin, Loo bahnayn
Unwritten	Aan la qorin
Up	Sare, Kore
Up-to-date	Wakhti la socda, Casri
Upbringing	Layliyid, Barbaarin
Upgrade	Kor u qaadid, Dallacsiin
Upheavel	Is-beddel weyn oo degdeg ah
Uphill	Dalcad, Tiiro, Jiiro
Upholster	Sharixid, Marka qolka la dhigo Kuraasta, Daahyada, Muunadda iwm
Upkeep	U hayn, U Kaydin
Uplift	Kor u qaad
Upper	Meel kore, Meel sare
Upright	Qumman, Taagan
Uprising	Ku kicitaan (Ka dhiidhiyid)
Uproar	Buuq iyo Qaylo
Uproot	Rujin, Xidid u saarid, Xidid u siibid
Upset	Qallibid, Fadqalalayn
Upshot	Gabagabo 500 dhamaad
Upside-down	Xagga kale u rogid, Qallibaad (Madax Manjo u celin)
Upstairs	Dabaqa ugu sarreeya
Upstanding	Caafimaad-qab, Kor isu taagid
Uptake	Fahmid
Upturn	Sare u jeedid, Kor u jeedin
Upward	Cir-bixin, Sare u dirid, Xagga kore
Uranium	Macdanta laga sameeyo qumbuladurriya, Macdanta laga sameeyo Quwadda Nukliyar

Urban	Reer magaal
Urbane	Dabeecad fiican, Dhaqan wanaagsan
Urchin	Dibjir, Ciyaalle Suuq
Urgent	Boobsiis, Deg-deg
Urinate	Kaadi, Kaadiyid, Kaadi sii deyn
Urine	Kaadi, Kaadida
Us	Annaga
Usage	Si wax loo isticmaalo, Hab wax loo isticmaalo
Use	Isticmaalid, Isticmaal, Ka faa'iideyn
Usher	Soo dhoweynta dadka gelaya Riwaayadaha, Siniimada iwm
Usual	Caadi
Usurp	Ka boobid xukun, Shaqo, Jago iwm
Utensil	Maacuun, Qalabka weelka ah ee gu riga
Uterus	Ilma-galeenka dumarka
Utilize	Ka faa'iidaysi, Isticmaalid
Utomost	Meesha ugu fog, Ugu shisheysa
Utopia	Kacaankii riyada ahaa
Utter	Kaamil ah, Dhihid (Hadal ama Jabaq) Hadlid, Ugu fog, Meesha fog
Uxorious	Ninka naagtiisa aad u jecel
Uyula	Ninka marwadiisa ama xaaskiisa Jecel

V

Vacancy	Jago bannaan, Madhan
Vacant	Madhan, Bannaan
Vacate	Faaruqin, Madhin
Vacation	Fasax, Shaqo ka nasasho
Vaccinate	Tallaalid (Sida Tallaalka Furuqa, Daa Cuunka, iwm)
Vaccum	Aan hawo ku jirin, Ka madhan hawo
Vagabond	Aan lahayn meel loogu soo hagaago oo uu ku nool yahay, Qof shaqo la'aan warwareegaya
Vagrant	Dibjir
Vague	Aan qeexnayn
Valiant	Halyey, Geesi
Valid	Inta ay wax anfacoodu sugan yihiin, La Isticmaalay
Valley	Dooxo
Valuable	Qiimo leh, Anfac leh
Value	Qiimayn
Valve	Af yar oo wax maraan
Van	Baabuur ama Gaari Qafulan
Vanish	Qarsoomid, Libdhid
Vapid	Dhadhan lahayn
Vapour	Uumi
Variable	Is-gedgeddiyaya, La beddeli karo, Isbedbeddeli kara
Variation	Bedbeddelis, Gedgeddis
Varicoloured	Midab kala duwan, Midab kala geddisan
Varied	Kala noocnooc
Variet	Khaayin, Daacad la'aan

251

Variety	Jaadad, Noocyo
Various	Kala jaadjaad ah
Vary	Kala duduwid, Kala bedbeddelid, Kala Gedgeddin
Vast	Kala baahsan, Baaxad leh
Vault	Khasnad
Vegetable	Khudrad, Khudaar, Baradho, Biin, Kaabash, Dabacase (Noocyada la karsho)
Vegetarian	Qofka aan hilibka Cunin
Vehicle	Baabuur
Velocity	Kaynaan
Venerate	Loo tixgeliyo si Ixtiraam qoto dheer leh
Venereal	Ay keento, Ee ah Galmadu, Sida Cudurrada laga qaado isu tagga ragga iyo Dumarka
Vengeance	Aar goosi, Ka aar goosatid
Venison	Cadka ama Hilibka ugaadha (Sida Deerada)
Ventilate	Hawo siin, Hawo fududayn
Venture	Tacabur
Venue	Meel shil ku dhacay ama dambiyada lagu qaado
Veracious	Run ah, Run badan
Veracity	Xagiiq, Run
Veranda (h)	Barandaha aqalka hortiisa ama bersedda
Verb	Fal (Naxwe)
Verbal	Hadal aan qoraal aheen
Verdict	Xukun, Ra'yi
Verify	Caddayso, La caddeeyo (Runta, Siday wax u dhaceen)
Verily	Run ahaan, Dhabtii
Veritable	Sax ah, Xaqiiq ah

Verse	Bayt (Gabay) ama aayad (Quraan)
Versus	Ka soo horjeedo, Diidan
Vertebra	Lafaha dhabarka (ee-is-haysta) mid ah
Vertical	Toosan, Kor u qumman, Qumman
Very	Aad, Si aad ah
Vessel	Weel, Markab ama dooni weyn, Marinnada dhiigga, Xididdada dhiiggu maro
Vest	Garan, Laga hoos gashto shaatiga
Vestige	Raad
Veterinary	Dawaynta Xoolaha
Veto	Diidmada qayaxan (Codka ay dawladaha waaweyni awoodda u leeyihiin)
Via	Sii maris
Viable	Jiri kara, Waari kara
Vial	Dhalo yar (oo lagu shubo Dawooyinka iwm, Dareere ah)
Vibrate	Ka gariirin, Ruxruxid
Vibration	Dhaqdhaqaaq, Gariir ah
Vice	Dhanka kale, Ku xigeen (Derejo) Maamul, Qalab daan leh oo xooggan oo lagu qabto waxa lagu Shaqaynayo
Vice versa	Bilcakis, Ka soo horjeeda
Vicinity	Isku dhowaansho, Jiiraan
Victim	Nafley (Neef) Sadaqo ahaan loo dilo, Arami ama wax arami iwm, Cid ku reeba
Victory	Lib, Liibaan, Guul
Video	Raadiyaha layska arko, Telifiishan
View	Rayi, Aragti
Vigil	Habeenkii marka aad cirka eegto oo aad ducaysato
Vigorous	Xooggan, Tamar leh
Villa	Guri (Dhul) & Beer (Ubax leh siiba ka daaqa ka baxsan

Village	Tuulo, Xaafad
Villain	Khaayin, Dadka dhiba in isagu faaiideysto
Vim	Tamar
Vindicate	Cadayn in uu qof Sax yahay
Vinegar	Khal
Violate	Wacad jebin, Axdi jebin, Heshiis jebin
Violence	Rabshoole, Dhiblaw, Qof dhib badan
Virago	Naag qumanyo ah Coon, Naag dabeecad xun
Virgin	Gashaanti (Gabar), Dihin aan la isticmaalin
Virus	Wax sun ah oo dhaliya fiditaanka cudurrada faafa
Vis-a-vis	Iska soo horjeeda
Visa	Fasax, Ogolansho dalkale laguu Siiyo si aad ku gasho
Visible	La arki karo
Vision	Quwadda ama awoodda aragga ama malaynta
Visit	Booqasho, Siyaaro
Visual	Ku saabsan ama lagu isticmaalo aragti
Vital	Nololeed, Ku xiran oo lagama maarmaan u ah nolosha
Vitamin	Fiitamiin
Vitiate	Hoos u dhigid, Daciifin
Vitrify	Loo Beddelo Walax Qaruuradda oo kale ah
Vituperate	Af lagaadayn, Af-Xumayn, Caytan
Vivify	Iskululayne, Jimicsiga
Vixen	Dawacada dheddig, Naag coon ah, Dabeecad xun oo kala ah, Taas oo ah, lagu kala magacaabo
Vizier	Sarkaal darajo sare ka haya Dalalka Muslinka qaarkood

Vocabulary	Erayo ku liis garaysan Buug, Erayo la barto
Vocalist	Heesaa, Fanaan
Vociferate	Dhawaaq, Kor u dhawaaqid, Qaylin
Vodka	Khamri laga isticmaalo dalka Ruushka
Voice	Cod
Void	Madhan, Bannaan
Voile	Hu'la xidho oo khafiif ah
Volatile	Duulikara
Volcano	Meelaha dhulka dillaaca ee la qaraxa dhul gariir
Volley Ball	Kubbadda shabaqa laga laliyo
Volt	Halbeeg lagu qiyaaso daafada Korontada (Voltage)
Voluble	Aftahan, Hadal kar
Volume	Mug, Heerka dhawaaqa ama Codka, Qayb (Buugta)
Volunteer	Naftii hure
Vomit	Matag, Matagid, Hunqaacid, Mantag
Voracious	Aad u gaajoonaya ama hunguri weyn, wax aad u jecel
Vote	Cod-bixin
Vouch	Makhraati
Voucher	Xaashida lagu baxsho (lagu sameeyo) Lacag-bixinta (Mushaaro)
Vow	Cahdi, Wacad adag (nidar)
Vowel	Shaqallada (Af-Ingiriisi) a,e,i,o,u
Voyage	Safar dheer oo badda la maro
Vulcanite	Balaastig, Balaastig laga sameeyo rabar iyo salfar (curiye)
Vulture	Coomaadi, Coomaade

255

W

Wacky	Axmaq, Dabaal
Wad	Rudub, Xidhmo
Waddle	Qallaafo, Socodka cagaha layska horkeeno
Wage	Lacag-bixinta toddobaad ama maalin walba la qaato
Waggon	Baabuur carabi (ama tareen yar) oo balka dhuxusha iwm, Lagu qaado
Waif	Dibjir, Qof aan hooy lahayn (siiba carruurta)
Wail	Qeylada dheer ee Xanuunka, Cabaad
Waist	Dhexda jidhka, feeraha & miskaha inta u dhaxaysa
Wait	Sugid, La sugo, Aad sugtid inta... sugitaan dhowris
Wake	Toosid, Toosin, Hurdo ka kicin
Waken	Toosay, Kacay, "Hurdada"
Walk	Socod, Lugo ku socod, Socdaalka la lugeeyo la socdo
Walkie-talkie	Fooneeye, Ama rediyo rakal "Ciidamada"
Wall	Derbi, Gidaar
Wall-eyed	Indho caddaan
Wallet	Kiishad yar oo jeebka lagu ridan karo
Wander	Warwareegga ama guurguuridda aan u jeeddo lahayn, ambasho
Wane	Yaraansho, Daciifid
Want	Doonid yaraan, Baahi la'aan
Wanton	Gardaro cad oon sabab lahayn
War	Dagaal
Ward	Ilaalin, qayb ama qol gooni ah oo jeel ama Isbitaalka ah, ka ilaalin takoorid

256

Warden	Ilaaliyaha Jeelka, Ilaaliyaha xabsiga
Wardrobe	Kabadh ama armaajo lagu gurto dharka oo khaanado leh
Warm	Diirran
Warn	U digid, Ka digid ama ka waanin
Warrant	Caddeyn ama awood, amar qoraal oo oo awood kuu siinaya wax
Warrior	Dagaalyahan
Wary	Digtoon, Feejignaan
Was	....Ahaa, wuxuu ahaa
Wash	Maydhid, Dhaqis
Washer	Mishiinka dharka lagu dhaqo, carrab ama rabar yar ama saan yar oo boolka ama meel la xidhayo lagu adkeeyo
Waste	Qashin, dayacid
Wastrel	Jaallaha aan waxba ku wanaagsanayn
Watch	Indho ku hayn, Eegid, Ilaalin, Saacad goor-sheegto
Watchdog	Ay wardiye ah, Ilaalshe
Watchman	Wardiye
Watchword	Afgarad dad ka dhaxaysa
Water	Biyo, waraabin
Water-bottle	Weyso, Quraarada ama dhaladaweyn ee biyaha lagu shubo
Water-closet (W.C.)	Qolka yar ee musqusha ah ee biyaha leh
Watercolour	Midabka biyaha
Waterfall	Biyo dhac
Watermelon	Qare, Xabxab
Waterproof	Biyo ka gudbi karin, Biyo gali karin
Waterside	Buyaha dhinacooda, Geeskooda
Watery	Biyo ah, Biyo-biyo ah, Biyo leh
Watt	Halbeeg lagu cabbiro qiyaasta quwadda korontada
Wave	Lulid, mawjad, hir (mawjad)

257

Wax	Xaydh, Laxda Shinidu malabka ka samayso
Way	Waddo, Jid, Marin
We	Inaga, Annaga
Weak	Tamar-daran, Daciif ah
Wealth	Hanti, Qaniimad
Weapon	Hub, Qalabka lagu dagaal galo
Wear	Xidhasho, Gashdsho sida dharka iwm
Weary	Noog, Tacbaan, Daal
Weather	Jawiga (nooca ama qayb cimilada ka mid ah)
Weave	Sameynta dharka
Wedding	Aroos
Wedlock	Meher, Nikaax (is-guuris)
Wednesday	Arbaco, Maalinta Arbaco
Weed	Haramo (qashinka beerta ama dhirta ka hoos baxa)
Week	Wiig, Toddobaad
Weep	Oohin, Ilmayn
Weevil	Suuska gala khudaarta, Daniga gala khudaarta
Weigh	Miisaanid (Qaysid Culeys)
Weight	Culays Miisaan
Welcome	Soodhawayn, Soo dhawow
Weld	Laxaamadid, Wildemin, Alxamid
Welfare	Xaaladda Caafimaadka wanaagga, Nolol Raaxo, Shaqo iwm, aad haysatid
Well	Ceel, Fiican, Hagaagsan
Wench	Booyiso, Boo'iso, Jaariyad Gabadha adeegtada ah
West	Galbeed (Jiho) Qorrax u dhac
Western	Xagga galbeed, Ee galbeed
Wet	Qoyan

258

Wether	Wanka la dhufaanay
Whale	Nimmiri, Nibiriga badda ku nool
What	Maxay? Waa maxay ?
Whatever	Wax kasta
Wheel	Taayir, Shaag
Wheelbarrow	Gaari-Gacan, Kaar-yoòne
Wheet	Qammandi ama Sareen
When	Goorma? Waqtigee? Marka
Whence	Halkee? Meelma? Meesha
Where	Halkee? Meeshee?
Wherever	Meel kasta
Whet	Afayn lisid soofayn (mindi gudin) faas iwm
Whether	In aad, Haddii ay
Whey	Caanaha Ciirta ah ee subaggii laga saaray
Which	Kee
While	Markii, Kolkii
Whimper	Taah, Taahid
Whip	Shaabuug, Shaabuugayn, Karbaash
Whiskey	Khamriga nooc ka mid ah
Whisper	Foori, Siidhi iwm
White	Cad (midab) caddan ah
Whoever	Qofkuu doono ha ahaadee....
Whol-sale	Iibinta alaabta jimlada (Tafaariiq ma aha)
Whole	Dhan (aan wax ka dhineynͿ
Whole-hearted	Daacadnimo, Qalbi furan
Whole-some	Caafimaad-qab, Caafimaad wanaagsan oo buuxo
Whoop	Qaylo dheer, Qufacaad (Codka qufaca)
Whooping-cough	Kix, Cudur carruurta ku dhaca oo qufac xiiq dheer leh

Why	Waayo? Sababma?
Wicked	Si xun, Qalad ah, Si guracan, si aan niyad ahayn (Qofka)
Wide	Ballaaran
Widow	Carmal, Naagta ninkeedii dhinto ama lafuro een wali guursan
Width	Balac, Ballaar
Wield	Haysato oo aad isticmaasho
Wife	Afo, Oori, Naagta la qabo
Wild	Debed galeen, Waxshi, Duurjoog
Willing	U diyaar ah caawin
Willy-nilly	Sameyn arin adigoo war u hayn
Win	Libin, Guuleysi
Wind	Dabayl, Duubid
Window	Daaqad, Dariishad
Wine	Khamriga laga sameeyo canabka
Wing	Baal (Kan shimbiraha, Dayaaradaha iwm)
Wink	Il Jebis, Sanqasho, Indho bidhiqsi
Winter	Jilaal, Fasalka u dhexeeya dayrta iyo guga
Wipe	Masaxaad, (Nadiifin ama qalajin)
Wire	Xadhig dheer oo bir ah, Ama dunta oo kale ah
Wireless	Raadiyowga, Teligaraamka iwm
Wisdom	Xigmad, Abwaanimo
Wise	Abwaan, Waayo-aragnimo leh, Xigmaawi
Wish	Rajo, Rabid, Doonid
Wit	Maskax furan, Wax fahmi og
Witch	Saaxirad, Naagta saaxirka ah, Falka iwm taqaan
With	Ay weheliso, Ay weheliyaan iwm, Ay la jiro

260

Withdraw	Ka saarid, Katuurid, Takoorid, ka noqosho
Without	Aan lahaysan
Withstand	U adkaysi
Witness	Marag, Markhaati
Wizard	Saaxir
Wolf	Yeey, Yeey (bahal u eg eeyga)
Woman	Naag, Qofka weyn ee dumarka (Dheddig)
Womb	Ilma galeen
Wonder	Yaab, Cajiib
Wonderful	Yaab-badan, Cajiib ah (Cajaa'ib) cajab leh
Woo	Xodxodasho, Haasawe, Shukaansi
Wood	Qori, Loox
Wool	Suuf, Dhogorta timaha jilicsan ee ariga
Word	Erey
Work	Shaqo, Shaqeyn
World	Adduun
Worm	Dixiri, Dirxi
Worry	Wer-wer, Walaac, Wel-wel
Worse	Ka sii xun
Worship	Caabudaad
Worst	Ugu xun, Xumaanta ugu heer sarreysa
Worth	Leh qiime u dhigma (u qalma)
Wound	Dhaawac nabar, La duubay (lagu wareejiyey)
Wrap	Duubid, Shaqlid
Wrath	Cadho weyn, Cadho xun
Wreath	Goobo ama xidhmo ubax ah
Wreck	Qarraqan maraakiibta iwm ku dhaca
Wrest	Ka mudhxin, Ka xayuubin
Wrestle	Legdan, Is legad, Loolan
Wretch	Baanad, Kiyaawe

261

Wring	Maroojin aad ah
Wrinkle	Xariiqimaha duudubka ah ee da'da dadka wajiga ka soo saarto
Wrist	Dhudhun, Jiqinjiq
Writ	Warqad amar ah oo faraysa in uu qof wax Sameeyo
Write	Qorid, Qoris (farta xarfaha) dhigis
Writer	Qofka wax qora, Qore
Wrong	Qalad, Khalad

X

X-ray	Khashaafad, Raajo
Xenophobia	Cuqdad
Xerox	Footokoobi
Xmas	Soo gaabin (qorista) masiixiyadda (Christmas)
Xylonite	Walax caag ah oo lagu sameeyo filimka, Sawirrada iyo alaabta kale
Xylophone	Qalab la tumo oo cod musig ah Sameeya "Organ"

Y

Yacht	Dooni tartanka lagu galo ama lagu dalxiiso
Yam	Sonkor-khaan (baradho macaan)
Yank	Ku dhufasho ka xayuubin dhaqso ah (dhaqso)
Yap	Cida ayga, Ama hadal is dabojoog ah oon micnelaheen
Yard	Daarada, Bannaanka dhismaha Hortiisa ah, Waarka (Qiyaas) oo la mid ah 3 Fuudh
Yawn	Hamaansi, Afkala qaad, Waaxidcaajis ama lulo ku hayso awgeed
Year	Sanad, Sannad
Yearling	Xoolaha ay da'doodu ka dhexaysa hal ilaa labo sano
Yeast	Walax lagu isticmaalo samaynta Rootiga (khamiiris)
Yell	Qaylo dhuuban oo dheer (Sida ta damqashada)
Yellow	Jaale, Huruud ah (midab), Hurdi
Yelp	Oohinta xayawaanka
Yen	Lacagta Jabaanka
Yeoman	Adeege "qofka u shaqeeya dadka lacagta leh"
Yes	Haa (ka soo horjeeda maya) aqbalaad
Yesterday	Shalay, Maanta maalintii ka horreysay
Yield	Wax-soo saar dabiici ah, bixisa, Bixiya wax soo saarid lagu macaasho, Laga helo miro iwm
Yoghourt	Caana Fadhi, Gadhoodh
Yoghurt	Caana fadhi, Eedaq, Garoor
Yoke	Harkhoodka ama harqoodka

Yolk	Beedka intiisa jalaha ah, Ukunta inteeda dhexe ee huruudka ah
You	Adiga, Idinka (wadar)
Young	Da'yar (aan gaboobin) dhallin yar
Your	Kaaga, Kiina (wadar)
Yours	Waxaaga
Yourself	Naftaada, Qudhaada, Iskaa
Youth	Dhallin-yaro

Z

Zany	Muqafal, Qofka yara maskaxda adag, Jaajaale
Zeal	Khushuuc, U qiirood
Zealot	Qofka qiiro weyn u haya Diin, Xusbi wax dhacay iwm
Zealous	Khushuuc badan leh, Qiiro farxadeed leh
Zebra	Gunburi, Dameer-dibadeed
Zebu	Xayawaan ama xoolo la dhaqdo oo Dibida u eg (waxaa laga helaa Asiya iyo Afrikada Bari)
Zenith	Heerka ugu Sareeya
Zephyr	Neecaw, Dabeel yar
Zero	Eber (0) 0000
Zest	Ahmiyad weyn, Farxad
Zig-zag	Xadhig ama waddo dhuuban oo qalqaloocan, Xaglo leh
Zinc	Wax walax qurxiya
Zip	Shanqadha ka baxda rasaasta (Xabbad) hawada mareysa ama mara la jeexay
Zip-fasterner	Siibka dharka lagu tosho ee ilkaha isgala leh, Xiris

Zone	Degmo
Zoo	Beerta xayawaanka la daawado lagu dhaqo
Zoology	Cilmiga sayniska xayawaanka
Zoom	Dhakhso ku tegis

SOMALI - ENGLISH
SOOMAALI - INGIRISI

A

Aaan la jeclaysan	Abominable
Aabbe	Father
Aabe	Dad
Aabe noqday	Beget
Aad	Very
Aad iyo aad u fiican	Tiptop
Aad loo buuxsho	Congestion
Aad loogu baahan yahay	Needful
Aad necebtahay	Loath
Aad u ammaanid	Extol
Aad u badan	Abundance
Aad u buuxis	Congestion
Aad u Cabid	Quaff
Aad u daallan	Fatigue
Aad u dhalaalaya	Brilliant
Aad u dhamid	Quaff
Aad u Fakirid	Cogitate
Aad u faraxsan	Beatitude
Aad u fiican	Terrific
Aad u fog	Remote
Aad u foolxun	Hideous
Aad u gaajoonaya	Ravenous
Aad u garaacid	Belabour
Aad u hadal badan	Garrulous
Aad u Ixtiraamid	Esteem
Aad u muhiim ah	Cardinal
Aad u necbaysi	Detest
Aad u Nuuraya	Brilliant
Aad u qeexen	Pellucid

269

Aad u qoyan	Soppy
Aad u roogan	Fatigue
Aad u seexasho	Over-sleep
Aad u shqeyn	Over-work
Aad u tiro badan	Numerous
Aad u wanaagsan	Admirable
Aad u weyn, Baaxad weyn	Immense
Aad u weyn, Cimlaaq ah	Huge
Aad u xiisayn	Eager
Aad u xun	Awful
Aad u yaabid	Astonish
Aad u yar	Tiny
Aad uga helay	Overjoyed
Aad ugu dhow	Approximate
Aad ula yaabid	Astonish
Aad: Sidaas oo kale	Too
Aalad	Instrument
Aale	Cane
Aama inay cid ka Sarayso	Agnostic
Aama musig Macaan	Requiem
Aamin	Trust
Aaminaad	Conducive, confide
Aaminad	Belief
Aaminid	Reliance, Trust
Aaminsan	Believe
Aamusiin	Hush
Aan aasaas lahayn	Unfounded
Aan adkayn	Easy
Aan barbarro ahayn	Unparalleled
Aan bislayn	Crude
Aan buuxin	Incomplete

270

Aan caadi ahayn	Abnormal, Uncommon, Unnatural
Aan caadi ahean	Unusual
Aan caan ahean	Unpopular
Aan Caawin karin	Helpless
Aan caawin lahayn	Helpless
Aan cafimaad qabin	Unfit
Aan caqliga geli karin	Poppycock
Aan cunno badan haysan	Under-fed
Aan daacad ahayn	Dishonest, Rascal
Aan daalayn	Untiring
Aan daboolnayn	Uncover
Aan daganeyn	Nonresident
Aan dareen lahayn	Senseless, unfeeling
Aan debecsanayn	Uneasy
Aan degganayn	Unrest
Aan degin	Unsettle
Aan dhalan	Unborn
Aan dhamaad lahayn	Everlasting, endless, Infinite
Aan dhimanayn	Undying
Aan dib loo isticmaalin	Disuse
Aan dibadda ahayn	Domestic
Aan edeb lahayn	Impolite
Aan eedaysane ahayn	Acquit
Aan faaiido lahayn	Nonprofit
Aan farax Sanayn	Unhappy, Displease
Aan firfircoonayn	Passive
Aan fur lahayn	Uncover
Aan go'aan garin	Indecision
Aan guntiisa la gaadhin	Unfathomable
Aan hadaf lahayn	Adrift
Aan hawo ku jirin	Vaccum

271

Aan haysan	Lack
Aan hore loo aqoon	Unprecedented
Aan hore u dhicin	Unprecedented
Aan Hubaysnayn	Unarmed
Aan hubsidan	Unarmed
Aan ilbax ahayn	Immoderate
Aan isbeddelin	Constant
Aan isu ekayn	Dissimilar
Aan Joogin	Absent
Aan joogta ahayan	Temporary, Impermanent
Aan ka soo qayb gelin	Unattended
Aan kari karayn	Unable
Aan khusayn	Unconcerned
Aan ku filnayn	Lack, Inadequate
Aan ku habboonayn	Inapplicable, unfit
Aan ku xidhnayan	Unattached
Aan la akhriyi karin	Illegible
Aan la amini karin	Unreliable
Aan la aqoon	Unfamiliar
Aan la arkayn	Unseen, disappear
Aan la arki karin	Invisible
Aan la beddeli karin	Unalterably
Aan la boqrin	Uncrowned
Aan la buunbuunin	Uncoloured
Aan la caadaysan	Unaccustomed
Aan la dafiri karin	Undeniable
Aan la dareemin	Unnoticed
Aan la daryeelin	Neglect
Aan la daween karin	Incurable
Aan la dejin	Unsettle
Aan la dhihin	Unsaid
Aan la difaacin	Undefended

272

Aan la filayn	Unlooked-for
Aan laga guursan	Maid
Aan la haysan qofna	Unhold
Aan la hubin	Uncertain
Aan la inkirikarin	Undeniable
Aan la jeclayn	Hateful
Aan la isticmaalin	Unused
Aan la maqli karin	Inaudible
Aan la Maqlim	Unheard
Aan la mayrin	Grubby
Aan la mid aheen	Unlike
Aan la ogayn	Unknown
Aan la qorin	Unwritten
Aan la rabin	Unwonted
Aan la taaban karin	Untouchable
Aan la tirin karin	Countless, innumerable, untold
Aan la weydiisan	Unasked
Aan la xannaanayn	Uncared for
Aan la xukumi karin	Ungovernable
Aan la yeeli karin	Incapable
Aan laga baxsan karin	Inescapable
Aan laga doodin	Unquestioned
Aan laga fekerin	Unthinking
Aan laga fiirsan	Unconscionable, unconsidered
Aan laga hadli karin	Unspeakable
Aan laga jawaabi karin	Unanswerable
Aan laga jawaabin	Un-answered
Aan laga maarmi karin	Unavoidable
Aan laga shakiyin	Unimpeachable
Aan laga sheekayn karin	Unmentionable
Aan laga tashan	Unadvised

Aan lagu dhawaagin	Undeclared
Aan lagu goosan	Undecided
Aan lagu khaldami karin	Unmistable
Aan lahaysan	Without
Aan loo adkaysan karin	Unbearably
Aan loo baahnayn	Uncalled
Aan loo badheedhin	Undersigned
Aan loo dhowaan karin	Unapproachable
Aan loo diyaargaroobin	Unlooked-for
Aan loo dul qaadan karin	Intolerable
Aan loo fiirsan	Unconscionable
Aan loo hobsan	Unconscionable
Aan loo kasin	Undersigned
Aan magac lahayn	Anonimous
Aan masaxmi karin	Indelible
Aan Mayrnayn	Dirty
Aan miro lahayn	Fruitless
Aan miyir qabin	Insane
Aan muhiim ahayn	Secondary
Aan Munajib ku ahayn	Inapplicable
Aan muujin shucuurtiisa	Impassive
Aan muuqan	Unseen, unforeseen
Aan nadiif ahayn	Dirt
Aan Naxariis lahayn	Unfeeling
Aan ogalayn	Unwilling
Aan ogeyn	Unaware
Aan qeexnayn	Vague, dull
Aan Qoyanayn	Dried
Aan rigli ahayn	Temporary
Aan run ahayn	Untruth, unreal
Aan saafi ahayn	Impure
Aan sabab lahayn	Unconditional

Aan sahlanayn	Difficult
Aan sax ahayn	Inaccurate
Aan shaki lahayn	Undoubted
Aan Sharci aheen	Unlawful
Aan sineen	Unequal
Aan timo lahayn	Bald
Aan toos ahayn	Indirect
Aan tudhin	Cruel
Aan u daacad ahayn	Unfaithful
Aan u qalmin	Unfit
Aan ujeeddo lahayn	Unmeaning
Aan waansanayan	Unadvised
Aan wanagsanyn	Unpleasant
Aan waxba aqoon	Untutored
Aan waxba la barin	Untutored
Aan weli qalalin	Damp, tacky
Aan weligli joogsanayn	Endless
Aan Xad lahayn	Ad infinitum, Unbounded
Aan xal loo helayn	Difficult
Aan Xaq ahayn	Unfair
Aan xoog lahayn	Powerless
Aar goosi	Vengeance
Aar gudasho	Revenge
Aartafishal	Artifact
Aas	Burial
Aasaas	Foundation, fundamental
Aashito	Acid
Aasid	Bury
Aaydiyoolijiyad	Ideology
Aaysiidh	Acid
Ab iyo isir	Heredity
Abaabin	Nurture

275

Abaal celin	Recite
Abaal marin	Reward
Abaal-gud, Jaa'isad	Prize
Abaalgud	Reward
Abaalmarin	Award
Abadan, waligaa	Never
Ablay	Dagger
Aboor	Termite
Abootaha	Grandfather
Aboote	Grandmother
Abriil	April
Abris	Cobra
Abti	Uncle
Abukaate	Advocate
Abuur	Seed
Abuurid	Create
Abwaan	Wise, wisdom
Adag	Hard, tough
Adami, Dad ah	Human
Addeecid la'aan	Disobey
Addoon	Slave, bondage
Adduun	World
Adeegnimo-Shaqo	Service
Adegto	Skivvy
Adhi, Ari, Ido	Sheep
Adiga	You
Adkayn	Tight, harden
Adkaysi	Resistance
Adke	Solid
Af	Mouth
Af dad ku hadlo	Language
Af kala qaad	Agape

276

Af lagaadayn	Vituperate
Af yar oo wax maraan	Valve
Afar goor ku celin	Quadruplicate
Afar meelood u qaybin	Quadruple
Afar meeloodow meel	Quarter
Afar qaad	Gallop
Afduubid	Kidnap
Afduubis sida gaadiidka	Hijack
Afgarad dad ka dhaxaysa	Watchword
Afka Farageytada	Tine
Afka oo layska dagaalo	Dissension
Afkala qaad	Yawn
Afo	Wife
Afrikaanka	African
Aftahan, Hadal kar	Voluble
Aftahanimo	Elocution
Afti	Election
Agaasime	Director
Agagarkiisa	About
Agoon loo laheyn	Incomprehensible
Ahbal	Daft
Ahmiyad weyn	Zest
Akhlaaq	Conduct
Akhlaaq xumo	Deprave
Akhlaaq xun	Misconduct
Akhlaaqda	Behaviour
Akhriyid	Read
Alaabo, Qalab	Fashion
Alaabta laga ganacsado	Merchandise
Alaalaxay	Conch
Alamintayn	Rehearsal
Albaab	Door

Albaab ka forid	Entrance
Alifka Askarta (Darajo)	Chevron
Alkool	Alcohol
Alla u baryid	Bless
Alle	God
Alxamid	Weld
Ama aduunka	Globe
Ama asqoobo	Dizzy
Ama bilaw	Onset
Ama birqaya	Aglow
Ama caloosha	Gut
Ama dunta oo kale ah	Wire
Ama la dafira karin	Undeniable
Ama laga roone "Khaniis"	Queer
Ama mushkilad	Headache
Ama qeexid	Construe
Ama Tasdiiqida shahadada	Endorse
Ama, Mise	Or
Amaahin	Lend
Amaanis	Praise
Amakaag, Yaab	Surprise
Amakaak, Dhaka-faar	Bewilder
Amar	Command
Amar aan la dhaafi karin	Edict
Amar Diido	Disobey, defy
Ambaqaad	Resume
Ambasatoor	Ambassador
Ambasho, Habow	Astray
Ammaanid	Commend
Andacoodid	Claim
Andacoonaya	Claimant
Anfac leh	Valuable

Aniga (Object form)	Me
Annaga	Us, we
Anti	Rebel
Aqbalid	Accept
Aqoon	Knowledge
Aqoon daro	Illiterate
Aqoon la'aan	Nescience
Aqoonla, Jaahil	Ignorant
Aqoonsasho, Garawsi	Recognize
Aqoonsi	Identify, Recognition
Aqoonsin	Aware
Aqoonyahan farsamo	Engineer
Arag darro, indho la'i	Sightless
Aragti	Structure, notion
Aragti caafimaad leh	Bonny
Aragti gaar ah	Scene
Arami ama wax arami iwm	Victim
Arbaco	Wednesday
Arbush	Pother, pesky
Arbushaad	Bother, disquiet
Arbushid	Excite, trouble, disturb
Ardayga Dugsiga dhigta	Pupil
Argagax	Panic
Argagax ama yididiilo	Thrill
Arin	Concept
Arji wadajir loo qoro	Petition
Aroos	Wedding
Aroosyada	Outfit
Arrin	Affair
Asaas	Basis, base
Asaasaq	Dotage
Asal	Origin

Ashkato	Accusation, recrimination
Ashtakayn	Accuse
Askari	Soldier
Askari Boolis ah	Bobby
Askari subeehi ah	Constable
Assaasi lagamamaarmaan	Requisite
Astaan	Property
Awodi kara	Afford, able
Awood	Authority, competent
Awood badan	Powerful, magnificient
Awood daro	Languid
Awood siin ama karsiin	Enable
Awood wax qabasha	Effort
Awow	Grandfather
Awr	Camel
Axad	Sunday
Axdi jebin	Violate
Axmaq	Cruel, wacky, brutal
Axsaan daro	Disfavour
Ay ka madhan tahay	Devoid
Ay keento	Venereal
Ay wardiye ah	Watchdog
Ay weheliyaan iwm	With
Ayax	Locust
Ayeeyo	Grandmother

B

Baaba' Burbur	Destruction
Baabi'in	Annihilate, devastate, ravage, ruin
Baabuur	Automobile, vehicle
Baabuur Xamuul qada	Truck
Baabuur yar	Car
Baabuurka Baska ah	Bus
Baabuurka Dabdemiska	Fire-Engine
Baadhid (Dembi iwm)	Investigate, detect
Baadigoobid	Search
Baadiye	Country
Baahaysan	Hungry
Baahi	Needful
Baahi la'aan	Want
Baahid	Propagate
Baakidh, Baako	Packet
Baaldi	Bucket, pail
Baaliq, Qaan-gaadh	Mature
Baalka (Shimbiraha)	Feather
Baaluqin	Immature
Baanad	Wretch, spanner
Baaraan degid	Reconsider
Baasaaboor	Passport
Baasiin, Baatrool	Petrol
Baaskiil	Bicycle
Baaskiil laba qof wadaan	Tandem
Baasto (Raashin)	Macaroni
Baatrool	Gasolene
Baaxad leh	Large, vast

Baayac-Mushtar	Broker
Baayactan, Baqsid	Bargain
Babaay, Canbe filfil	Papa
Bad	Sea
Bad-Weynta	Ocean
Badal ka maagid	Halt
Badalid	Replace
Badan	Many, lot, much, more
Badar	Corn
Badbaadinta hantida	Salvage
Badbaadiye	Safeguard
Badbaadsan, Nabadqaba	Secure
Badeele	Spade
Badh	Half
Badhaha dhulka (Xariiq)	Equator
Badhan	Button
Badheedid	Deliberate
Badhida dadka sal ahaan	Buttock
Badhisaab	Governor
Badhtama ha	Meddle
Badhtamaha	Central
Badmaaxid	Navigation
Badmareennimo	Navigation
Bagacsan, Siman	Flat
Bahal Haramcadka u eg	Cheetah
Bajin	Terrify
Bakayle	Rabbit
Bakeeri	Cup
Bakhaar	Godown
Bakhti	Carrion
Bakhtiin	Off
Bakoorad, khaa'in	Crook

282

Balaadhan	Broad
Balaadhasho ama baahid	Dilate
Balaastig	Vulcanite
Balac	Width
Balac	Breadth
Balagta buuryada	Foreskin
Balakoone	Balcony
Balanbaalis	Butterfly
Balbalo	Booth
Baldooska	Bulldozer
Balka ka ridid	Thresh
Ballaar	Width, wide, broad
Ballan	Appointment
Ballan Oofin	Abide
Ballan, Ballan-qaadid	Promise
Ballan-Qaadid Guur	Affiance
Bambaane	Bomb
Banaanka	Out
Bandhig alaabeed	Showpiece
Bandhig, Xaq ku taagan	Fair
Bandhigid	Flaunt
Bandoo	Curfew
Bani'aadam	Humankind, mankind
Bannaan	Vacant
Baqanaya	Afraid
Baqdin	Affright, horror
Baqdin badan	Terror
Baqdin gelin, ka bajin	Scare
Baqdin leh	Grisly
Baqo gelin	Terrify
Baqshad alaab ah	Parcel
Bar, Dhibic	Spot

Baradho, bataato	Potato
Baraf-dhado	Snow
Barafuun	Perfume
Barakaysan, Barako leh	Sacred
Baranbaro	Cockroach
Barar, Bararid	Swell
Bararan	Tumescent
Bararay	Bloated
Barasho ama Ogaansho	Acquaint
Baratan	Competition
Barbaarin	Upbringing
Bare	Preceptor
Bari	Orient
Bariis	Rice
Barkin, Barkimo	Pillow
Barmiil	Barrel
Barnaamij	Programme
Baroor	Outcry
Baroorasho	Mourn
Baroordiiq	Lament
Barroosin	Anchor
Barta laga bilaabo	Genesis
Baruurta	Lard
Baryid	Entreat, beg
Bas	Bus
Basaas, Jaajuus	Spy
Basaasnimo	Espionage
Basal	Onion
Basari, Baali	Slattern
Basbaas	Pepper
Basbaas Akhdar	Capsicum
Basho, Bisad	Cat

284

Bawdada	Thigh
Bax, Orod, Carar	Scram
Baxsad	Escape
Baxsasho	Decamp
Bayaanmin	Elucidate
Baylin	Boil
Bed	Area
Beddel	Change, mutation
Beddel, kala beddelasho	Reciprocal
Beddelid	Transfer
Beedka intiisa jalaha ah	Yolk
Been	False
Beenayn	Falsify, prevaricate
Beenayn	Disprove
Beenlow, Beenaale	Liar
Beer qodid	Culivate
Beer yaro	Pancreas
Beer-Qodaal	Peasant
Beeraha Qaniga ee Rushka	Kulak
Beeris kale	Reforest
Beerta ubaxa lagu beero	Garden
Beratan	Compete
Berked	Reservoir
Berrito	Tomorrow
Beytka ilaahay	Mosque
Bidaar	Bald
Bidaar	Tonsure
Biil	Bill
Biin	Pin
Biinso	Pliers
Bikaaco	Lens
Bil	Month

Bil qasab	Compulsory
Bilaa sharci	Lawless
Bilaabay	Began
Bilaabid	Begin, originate
Bilad Sharaf	Award
Bilaw	Inception, novelty
Bilax saanag	Please
Bilcakis	Vice versa
Bileys	Police
Billad	Medal
Billow ah	Elementary, genesis, begin, start
Bilowga	Elementary, intial
Binnad	Sword
Biqilid	Germinate
Biqilka iniinta (Miraha)	Germinate
Bir	Metal
Bir Cayriin	Ore
Bir Qayriin	Ore
Bir tume	Blacksmith
Bir tumid	Forge
Bir-Lab	Magnet
Birayn	Slaughter
Biriish ama Buundo	Bridge, flyover
Birlabayn	Magnetize
Bis-laad (Sida Midhaha)	Ripe
Bisadda lab	Tomcat
Bisadda yar	Kitten
Bixin	Give
Bixis	Growth
Bixiyey, la bixiyey	Paid
Biyaha dhnacooda	Waterside
Biyo adag (dhadhan)	Brackish

Biyo ah	Watery
Biyo baxa raga	Ejaculate
Biyo Dhac	Cataract
Biyo dhac	Waterfall
Biyo dhex galin	Immerse
Biyo ka gudbi karin	Waterproof
Biyo ku shubid	Bathe
Biyo kulul ku gubasho	Scald
Biyo leh	Watery
Biyo xaraq ah	Brackish
Biyo, waraabin	Water
Biyo-biyo ah	Watery
Biyo-Xidheen	Dam
Biyo-xireen	Barrage
Biyotooni	Bearer
Bog	Page
Bogaadin	Compliment
Bogsiin (meel bogtay)	Heal
Boobis, Ka gaadhsiin	Snatch
Boobsiin	Quicken, urgent
Booddo awreed	Skip
Boodh, Siigo, Bus	Dust
Boodis, Boodid	Leap
Boodo	Flea
Boolbaro	Powder
Boolis	Police
Boolka wax lagu xidho	Bolt
Boombalo	Doll
Booqasho	Visit
Boorish	Porridge
Boorsada Dumarka	Reticule
Boos	Site

Booto	Jump
Booyiso	Wench
Boqol tiro ah 100	Hundred
Boqon (Xisaabta)	Chord
Boqor	King
Boqorad, naagta Boqorka	Queen
Boqortooyo	Empire, kingdom
Boqoshaar	Mushroom
Budh	Club
Budo riqdan, boodhar	Powder
Bulsho	Community, society
Bulukeeti	Brick
Bun	Coffee
Bunduq	Gun
Bunduq yar	Carbine
Burada iwm	Callus
Burada Jidhka ku taala	Pimple
Burbur qarax oo kale ah	Shatter
Burburid	Collapse
Burcad	Butter, cheese, cream
Burin	Refute
Burin	Contradiction
Buris	Mallet
Buriso	Negate
Burka Cawska ah	Clump
Burushayn	Brush
Buruush	Char
Bushkuteeti	Tandem
Buskut	Biscuit
Buste	Blanket
Butaacid	Gush
Buudh	Boot

Buufin	Spray
Buug	Book
Buug yar, Jariidad	Pamphlet
Buugga Khariidadaha	Atlas
Buugga ku qorid	Book
Buugga Maababka	Atlas
Buun buunin	Overestimate
Buun buunis	Overstate
Buunbuunin	Exaggeration
Buuq	Pother, noise
Buuq iyo Qaylo	Uproar
Buur (Buur-weyn)	Mountain
Buur yar	Hill
Buuran	Fat
Buuri, Tubaako	Baccy
Buuriga Sanka	Snuff
Buush	Sponge
Buuxa	Full
Buuxid, Buuxin	Fill

289

C

Caabi	Resistance
Caabudaad	Worship
Caabudid	Adore
Caadaysi	Accustom
Caadi	Ordinary, usual, common, regular
Caado	Habit, custom
Caado Ummadi leedahay	Tradition
Caadooyin	Manner
Caafimaad	Health
Caafimaad-qab	Upstanding, whole-some
Caafimaadka	Medico
Caafimaadqab	Healthy, bonny
Caag ka samaysan	Plastic
Caajis	Lazy
Caalam	Universe, international
Caalamka	Cosmos
Caan	Renown
Caan ah	Glory
Caan maaha	Unfamiliar
Caana fadhi	Yoghurt
Caannimo, La wada yaqaan	Publicity
Caanoqub (Xayawaan)	Hedgehog
Caaqibad	Sequel
Caaqil	Chieftain
Caaqil fiican	Rational
Caasha carab dheer	Rainbow
Caashaq Fudud	Amorous
Caasiyid	Disobey

290

Caawa	Tonight
Caawin	Auxiliary, assist, help
Caawin ama taageerid leh	Auxiliary
Caawis badan	Helpful
Caawiye (qof)	Assistant, assist
Cabaad	Wail
Cabasho badan	Querulous
Cabbeyn	Cram
Cabbirka sakxada	Area
Cabbudhid, Cabbudhaad	Suffocate
Cabeebka	Thrush
Cabir	Dimension
Cabitaan	Beverage
Cabqari	Adroit
Cabsanaya	Afraid
Cabsi	Horror, affright
Cabsi ama baqdin weyn	Dread
Cabsi leh ama argagax	Grisly
Cabsi, Baqdin, Baqid	Quail
Cad	Clear
Cad (midab) caddan ah	White
Cadaab (Naarta aakhiro)	Hell
Cadaabta Aakhiro	Abyss
Cadaadid	Oppression
Cadaadin	Tread, stress
Cadaadis	Pressure
Cadaawad, Cadowtinimo	Hostile
Cadawnimo	Hostility
Cadceedeed, Cadceedda ah	Solar
Caddaalad	Justice
Caddaana	Bright
Caddayn	Declaration, clarify, determine

Caddayn, Sabab sheegid	Justify
Caddayso	Verify
Cadee	Prove
Caderyn Saxiix ah	Ratify
Cadeyn ama sifayn	Clarify
Cadha bur-bur	Relent
Cadho	Anger
Cadho weyn	Wrath
Cadho xun	Wrath
Cadho, Cadhooday	Rage
Cadhoonaya, Cadhaysan	Angry
Cadow	Adversary, enemy, foe, cruel
Cafid	Condone
Cafin	Forgive
Cag	Foot
Cagaar (midab) doogo	Green
Cagafcagaf	Tractor
Cagta hoosteeda	Under-foot
Cahdi	Vow
Cajiib	Wonder, funny
Cajiimid	Knead
Calaacal	Lament
Calaalid	Chew
Calaamad	Symbol, brand, hallmark, seal
Calaamad (Xusuus ah)	Token
Calaanmad	Trace
Calan	Handicap
Calan (Bandiirad)	Flag
Caleen	Leaf
Caleenta Geedka	Foe
Calool	Abdomen, stomach
Calool fadhi	Constipation

Calool xumo (Murug)	Sorrow
Cambaarayn	Criticism
Camirid	Congestion
Canaad ah	Dogged, recalcitrant
Canaadi	Stubborn
Canaan, Ceeb	Reproof, blame
Canab	Grape
Cananaas (Miraha)	Pineapple
Canbe laf	Mango
Candhada Baabuurta	Axle
Candhada Xoolaha	Udder
Candho saabka dumarka	Brassiere
Candhuuf	Spittle, spit, saliva
Cannaad ah, Madax adag	Obstinate
Canqow	Ankle
Canshuur	Tax
Canshuur dheeraad ah	Supertax
Canug	Baby
Caqiido	Doctrine
Caqli wanaagsan	Sane
Car iyo beyl ah	Facsimile
Carar	Run
Carbisan	Tame
Carbuun	Prepay
Carfid	Redolent
Cariish	Cottage
Carjaw	Cartilage
Carmal	Widow
Caro	Sand
Carqalid	Hamper
Carruur	Child
Carsaanyo	Crab

293

Carwo	Fair
Carwo bandhig	Showroom
Casaan, Midka cas	Red
Casabi cadho badan	Bigot
Casayn	Redden
Cashar (Dersi)	Lesson
Cashar, Khudbad	Lecture
Cashuur ku badan	Over-tax
Casilid	Deport
Casri	Up-to-date
Casriyayn	Modernize
Casuumid, Marti qaadid	Invite
Cataaib	Amaze
Cawaran	Cross-eyed
Cawimid	Backing
Cawo	Night
Cay badheedh ah	Affront
Cayayyaan	Insect
Caydh ah	Destitute
Caydhnimo	Bankrupt, poverty
Caydhoobay	Destitute
Caytan	Vituperate
Ceebeyn	Criticism
Ceejin	Strangle
Ceel	Well
Ceeryaan	Fog
Cid ku reeba	Victim
CidaBleat	
Cida Faraska	Neigh
Cida idaha	Baa
Cidda loo shaqeeyo	Employer
Cidhib	Heel

Cidhib	Heel
Cidhibtir	Liquidate
Cidhifyo leh	Angular
Cidhiidhi ah	Narrow
Ciduun	Anybody
Cifriid	Demon
Ciid isku wasa khayn	Muck
Ciid, Camuud	Sand
Ciidan Milatary	Army
Ciidanka Badda	Naval
Ciidanka Cirka	Airforce
Ciidanka dab Damiska	Fire brigade
Ciiro	Dew
Cilaaqtan	Altercation
Cilaaqtan, Cilaaqtamid	Quarrel
Cilimi daro	Illiterate
Cilmi	Knowledge
Cilmi fiican ka haysta	Familiar
Cilmi nafsi	Psychology
Cilmidarro	Illiterate
Cilmiga badmareennimada	Navigation
Cilmiga barashada dhirta	Botany
Cilmiga barashada Noolah	Biology
Cilmiga Bulshada	Civic (s)
Cilmiga Dhismaha	Architecture
Cilmiga Kiimikada	Chemistry
Cilmiga lafaha	Orthopaedics
Cilmiga Saadaalinta	Meteorology
Cilmiga tirada	Arithmetic
Cilmiga Xiddigiska	Astronomy
Cimaamad	Turban
Cimilo	Climate

Cimllaaq	Giant
Cimri	Age
Cimri dheer	Longevity, outlive
Cimri dherer	Survive
Cinab	Grape
Cinjir	Elastic
Cinwaan	Address, topic, title
Ciqaab	Chastise
Ciqaab xun	Castigate
Ciqaabid	Torture
Ciqaabid xun	Chastise
Cir-bixin	Upward
Cirfiid	Ghost, monster
Ciriiri, Aan ballaarnayn	Narrow
Cirka	Sky, firmament
Ciro leh	Hoar
Cirro (Timaha caddaada)	Hoar
Ciyaalka Saxiibka ah	Playmate
Ciyaalle Suuq	Urchin
Ciyaarta	Badminton
Cod	Voice
Cod dheer	Loud
Cod-bixin	Vote
Cod-xun	Gruff
Codka Foorida	Toot
Cododka	Blend
Codsi sameyn	Application
Coomaadi	Vulture
Cudad	Anvil
Cudbi	Cotton
Cudur feedhaha ku dhaca	Tuberculosis
Cudur ka caafimaadid	Convalesce

Cudur ku dhaca Xaglaha	Arthritis
Cudur, Jirro	Disease
Cudurdaarasho beeneed	Concoct
Cuf	Density
Cuf Jiidad	Density
Cuf Jiidis	Gravity
Culays	Burden
Culays badan	Heavy
Culays Miisaan	Weight
Culays, Lawdh	Load
Cullaf	Bait
Culus	Heavy
Cun	Eat
Cuna-Xanuun	Quinsy
Cunaha	Throat
Cunid	Eat
Cunid ama cabid	Consume
Cunno	Food
Cunto	Meal, ration
Cunto boobid	Guzzle
Cunto cunid-dedejin	Devour
Cunto Fudud oo jilicsan	Porridge
Cunto khafiif ah	Refection
Cunto siin	Feed
Cunug	Kid
Cuqdad	Xenophobia
Curad	Primogeniture
Curadka reerka	Eldest
Curis	Composition, essay
Curiya	Potassium
Curiyaha Kaarboonka	Carbon
Curiye	Element

Curiye Hawo ah	Hydrogen, oxygen
Curiye Macdan ah	Lead
Curri	Tomcat
Curyaamin	Sabotage
Curyaan	Handicap
Cusam	Hallmark
Cusbo	Salt
Cusboonaysiin	Regenerate
Cuseeb	Novelty
Cusub	New
Cut	Mass
Cuuran	Obese

D

Da	Age
Da' yar	Juvenile
Daab, Sabarad	Shaft
Daabacaad (Buugaagta iwm)	Edition
Daabacad	Tapestry
Daabka Toorayda	Hit
Daacad	Honesty, sincere, innocent
Daacad la'aan	Variet
Daacad laawe	Treacherous
Daacadnimo	Faith, honest, whole-hearted
Daad	Flood
Daadgurayn	Transport
Daafac	Defence, rampart
Daah	Awning
Daah Daabac leh	Chintz
Daah ka qaadid	Announce, disclose, uncover
Daah Saarid	Occult
Daahis	Belated, late
Daahiyad	Adroit
Daahyada, Muunadda iwm	Upholster
Daajinta	Graze
Daal	Weary
Daalid	Exhaust, tire
Daamur	Asphalt, tar
Daan	Jaw
Daanka (Nin, Wiil)	Chap
Daaqad	Window
Daarada	Yard
Daare-damiye	Switch

299

Daarid	Ignite
Daawade	Onlooker
Daawaha wax lagu dubo	Griddle
Daawayn	Cure, therapy, heal
Daawe	Griddle
Daawo Dadka Seexsa	Opiate
Daawo, Dawo wax daweysa	Medicine
Daayeer (Xayawaan)	Monkey
Dab bakhtiin, Demin	Extinghish
Dab Shidid	Alight
Daba dhilif	Quisling
Daba socod	Follow
Dabaal	Fool, wacky
Dabaceedda	Nature
Dabadeed	Then
Dabaqad	Category
Dabaqadda ugu hoosaysa	Unprivileged
Dabarka	Tether
Dabayl	Wind
Dabaysha iwm	Goggles
Dabbaaldegid	Celebrate
Dabcan	Naturally
Dabceesanaan	Clemency
Dabecad dabiici ahayn	Affectation
Dabeccad Fiican	Affable
Dabeecad	Character, behaviour
Dabeecad fiican	Urbane
Dabeecad san	Amiable
Dabeecad toosnaan	Probity
Dabeecad xumo	Misconduct
Dabeecad xun	Rude
Dabeeci aheen	Queer

Dabeel	Airy
Dabeel yar	Zephyr
Dabeycha iyo hawada	Meteorology
Dabicid, La daabaco	Print
Dabiici ah	Natural
Dabiici maaha	Unnatural
Dabin	Trap
Dabka dul saaran	Afire
Dabool ka qaadid	Disclose
Daboolid	Casing, cover
Dacaayad	Propaganda
Dacal	Corner
Dacalada ugu shisheeya	Extreme
Dacawo ama dawaco	Fox
Daciif ah	Weak
Daciifid	Wane
Dacwad	Accuse
Dacwo	Recrimination
Dad badan buuqooda	Inferno
Dad dajin	Populate
Dad isku jinsiyad ah	Race 2
Dad la dhaqankiisa	Personality
Dad layn, Dad dilis	Homicide
Dad meel ku wada nool	Community
Dad wada shaqaynaya	Gang
Dad, Dad-weyne	People
Dadaal	Swot
Dadka Carabta ah	Arab
Dadka diirka madow	Negro
Dadka iwm	Traffic
Dadka ka dhexeeya	Common
Dadka ku nool afrika	African

301

Dadka oo dhan	Mankind
Dadqal	Cannibal
Dadweyne	Population
Dadwynaha ka dhexeeya	Public
Dafiraad	Deny, disallow
Dafirid	Unsay
Dagaal	War
Dagaal ama dirir	Dissension
Dagaal badan	Aggressive
Dagaal laba qof a	hCombat
Dagaalyahan	Warrior
Dagid	Overwhelm
Dahaadh	Cover
Dahab ah	Golden
Dahsoon	Obscure
Dakhal, Baalo	Mast
Dakhar ama jebin	Base
Dal kumar	Passport
Dal Shisheeye	Abroad
Dalaaqid	Divorce
Dalaayad	Umbrella
Dalbasho rafcaan	Appeal
Dalcad	Uphill
Dalka Ingiriiska	Britain
Dalka miyigiisa	Country-side
Dallacaad	Promotion
Dalolka Sanka	Nasal
Dalool, Bilaabid	Opening, hole
Daloolin	Prick
Dalxiis	Tour
Damaashaadid	Celebrate
Dambas	Ash

Dambi dhaafid	Condone
Dambi ku cadayn	Convict
Dambi laawe	Acquit
Dambiga dilista Boqorka	Regicide
Dambiil ama selad	Hamper
Dambiile	Malefactor
Dambiile, dambiga	Criminal
Dameer	Donkey
Dameer-dibadeed	Zebra
Damiinimo	Ignorance
Damin	Off
Danab	Electricity
Dananka Faraska	Neigh
Danbiil	Trug
Daniga gala khudaarta	Weevil
Danjire	Ambassador
Daqiiq, Bur	Flour
Daraf, Dacal, Giftin	Edge
Darajo sare	Noble
Daray ah	Fresh
Darbaal	Canvas
Dardaaranka	Testament
Dareemi og, Dareen badan	Sensitive
Dareemid, Dareensiin	Feel
Dareenka	Phenomenon
Dareenle	Nervous
Dareerid	Flow
Dargad Cariish	Hut
Dariiqad	Mode
Dariishad	Window
Darin, Darmo, salli	Mat
Daris	Neighbour

Darmuus	Thermos
Darsamay	Gather
Daruur	Cloud
Daruuri	Indespensable
Daryeel leh	Careful
Dastuur	Constitution
Dawaarle	Tailor
Dawacada dheddig	Vixen
Dawada Xannunka Joojisa	Painkiller
Dawan	Bell
Dawan sanqadhi keento	Clang
Dawarsi	Beg
Dawaynta Xoolaha	Veterinary
Dawersade	Lazaras
Daweysa Cudurradoo dhan	Panacea
Dawlad la'aan	Anarchy
Dawlad xukumid	Govern
Dawo (Anti-Baayotig)	Penicillin
Dawooyinka dareeraha ah	Syrup
Daxal, daxalaystay	Rust
Day	Look
Dayac	Neglect
Dayactir, Keyd	Spare
Dayax	Moon
Daymo	Glance
Dayn siin	Length
Dayrta (wakhtiga)	Autumn
Dayuurad	Aeroplane
Debacsan	Lax
Debcin	Relax
Debed galeen	Wild
Debin, Bushin	Lip

Dedejin	Quicken
Deebaaji	Deposit
Deedna laga guuro	Transit
Deeq	Contribute
Deeq Waxbarasho	Scholarship
Deeqsi	Generous
Deeqsinimo badan	Lavish
Deero (Ugaadh)	Deer
Degan	Abide
Degdeg	Immediate, hurry, fast, urgent
Degdeg uga jawaabid	Retort
Degdeg, duqeyn	Crash
Deggan	Tranquil, steady
Degmo	District, zone
Dejin	Locate, devise
Dejitaan	Establishment
Dekad, magaalo Dekad leh	Port
Del deldelaad ah	Hanging
Dembi ku kalkaalin	Abet
Dembi, Sharci jabin	Sin, crime
Dembiile	Guilty
Denbi dhaaf, Saamaxaad	Remission
Derbi	Wall
Derejo, Derejeyn	Rank
Deris ku-Nool	Parasite
Derisnimo	Neighbourhood
Deyn	Debt
Deysane	Debtor
Dhaarasho qoraal ah	Affidavit
Dhaawac	Lncerate, injury
Dhaawicid, Wax yeelid	Hurt
Dhab	Fact

305

Dhaban	Cheek
Dhabta ah	Faithful
Dhabtii	Verily
Dhaca	Happen
Dhaca isku mar qudha	Simultaneous
Dhacaan, dillan	Gang
Dhadhaab	Rock
Dhadhamo	Gustation
Dhadhan lahayn	Vapid
Dhadhan Qaraar	Bitter
Dhadhan, Dhadhamid	Taste
Dhafoorka	Temple
Dhagan	Connect
Dhagax	Stone
Dhageysi	Hearing
Dhageysi ama daawasho	Playback
Dhageystayaal	Audience
Dhahay	Said
Dhaka-faar	Confuse
Dhakhsaba	Already
Dhakhso	Hurry, soon
Dhakhtarka	Hospital
Dhakhtarka qalliinka	Surgeon
Dhalaal	Gleam
Dhalaalay (Biraha)	Molten
Dhalaalaya	Bright
Dhalada biyaha ee miiska	Carafe
Dhalan	Infant
Dhalasho	Birth, nationality
Dhaleecayn, Cambaarayn	Denounce, complain
Dhalinyar	Juvenile
Dhaliyo	Effect

Dhallin-yaro	Youth
Dhalo	Bottle
Dhalo weyn oo saab leh	Carboy
Dhamaad lahayn	Unending
Dhamaan guud ahaan	Overall
Dhammaad, Dhammayn	End
Dhammaan	Entire, all
Dhammaanba	Altogether
Dhammayn	Achieve, finish
Dhammaystiran	Absolute
Dhammaystiris	Thorough
Dhammee "Waa dhan tahay"	Complete
Dhan	Complete, whole
Dhan jaf	Migraine
Dhan u leexad, ka leexin	Deflect
Dhan walba	Throughout
Dhan-xanaffa afka	Palace
Dhanaan	Sour
Dhandhamo	Gustation
Dhanka kale	Vice
Dhanka xeebta	Onshore
Dhaqaajid, socodsiin	Move
Dhaqaale (cilmi)	Economy
Dhaqaaq, Socod	Movement
Dhaqan	Custom, folklore, culture
Dhaqan wanaagsan	Urbane
Dhaqdhaqaaq	Vibration
Dhaqis	Wash
Dhaqso, Degdeg	Quick
Dhar loo xirto Xafladaha	Outfit
Dhar-dhaqid	Launder
Dharaar	Day

Dharaarro	Trivet
Dharab leh, yar qoyan	Moist
Dhareerka afka	Spittle
Dharka	Tear 1
Dhasha cayayaanka	Larva
Dhawansho	Near
Dhawr iyo toban jir	Teenager
Dhawridda	Conservation
Dhaxlid, ka dhaxlid	Inherit
Dheddig	Female
Dheddo	Dew
Dheef Shiidid	Digest
Dheeliyid	Over-Balance
Dheellitir	Counterpoise
Dheeman (Macdan)	Diamond
Dheer (Siiba Dadka)	Tall, long
Dheeraad	Extra, redundant
Dhegayso	Hark
Dhegdheg ah	Stick
Dhegta gudaheeda	Tympanum
Dhere weyn	Cauldron
Dhereg-dhaafid	Glut
Dherer	Altitude, height
Dherer hoose	Depth
Dheretan	Along
Dhex gelid	Compromise
Dhex mara	Traverse
Dhexaadka	Central
Dhexda	Meddle
Dhexdhexaadin	Mediate
Dhexdiisa	Midway
Dhexdooda	Among

Dhexroore	Diameter
Dhib leh	Harsh
Dhib yar	Harmless
Dhibaato	Hardship
Dhibaato badan	Harmful
Dhibic	Dot
Dhibicda roobka	Raindrop
Dhiblaw	Violence
Dhici kara	Liable
Dhicid	Occur, fall
Dhicis	Abortion
Dhididka jidhka	Sweat
Dhif	Rare
Dhif dhif	Seldom
Dhig ku shubid qof	Transfuse
Dhigid, la dhigo, dhig	Put
Dhiidhi	Quick Sand
Dhiig	Blood
Dhiig badani ku daato	Sanguinary
Dhiig ka keenid	Bleed
Dhiig yaraan	Anemia
Dhiigga leh	Bloody
Dhiigmiirasho	Exploit
Dhiigo	Quick Sand
Dhiirri gelin, Xoogayn	Reanimate
Dhimaad	Dead
Dhimasho	Death, decease
Dhinac ka dhaafay	Overtake
Dhinac kasta	Throughout
Dhinac kastaba	Around
Dhinac keliyo	One-sided
Dhinac tax Row	

309

Dhinac yaala	Adjacent
Dhinaceeda	Beside
Dhir ku beerid	Afforest
Dhirbaaxid, Dhirbaaxo	Slap
Dhirbaaxo, Dhirbaaxid	Pat
Dhireyn	Afforest
Dhirran, Aan cabsanin	Courageous
Dhirri badan	Courageous
Dhirrigelin	Courage
Dhirta aan Midhaha bixin	Barren
Dhirta bahda Liinta ah	Cirtus
Dhirta liinta	Lemon
Dhis	Build, construction, regenerate
Dhisid mar Labaad	Rebuild
Dhiska lafaha jirka	Skeleton
Dhismo	Building
Dhoobo, Dhiiqo	Mud
Dhoof	Ambulance, departure
Dhowrid, heshiis	Keeping
Dhudhun	Wrist
Dhufaanid	Castrate
Dhufays	Rampart
Dhugasho	Gaze
Dhugdhugley, Mooto	Scooter
Dhul	Land
Dhul buureed	Highland
Dhulgariir	Earthquake
Dhulka dhismaha dugsiga	Campus
Dhulka hoostiisa	Underground
Dhulka la gumeysto	Colony
Dhululubo	Cylinder

310

Dhumuc weyn	Thick
Dhumuc yar	Thin
Dhunkasho	Kiss, osculation
Dhurwaa, Waraabe	Hyena
Dhutin	Limp
Dhutiya	Lame
Dhuujin	Swallow, fasten
Dhuun	Tube, pipe
Dhuxul	Charcoal
Dib loo habeeyo	Reform
Dib u bixin (Lacag)	Repay
Dib u boodid	Recoil
Dib u daabicid	Reprint
Dib u dejin	Resettle
Dib u dhicid	Overdo
Dib u dhig	Procrastinate, postpone
Dib u dhihid	Reiterate
Dib u dhirayn	Reforest
Dib u dhisid	Rebuild, reconstruct
Dib u duubio cajalad	Playback
Dib u falid	React
Dib u fiirini eegid	Reconsider
Dib u gurad	Recoil
Dib u habeen	Renovate, regenerate, reconstitute
Dib u helis, dib u helid	Regain
Dib u hubin	Reinsure, review
Dib u jeedin	Retrograde
Dib u keenid	Restore
Dib u qorid	Rewrite
Dib u raadin	Retrace
Dib u xaqiijin	Reinsure

Dib uga dhac	Lag
Dib uga fekerid	Rethink
Dibad u dhoofin (ALAABO)	Export
Dibad, Dul, Guudka, Oogo	Exterior
Dibedda	Out
Dibi	Ox
Dibjir	Waif, urchin
Diciif	Feeble
Difaac	Rampart
Digaagad, Dooro	Hen
Digniin	Alarm
Digo, Saalada Xoolaha	Manure
Digrii	Degree
Digsi	Dixie
Digtoon	Alert, beware
Dihin aan la isticmaalin	Virgin
Diidan	Against, contrary, opponent, verses
Diidan inuu garto	Elude
Diiddo	Negate
Diidid	Reluctance, reject, refuse
Diidiin	Top 1
Diidmo	Refusal, renounce, disallow, protest
Diidmo-deeqeed ama Codsi	Rebuff
Diidmo-is hortaag	Scotch
Diin	Religion
Diinka (Noole)	Tortoise, top 1
Diiq	Narrow
Diir	Caterpillar
Diirad	Binoculars
Diirran	Warm

Diiwaan gelin	Registration
Diiwaan, Diiwaan gelin	Register
Dil	Kill
Dilaa (qaatil)	Killer
Dilaac ama jeexdin	Groove
Dilaac, Liig	Leak
Dilaaca	Crack
Dilista dad badan	Carnage
Diric	Titan
Diriray	Fought
Dirxi	Worm
Diyaar garayn	Preparation
Diyaar, Diyaar ah	Ready
Diyaarin	Prepare, arrange
Dolshe ama kake yar yar	Pastry
Doob	Bachelor
Dood	Debate
Doog	Grass
Dooli, Wallo	Mouse
Doon doonid	Search
Doonanaan	Engage
Doonayn, Jeclaysan	Loath
Doondoonid, u eegid	Seek
Dooni	Boat
Doonid yaraan	Want
Door bidis	Predilection
Doorasho	Election
Dooratid	Choose
Doorid	Elect
Dooris	Opt
Dooxo	Valley
Doqon	Daft, silly

313

Dowlad	Government
Dttinac mare	Passer-by
Duban	Toast
Dubarid	Manage
Dubis	Broil
Dubnad, Ciyaar miiseed	Domino
Duhaadhid, Xijaabis	Insulation
Dukaan, daas ama macdaar	Shop
Dukaan-gade	Grocer
Dukhaan	Bug
Dukhsi, Duulid	Fly
Duli	Daft
Dulka Sanka	Nasal
Dulmi	Umbrage
Dulmid	Abuse
Dulsaar, ku dul korodh	Increment
Dumadh (Gacan Duubasho)	Fist
Dumid	Collapse
Dumis	Destruction
Dun	Thread
Dunida	Satelite
Duqayn	Crush
Durbaan (Miyusig)	Drum
Durid	Inject
Durray	Cold
Durtaba	Already
Duruuf	Circumstance
Duruuf adag	Hardship
Duubid	Twist, wind
Duubid ama laablaabid	Fold
Duubis, Lufayn alaabeed	Backing
Duufaan	Storm

Duufsasho	Influence
Duufsi	Lure, seduce
Duugis, Masaajo	Massage
Duulikara	Volatile
Duulimaad	Flight
Duurka	Bush
Duwid, weecin, Leexin	Divert

E

Eber (0) 0000	Zero
Eddo ama habaryar	Aunt
Edeb daran	Impolite
Edeb leh, Edebsan	Polite
Edebsan oo sharaf leh	Courtly
Ee	Of
Ee Ciidanka Badda	Naval
Ee Daawada, Dawo leh	Medical
Ee dareenka maqalka	Auditory
Ee dareenka Urta	Olfactory
Ee day n	Complain
Ee galbeed	Western
Ee guurka ama arooska	Nuptial
Ee hooyga	Domestic
Ee Siyaasad	Political
Ee Waddanka	National
Ee weli	Nevertheless
Eed	Guilt
Eed ma leh	Guiltless
Eedaq	Yoghurt
Eedayn	Condemn

Eedeysane	Guilty
Eeg	Look
Eega	Now
Eegaaya	Looking
Eegid	Watch
Eexda, qaraaba-kiil	Nepotism
Eey	Dog
Ehel	Kin
Ehelnimo	Kinship
Eray diidmo ah	No
Erayada	Negative
Erayo la barto	Vocabulary
Erey	Word
Eryad	Chase
Eryid, Tuuris, ka saarid	Remove

F

Faa'iido la'aan	Fruitless
Faafreeb	Censor
Faagid Bilaa Sabab	Unreasoning
Faahfaahin	Describe
Faaiido ama waxtar u leh	Beneficial
Faallo	Comment, discussion
Faallo gaaban	Hint
Faanid, ka bad-badin	Rant
Faaruqin	Vacate
Faash	Axe
Faash Weyn	Chopper
Fad	Cloud
Fadeexad	Scandal
Fadhi	Congress, seat
Fadhiisin, Fadhiisad	Sit
Fadlan	Please
Fadli	Grace
Fadqalalayn	Upset
Fagid	Dig
Fahantid	Conceive
Fahmi-ogaal	Acumen
Fahmid	Understand
Fahmo	Knowledge
Fakasho	Decamp
Fal	Action
Fal (Naxwe)	Verb
Fal ama wax gabasho	Deed
Fal u qabatin	Bewitch
Falaadh iftiin ama kaah	Ray

317

Falid	Commit
Falka iwm taqaan	Witch
Falsafad	Philosophy
Fan'iido	Gain
Fanaan	Vocalist
Faqiir	Unprivileged, poor
Faqiiray	Destitute
Faqri	Poverty
Far cageed	Toe
Far dhigan	Calligraphy
Fara badan	Plenty
Faraati	Ring
Farac	Offshot
Faragelin (Arrin)	Interfere
Farageyto	Fork
Faraha ka bixin	Unhand
Faraha Midkood	Finger
Faraq	Difference
Faras	Horse
Faraska yar	Foal
Faraxsan	Happy, glad
Faraxsan, Riyaaqsan	Merry
Farda fuulid, Fuulid	Ride
Fardafuulis	Jockey
Farriin	Message
Farsamo-yaqaan	Technician
Farxad	Enjoy, zest
Farxad aad u fara badan	Ecstasy
Farxad aad u wayn	Rapture
Farxad gelin	Rejoice, regale
Farxad raalli gelin	Pleasure
Farxad weyn	Elated

Farxada laama filaan ah	Agog
Fasah	Visax dal
Fasal	Class
Fasalayti	Hanky
Fasax	Holiday, vacation
Fasax siin	Consent
Fasax tegid	Outing
Fatahaad	Gush
Fatuurad	Car
Fayl	Queue
Faynuus	Lamp
Fazalka	Autumn
Feedh feedhaha kamida	Rib
Feedhtan	Outfighting
Feejig la'aan	Careless
Feejigan	Alert
Feejignaan	Wary, care
Feejignaan	Beware
Fekerid	Think
Ficil-xun, Samayn Dambi	Misdeed
Fidid	Expand
Fidinta wararka	Diffuse
Fidis	Expansion, extension
Figrad	Notion
Figrad qalad ka siin	Misrepresentation
Fiican	Nice, advisable, good, magnificient
Fiidmeer	Bat
Fiijignaan	Caution
Fiiqan	Keen, sharp
Fiiqid	Sweep, scrape
Fiiri	Look

319

Fiiriye	Onlooker
Fiitamiin	Vitamin
Fikarad, Ra'yi	Idea
Fikrad	Thought
Fikrid	Devise
Fil	Generation
Filid	Expect
Filim	Film
Filitaan	Hope, contemplate, expectation
Firdhin, fidin	Spread
Firfircoon: Wax qabanaya	Active
Firfircooni	Activity
Fixrad	Ideal
Fog, Aan dhawayn	Far, distant, remote
Food	Election
Fool dheer	Tusk
Fool Maroodi	Ivory
Fool xumayn	Uglify
Fool xun	Ugly
Fool-ka-fool	Teté-a-tete
Fooneeye	Walkie-talkie
Foore	Monsoon
Foori	Whisper
Foosto	Barrel
Footokoobi	Xerox
Fudud	Easy, naive, simple
Fududayn	Facilitate
Fulay	Coward, poltroon
Fulin, Adeecid	Obey
Furaash	Mattress
Furan, Furid, La furo	Open

320

Fure	Key
Furfurid	Dismantle, undo
Furid	Divorce
Furin	Bread
Furka-tuuris	Burst
Fursad	Chance, fortune, opportunity
Fuud (Hilibka ka baxa)	Consomme
Fuulis adag	Clamber

G

Gaaban	Short
Gaaban oo Buuran	Pudgy
Gaabin	Concise
Gaadhi	Lorry
Gaadhi Dameer	Cart
Gaadhi-faras	Barouche
Gaadhi-Faras ama tigta	Cab
Gaadhid, Tiigsad	Reach
Gaadhsiin, u geyn	Deliver
Gaadiid	Transport
Gaadis	Bash
Gaajo	Hunger, starve
Gaangaanbin	Toddle
Gaar	Unique
Gaar loo leeyahay, Sir	Private
Gaari gacan	Barrow
Gaarsii	Convey
Gaas ah	Particular
Gaas ama saliid	Kerosene
Gaashaan	Shield

Gaashaanbuur	Alliance
Gaashaandhig	Defence
Gaashaanqaad	Adult
Gaasta la shito	Paraffin
Gaastari	Gastritis
Gabadh	Girl
Gabadh xishoota	Coy
Gabagabo 500 dhamaad	Upshot
Gabanka-Gabanta (Yar)	Chit
Gabay afaray ah	Ballad
Gabayga	Genre
Gaboobay, Da'weyn	Old
Gacan ka qabasho	Practice
Gacan ku dhiigle	Thug
Gacan ku falis	Practice
Gacan ku qabad, Qabasho	Hold
Gacan qaad	Handshake
Gacani qabatay	Handful
Gacanta lagu hayo	Underarm
Gadaal	Behind
Gadaal u Noqosho	Aback
Gadaal, Xagga dambe	Back
Gadaan ama iibiyaan	Monopoly
Gadasho	Buy
Gade	Salesman
Gadh	Beard
Gadhfeedh (Garfeer)	Comb
Gadhoodh	Yoghourt
Galabnimo	Afternoon
Galayn	Envelop, recover 2
Galka barkimada	Tick 1
Galley, Arabikhi	Maize

322

Galleyda	Grain
Galmo	Sex
Gam'id, (Hurdo) Hurdaa	Asleep
Gambaleel	Bell
Ganaax	Charge
Ganaax Maxkamadeed	Bail
Ganac	Flank
Ganacsi	Business
Ganacsi	Commerce, trade
Ganacsi ba Laadhan	Enterprise
Gantaal (HUB)	Missile
Garaac	Knock
Garaacid	Beat
Garaad	Reason
Garabsiin Qabiileed	Clannish
Garac	Illegtimate, bastard
Garan	Undervest
Garanaya gacan ugu Jira	Offhand
Garanka	Undervest
Garasho	Know, understand
Garatid	Know
Garbo-saar, Shalmad	Shawl
Gardaran	Aggressive
Gardarro ku dagaallan	Aggression
Gargaar degdeg ah	Emergency
Gariir	Shiver, vibration
Gariirid, Dhicddhicid	Reel 2, tremble
Garneyl	Grenade
Garoor	Yoghurt
Garuun gaaban	Truncheon
Gashaanti (Gabar)	Virgin
Gashosho sida dharka iwm	Wear

323

Gawracis, Gawrac	Cut-throat
Gebi ahaan	Every, entire
Gedgeddis	Variation
Geed	Tree
Geed midhood ubaxna leh	Medlar
Geed xawaashka ka mid ah	Caraway
Geedka Tiinka	Cactus
Geel	Camel
Geer	Gear
Geerash	Garage
Geeri	Death
Gees	Corner
Gees mare	Passer-by
Geesi	Brave, struggle, valiant, titan
Geesinimo	Dare
Geeso-ka-jarid	Dehorn.
Gelid	Enter
Gelid mar labaad	Re-entry
Gidaar	Wall
Giddi	All
Giddigoodba	Altogether
Giigsan	Natty
Giijin (Xidhid)	Fasten
Girgire bir ah	Brazier
Giriifid, Garaacid	Strike
Giringirin	Roll
Go'aan	Decision
Go'aan adag	Entrench
Go'aan xumo	Misjudge
Go'aanka ugu dambeeya	Ultimatum
Go'cad ama Turraaxad	Calico
Go'doomin	Besiege

324

Gobol	Region, segment
Godan	Deep
Goglid	Furnish
Gogosha	Carpet
Gole	Assembly, session
Golxob	Dagger
Goobada dhexroorkeda	Diameter
Goobo	Circle
Goobo ama xidhmo ubax ah	Wreath
Googarada Dumarka	Chemise
Goono gaaban	Miniskirt
Goor dambe	Late
Goor-hore, Wakhti hore	Early
Goorma? Waqtigee? Marka	When
Goosan, Xayn (Xoolo)	Herd
Goosasho (Qaraar)	Determine
Gorayo	Ostrich
Gorgortan	Haggle
Goyn (Sida Qasab goynta)	Reap
Guban og	Combustible
Gubid	Burn, alight
Guclayn (Orod Guclo ah)	Trot
Gudaha	Inside
Gudaha deggan	Interior
Gudaha, Gudihiisa	Inner
Gudbiye	Conductor
Guddi	Council, committee
Gudin ku jarid	Chop
Gudniinka (Ragga)	Circumcise
Gudo	Indoor
Gudub, Dhaaf, Dhaafid	Pass
Guduud	Red

Gujayn ama gujo	Impulse
Gumeysad, la Gumeysto	Colonize
Gumeysi	Colonialism
Gummud	Stub
Gunburi	Zebra
Gundhig, Aasaasi	Basic
Gungunuus	Murmer
Gunku-hadh	Residual
Gunno	Allowance
Gunta	Fundamental
Guntid	Join
Guntin	Knot
Gunuus	Grumble
Gunuusid	Nag
Guqraafi	Geography
Guri Siin	Accommodate
Guri yar	Cottage
Gurta laga jaro	Behead
Guubaabin	Arouse
Guud	General
Guul	Success, victory
Guul ku dhammaystirid	Effectuate
Guul-darro	Deadlock, abortive
Guuleysi	Succeed, win
Guumeys	Owl
Guur, aroos	Marriage
Guurid	Reocation
Guurka Hortii	Antenuptial
Guurka ka hor	Antenuptial
Guursi, la guursado	Marry
Guuto (Cidan ah)	Battalion
Guutu "Ciidan"	Platoon

326

H

Ha yeeshee, Laakiin	But
Haaf gaaban	Miniskirt
Haajirid	Emigrate, immigrate
Haasaawe	Conversation, woo
Haash	Stub
Hab	System
Hab u Dhaqan	Deportment
Hab wax loo isticmaalo	Usage
Habaar	Malediction
Habaar iwm	Abuse
Habar-Dugaag	Carnivore
Habaysan	Trim, tidy
Habboon, Ku habboon	Proper
Habeen	Night
Habeen walba	Nightly
Habid	Feed
Hablo, Gabdho	Giris
Habsamid	Belated
Had iyo jeer	Always
Hada	Now
Hadaf	Aim
Hadal	Gab
Hadal aan qoraal ahean	Verbal
Hadal aan Ujeeddo lahayn	Bunkum
Hadal badan	Garrulous, loquacious
Hadal dudubin	Gabble
Hadal hantataac ah	Chatter
Hadal Nacasnimo	Twaddle

Hadal nacasnimo ah	Gammon
Hadal qeexan	Chaste
Hadal, Khudbad	Speech, speak, talk
Haddii	Unless
Haddii ay	Whether
Hadh, hadhayn, Hoos	Shade
Hadhaa	Residue, remainder
Hadhac, hadh leh	Shady
Hadhayn	Over-Shadow
Hadhaysan, Hoosis	Shadow
Hadhid, Baaqi, Reebid	Remain
Hadhimada ka dib	Postprandial
Hadhimo ama qado	Dinner
Hadhuudhka (iwm)	Garner
Hadyad	Gift
Hagaagsan	Well
Hagaajin	Improve, reclaim, rectify
Hagaajis	Arrangement
Hagoogid	Envelop
Hakad	Apostrophe
Hakad (')	Comma
Hal kan ama shaygan	Therein
Hal ku dhig (WEER)	Slogan
Halaabay	Phut
Halbeegga kulaylka	Centigrade
Halbowle (Kuwa dhiigga)	Artery
Halgan	Diligent, struggle
Halhays=Odhaah	Motto
Halis	Danger, grave
Halka ay ku socdaan	Label
Halka ugu Sarraysa	Apex

328

Halkan, Kobtan	Here
Halkee? Meelma? Meesha	Whence
Halkee? Meeshee?	Where
Halkeer	There
Halyay xoog weyn	Titan
Halyey	Valiant, hero
Hamaansi	Yawn
Hambag	Gammon
Hambalyo	Compliment, congratulation
Hami	Ego
Hammad ama hiyi	Ambiguous
Hammi	Thought
Hammo badan	Ambitious
Hamse(')	Apostrophe
Han ga raaral	Millepede
Hanaan wanaagsan	Deft
Hanaqaad	Adult
Handaraab	Latch
Hanjebaad	Threat
Hanti	Wealth, property, resource
Hantida dawlada	Fiscal
Hantidhowre	Auditor
Hantiwadaagga	Communism
Hanuunin	Guidance
Harag, Maqaar, Saan	Skin
Haraga Jidhka	Chap
Haramcad (Bahal)	Leopard
Hardan	Combat
Hareerayn	Besiege, encircle
Hargab	Flu
Harkhoodka ama harqoodka	Yoke

Harqaan	Sewing-machine
Harqad	Sheet
Harraad	Thirst
Hawada Dhulka Dushiisa	Atmosphere
Hawada loo gano	Soar
Haweysi	Tantalize
Hawl badan	Busy
Hawl dhib badan	Garner
Hawl gabid	Retire
Hawl gacmeed	Practice
Hawl gaianta lagu qabto	Manual
Hawl yar	Easy
Hawl-Socodsiin iwm	Administer
Hawlyareyn	Facilitate
Hawo	Air
Hawo fududayn	Ventilate
Hawo qabooriye	Air-conditioner
Hawo siin	Ventilate
Hawo yar	Airless
Hay	Keep
Hayad	Ministry
Haybad	Noble
Haylka (Xawaash)	Cardamon
Hayn	Keeping
Haysta	Holder
Haysta intii loo baahnaa	Adequate
Heedadaw	Languid
Heer	Level, standard
Heer dhexe, meel dhexaad	Medium
Heer qadhaadh	Critical
Heer sare	Marvellous, terrific

Heer sare iskuhaysta	Arrogant
Heer xun	Critical
Heerka kulka	Centigrade
Heerka ugu sareeya	Extreme
Hees	Song
Heesaa	Vocalist
Heesay, Balweeyey	Sang
Heesid, La heeso	Sing
Helay	Found
Helid, Gaadhsiin	Receive, find
Helitaan, Rasiidh	Receipt
Hence	Hen
Heshiin, Heshiisiin	Reconcile
Heshiis	Agreement, treaty, contract
Heshiis jebin	Violate
Heshiis, Mucaahado	Pact, compromise
Hibo	Gift
Hiddo	Heredity
Hididiito leh	Thrill
Hido	Culture, folklore
Hilib doofaar	Bacon
Hilibka lo'da	Beef
Hillaac	Lightning
Hilmaamid	Forget
Hilmaan ama halmaan	Lapse
Himaamid	Lapse
Hindhiso	Sneeze
Hirdi, Ku dhufasho	Hit
Hiyi badan ama fiican	Ambitious
Hodan	Rich
Hoggaamin	Guidance, lead

Hoggaamiye, Horkaca	Leader
Holcaya	Aflame
Holci kara	Combustible
Hoob, Dhac (Qof la dhacay)	Loot
Hoonka Gaadiidka	Horn
Hoos	Under, below, down
Hoos Jiifsasho	Underlie
Hoos lagu sheegay	Undermentioned
Hoos u baxa, Hoos u kora	Ingrowing
Hoos u cadaadin	Depress
Hoos u dheer	Deep
Hoos u Dhicid	Flop
Hoos u dhigid	Vitiate, lower
Hoos uga soo degid	Descend
Hoos yaal	Beneath
Hoosada baabuurta	Garage
Hoose	Below, elementary
Hooseeya, Ka hooseeya	Subordinate
Hooy	Shelter, home
Hooyo	Mother, mum, mama
Hor	Front
Hordhac (Buugga)	Forword
Hordhac, Araar	Introduction
Hordhig Iskii	Auto
Hordhig ka hor	Ante
Hordhig-badan	Poly
Hore	Ahead, before, former
Hore u kaxayn	Propel
Hore u sii jiray	Pre-exist
Hore u socod, Sii wadid	Proceed
Hore u Socosho	Accede

Hore u wadid	Propel
Horjoogad	Forewoman
Horjooge	Foreman
Horkacid	Lead
Horosocodnimo	Progression
Hortiis yimaad	Precede
Horudhigid	Forward
Horukac	Career, development
Horukicin	Develop
Horumar nololeed	Career
Horumaray	Advanced
Horumarin	Improve
Horumarkiisa	Anthropology
Horusocod, n Horumarin	Advance
Horusocodsiin	Advance
Hoy ga eyga	Kennel
Hoyga Qaxootiga	Refuge
Hub	Weapon
Hub ka dhigis	Disarm
Hub Lasiiyo	Rearm
Hubaal	Assurance, certain, assure
Hubayn	Rearm
Hubi	Check
Hubin	Ensure, ascend
Hubka Lidka Dayuuradaha	Ack-ack
Hubsiin	Rearm
Hubso, Hubin	Check
Hudheel cunto	Restaurant
Hudhelka cuntada leh	Restaurant
Hunguri weynaan	Greedy
Hunguri weyne	Avid

Hunqaacid, Mantag	Vomit
Hurdi	Yellow
Hurdo	Kip
Hurdo ka kicin	Wake
Hurdo ku dheeraansho	Over-sleep
Hurdo siin, Jiif Siin	Accommodate
Hurdo, Seexasho	Sleep
Huruud ah (midab)	Yellow
Huteelada iwm	Tariff
Huudhi	Canoe
Huug	Hook
Huuri	Canoe
Huwin	Envelop

I

Icbidhiqsi	Second
Idaha (Ariga) Weylaha	Bleat
Idheh	Advertisement
Idheh ka bixin	Advertise
Idinka (wadar)	You
Idlayn	Exhaust, finish
Ie aragtay- il qaatay	Macrosopic
If gudbiye	Transparent
If ma gu dudbiye	Opaque
If tebiye	Transparent
If yar gudbiye	Translucent
Iftiimin, Ilaysin	Illuminate
Iib, gadasho	Sale
Iibiye	Salesman
Iibsasho, Gadasho	Purchase
Iibsi	Buy
Ikhtiyaar	Option
Il (Isha wax lagu arko)	Eye
Il dheeri	Observant
Il Jebis	Wink
Il-jibin	Blink
Ilaa	Till
Ilaa inta la gaadhayo	Meanwhile
Ilaa iyo	Unless
Ilaa iyo markay	Until
Ilaa weligii	Ad infinitum
Ilaalin	Tend, guard
Ilaalin oo kala dabarid	Control
Ilaalinta	Conservation

335

Ilaaliyaha Jeelka	Warden
Ilaaliyaha xabsiga	Warden
Ilaaliye	Keeper
Ilaalshe	Watchdog
Ilaawid	Forget
Ilbaxnimo	Civilization
Ilbixid	Civilize
Ileys ma gudbiye	Opaque
Ileysin	Glow
Ilig	Tooth
Iljebiska	Gesture
Ilka caddeyn	Smile
Ilka Qudhunka (Suuska)	Caries
Ilkaha, ilkaha ah	Dental
Ilko	Teeth
Ilma aad u yar	Baby
Ilma galeen	Womb
Ilma-galeenka dumarka	Uterus
Ilmaha caruurta ah	Infant
Ilmaha curad	Primogeniture
Ilmaha ri'da	Kid
Ilmaha yar	Chick
Ilmaha yar ee lo'da	Calf
Ilmaha yaryar	Children
Ilmayn	Weep
Ilmo	Child
Ilmo adeer	Cousin
Iloowid	Lapse
Iltiqaad, Rumeyn	Belief
Iminka	Now
Imow	Come
Imtixaan	Examination, test

336

In aad	Whether
In aad iyo aad u yar	Particle
In kirid	Negation
In la diyaariyo u baahan	Preparatory
In yar, Aan muhiim ahayn	Petty
Ina'adeer	Cousin
Inaga	We
Inan	Boy
Inanta	Daughter, girl, lass
Inanta xishoodka badan	Coy
Indha-xanuun	Ophthalmia
Indhaha u daran	Unsightly
Indho adayg	Effrontery
Indho bidhiqsi	Wink
Indho caddaan	Wall-eyed
Indho caddayn	Goggle
Indho ku hayn	Watch
Indho warwareejin	Goggle
Injir	Louse "Lice"
Injir leh	Lousy
Inkaar	Malediction
Inkastoo	Although
Inkirid	Unsay
Inkiris	Abnegation
Inqilaab	Coup
Inta ku jirta meel	Content
Intii nuur	Selfish
Intixaanid, Imtixaan	Exam
Intuu shay qaadi karo	Capacity
Inuu farxsan yahay	Mood
Inuu qiiraysan yahay iwm	Mood
Iriid ka furid	Entrance

Irrid	Door
Is arag waraysi ah	Interview
Is barbardhig	Compare, comparison
Is baris	Con
Is burin	Contradict
Is Casillid	Abdicate
Is dardarid	Clash
Is dhaafin	Exchange
Is dilid, Is dil	Suicide
Is duqayn	Collide, clash
Is gaashaanbuureysi	Confederate
Is haysta	Incessant, non-stop
Is hortaag	Prevention, forbid
Is karan tiimayn	Ostracize
Is khillaf, Dirir	Conflict
Is korsaar	Amass
Is le'eg	Equal, parity
Is le'ekaysiin	Equalize
Is legad	Wrestle
Is macasalaameyn	Cheerio
Is raali gelin	Complacent
Is wada	Automatic
Is-daahirin	Ablution
Is-gedgeddiyaya	Variable
Isaga (Labka)	Him
Isaga (Qofka)	He
Isbahaysad	Ally
Isbahaysi	Alliance
Isbedbeddeli kara	Variable
Isbeddedelaaya	Alternate
Isbeddelid ama beddelid	Alter
Isbiirto	Alcohol

Isbiriin	Spring
Isbitaal	Hospital
Isbitaal ka Dadka Waalan	Lunatic-Assylum
Isbuunyo	Sponge
Isdhexgelid	Intermingle
Isdhinac Tagan	Abreast
Isgaadhsiinta	Communication
Isgaarsiinin	Communicate
Isgoc doomin	Ostracize
Isgoyska waddada	Cross-roads
Isjiidasho	Attractive
Iska caadi ah	Habitual
Iska dhaafid	Abandon
Iska dhal, Muwalad	Hybrid
Iska dhigid qof kale	Impersonate
Iska eeg	Lookout
Iska hadlid	Prate
Iska hor keenid	Comfront
Iska indhatirid	Over-look
Iska jir	Lookout
Iska joojin	Shun
Iska leh	Belong
Iska sax	Approximate
Iska soo horjeeda	Vis-a-vis
Iska tuurid	Eliminate
Iska yeel yeel	Simulate
Iskaa	Yourself
Iskaako	Chess
Iskaalsho	Sock
Iskaashi	Cooperation
Iskor Saar	Accumulate
Isku bahayn	Collocation

339

Isku beddelid	Exchange
Isku beddelid laba Af	Translate
Isku biirid	Compose
Isku biirin=Isku biiris	Combination
Isku biiris, Isku dhisid	Composition
Isku cadaadin	Compress
Isku cadaadin (Laba Wax)	Impress
Isku cadaadis	Clench
Isku camirid	Complacent
Isku celcelin	Average
Isku celcelis	Average
Isku cid	Akin
Isku cimriah	Coeval
Isku da'ama isku fil	Coeval
Isku dar	Composition, mix
Isku darid	Combine, combination, mingle
Isku darsamay	Dotage
Isku dayid	Try, attempt
Isku dhaafid	Aggregate
Isku dhaw is ku ag nool	Clump
Isku dheellitir	Balance
Isku dhegga	Cohere
Isku dhejin	Attach Isku xidhid
Isku dhexe laaqid	Interfuse
Isku dhicid	Collide
Isku dhig	Ratio
Isku dhigma, u dhigma	Proportional
Isku dhis	Compound
Isku dhowaansho	Vicinity
Isku dhufasho	Clash
Isku dhufasho (Xisaabta)	Multiplication

Isku duubid	Twaine
Isku eg. u eg.	Alike
Isku ekaan	Likeness
Isku Filaansho	Abundance
Isku fillaansho	Independence
Isku geyn	Addition
Isku hagaajin	Adjust, arrange
Isku keenid	Aggregate, congregate
Isku keenid (Urur iwm)	Associate
Isku keenis	Collection
Isku koobis	Converge
Isku marid	Twaine
Isku mid	Uniform, identical
Isku mid ah, isla mid ah	Same
Isku Midooba	Cohere
Isku qaybin (2/6=3)	Division
Isku qoys	Akin
Isku reer ah	Akin
Isku sheexid	Ashamed, shame
Isku soo uruurid	Contraction
Isku taxallujin	Devote
Isku uruin	Assemble
Isku ururid (Dadka)	Congregate, collect
Isku ururin	Gather, aggregate
Isku xejin	Constrict
Isku xidha mar labaad	Rebind
Isku xidhan	Connect
Isku xidhid	Associate, interlock, knot, link
Isku xidhis aad ah	Clench
Isku xidhnaan	Solidarity
Isku xidhxidhid	Assemble

341

Isku xigxiga	Successive
Isku Xisaabin	Amount
Isku yara dhigma	Analogy
Iskululayne	Vivify
Isla markiiba (Dhakhso)	Immediate
Isla weyn	Arrogant
Isla Yaabid	Ashamed
Islee kaysiin	Equate
Islis	Friction
Isnabadgelyeyn	Cheerio
Isqaab geddiyin	Disguise
Istaadhid	Ignite
Istaag	Stand
Isterso	Steering
Isticmaal	Use
Isticmaalid	Apply, use, utilize
Isticmaalid arji	Application
Isu dhiibid	Submit
Isu eegid	Compare
Isu qiyaasid	Compare
Isu soo Laabasho	Rapprochement
Isu soo Ururid	Rally
Isu tag, Urur	Organization
Isu tegay	Gather
Isu ururin	Collocation
Isu-geyn	Total
Isuduwe	Administrator
Isugeen	Amount
Isugu yeerid	Convoke
Isusoo dhaweyn	Collate
Isutag	Union
Isutegid	Unite

Iswada, Baabuur iwm	Auto
Iswaydaarin	Exchange
Iswiidhan	Scandinavian
Itaal	Intensity
Iwm oo sheegta	Piracy
Ixtiraam Darro	Disrespect
Ixtiraam, ixtraamid	Respect
Iyaga	They
Iyo	And
Iyo Donyahe	Skipper
Iyo xixii u egba	Baa

J

Jaad, Naxariis	Kind
Jaadad	Variety
Jaafajiriq	Chatter
Jaahilnimo	Ignorance
Jaajaale	Zany
Jaajuur	Brick
Jaakada roobka la xidho	Raincoat
Jaale	Yellow
Jaalle	Playmate
Jaamacad	University
Jaamici	Graduate
Jaantus	Diagram
Jaar	Neighbour
Jaariyad	Skivvy
Jaarnimo	Neighbourhood
Jaban	Cheap
Jabti	Gonorrhea

Jacayl, Jecel	Love
Jadiid	New
Jadwal Wakhtiyeed	Table
Jago bannaan	Vacancy
Jago iwm	Usurp
Jajab (Xisaab)	Fraction
Jajab tobanle	Decimal
Jalle	Comrade
Jalleecid	Glance
Jalmad	Kettle
Janjeedh	Inclination, tilt
Janjeedhin	Tilt
Janjeer	Slope
Jannada aakhiro	Heaven
Janno	Heaven, paradise
Jantisigaro	Lighter
Jar dhuuban	Glen
Jaranjaro	Stair
Jareen	Shiver
Jareexayn	Affront
Jarid, Goyn	Sever
Jawaab	Answer, risponse
Jawaanada iyo xadhkaha	Jute
Jebiso	Boa
Jecelyahay	Beloved
Jeclaan	Affection
Jeclaan gaar ah	Predilection
Jeebsiibe	Pickpocket
Jeedhadh	Crack
Jeedin	Turn
Jeega xiire	Barber
Jeegaan	Rainbow

344

Jeegaga iwm	Endorse
Jeel	Gaol
Jeel Magnuun	Asylum
Jeel Magnuun	Lunatic-Assylum
Jeeni	Foreleg
Jeeni-qaar	Baldric
Jeermi (Saynis)	Germ
Jeexdin	Slot
Jeles	Bell
Jerdiin	Garden
Jibaad	Groan
Jid	Route, way
Jid, Waddo, Dariiq	Road
Jidh	Body
Jidhah	Belle
Jidhif	Cortex
Jidka badhtankiisa	Midway
Jiho	Direction
Jiidhid	Crush
Jiidid	Tow
Jiidis dhib leh	Drag
Jiidis hoose (Dhulka)	Gravity
Jiif	Recumbent
Jiifa	Recumbent
Jiifin	Lay
Jiil	Generation
Jiiqiiq	Creak
Jiir	Mouse, rat
Jiiraan	Neighbour, vicinity
Jiiraannimo	Neighbourhood
Jiiro	Uphill
Jiitan	Totter

Jiko	Kitchen
Jilaal	Winter
Jilba joogsada	Knelt
Jilba joogs	iKneel
Jilib qabiil	Clan
Jilib qabil ka mid ah	Clan
Jilibka lugta	Knee
Jilicsan	Soft
Jimicsi	Gymnastic
Jimicsiga	Vivify
Jini	Demon
Jinniyad (xaga quruxda)	Charm
Jinsiyad	Nationality
Jiqinjiq	Wrist
Jira	Actual, being, exist
Jiri kara	Viable
Jiridda Geedka	Trunk
Jiritaan	Being, existence
Jirka	Body
Jiroos	Belle
Jirrid	Stem
Jirro, Bukaan, Xanuun	Sickness, sickness
Joogga Qofka	Attitude, stature
Joogid	Attendance
Joogitaan	Presence
Joogsatay	Knelt
Joogsi	Stand
Joogta ah	Permanent
Joogto	Constant, regular
Joojin	Abolish, prevention, discontinue
Joojis	Abolition

Joomatari xaglaha	Geometry
Juudaan (Cudur)	Leprosy
Juunyo	June

K

Ka	From
Ka aar goosatid	Vengeance
Ka adkaansho	Defeat
Ka awood iyo tiro badan	Predominate
Ka baaraandeg	Contemplate
Ka Bacdi	After
Ka bajin	Affright, frighten, terrify
Ka boobid xukun	Usurp
Ka cadhaysiin	Annoy, provoke
Ka caydhaysiin	Incense
Ka celin	Forbid
Ka cusleyn	Out-Weigh
Ka dambeyn	Lag
Ka dhaadhicin	Fatal
Ka dhaarasho	Abjure
Ka dheer	Longer, aloof
Ka dhiijin	Bleed
Ka dib	After, later
Ka digid ama ka waanin	Warn
Ka digtoonaan	Precaution
Ka door-bidid	Prefer
Ka dooran karo	Option
Ka doorasho, Xulasho	Select
Ka doorbidis, Doorbidid	Rather
Ka dul boodid	Leap

Ka durugsan	Apart, aloof
Ka Duwan	Defer
Ka duwan	Differ
Ka faa'iidaysi	Utilize
Ka faa'iideyn	Use
Ka farxin	Cheer, regale, amuse, beatify
Ka fiican	Better
Ka Fiirsasho	Check
Ka fikirid	Consider
Ka fog	Away, apart
Ka fog hoyga	Afield
Ka fog in laga shakiyo	Unquestionable
Ka gacan sarreyn	Predominate
Ka Gadaaleeya	Beyond
Ka gariirin	Vibrate
Ka gee	Convey
Ka gudba	Traverse
Ka gudbid	Across
Ka guulaysasho	Outdo
Ka guulaysi	Defeat, over-come
Ka haajirid	Abandon
Ka helid	Relish
Ka helitaan	Fancy, lure, agog
Ka hooseeye	Below, beneath
Ka hor	Before
Ka hor-tag, is hortaagid	Avoid
Ka horimaad	Gainsay
Ka horreeya	Precede
Ka jarid	Deduct
Ka jawaabid	Respond, answer
Ka keoban	Consist, content
Ka koobid	Compose

348

Ka Korreeya	Above
Ka lanaajin	Provoke
Ka legid	Quit
Ka lid ah	Anti
Ka madhan hawo	Vaccum
Ka maqan tahay aqoonta	Nescience
Ka mudaharaadid	Crisis
Ka mudhxin	Wrest
Ka murugaysiin	Deject
Ka nabadgelid	Escape
Ka Naqilid	Crib
Ka nixin	Frighten
Ka noqosho	Recant, abandon
Ka qaxid	Desert
Ka qaylin dhibaato	Crisis
Ka Qoslin kara	Laughable
Ka qosliya Dadka	Comic
Ka reebid	Exclude, forbid
Ka rogid	Discharge, unload
Ka roon	Elder, better
Ka saarid	Withdraw
Ka sabrid	Abdicate
Ka shakiyid	Suspect, doubt
Ka shanaad	Fifth
Ka shanlayto	Regret
Ka sheekeysid	Narrate
Ka shubid, Ka soo shubid	Outpouring
Ka sii xun	Worse
Ka soo baxa, Ka yimaada	Effect
Ka soo baxay	Outcome
Ka soo degid	Descend
Ka soo dhaadhicid	Descend

Ka soo dhicid	Tumble
Ka soo hojeeda	Opponent, anti, against, rebel
Ka soo Xigasho	Quote
Ka taagid	Transfix
Ka tabaabusheysi	Caution
Ka takhalusid	Eliminate
Ka tanaasulid ka Tegid	Abandon
Ka tursan	Affiliate
Ka tusaale qadasho	Reference
Ka waanin	Refrain, admonish
Ka wanaagsan	Better
Ka wayn	Elder
Ka werwersan	Anxious
Ka Xanaajin	Annoy
Ka xayuubin	Wrest
Ka xun	Dismal
Ka xun dhibaato iwm	Aggrieve
Ka yara fog	Aloof
Kaa dambe	Posterior
Kaa farxinaya	Cheerful
Kaabash	Cabbage
Kaad	Cool
Kaadh	Card
Kaadi	Urine, pee
Kaadi sii deyn	Urinate
Kaadida	Urine
Kaadinayaa	Pee
Kaadiyid	Urinate
Kaafirnimo	Disbelieve
Kaaga	Your
Kaah bixin	Radiate
Kaalay	Come

350

Kaaliye	Assistant
Kaalsho	Calcium
Kaamil	Absolute
Kaamil dham	Prefect
Kaar-yoone	Wheelbarrow
Kaarabiin	Carbine
Kaarboono	Torch
Kaarka Turubka oo kale	Card
Kaaryoone	Barrow
Kaatun	Ring
Kab	Shoe
Kabacdi	Latter
Kabaha dusha ka qafilan	Boot
Kabal	Lever
Kabasho	Sip
Kabid	Mend
Kabin	Loath
Kabo	Skating
Kacaan	Revolution
Kacaankii riyada ahaa	Utopia
Kacay	Waken
Kacsiga Raga	Erect
Kadarajo sarreeya	Outrank
Kadib	Then
Kafayn kara	Enough
Kafee	Coffee
Kaftamid	Chat
Kaftan, Xanaakad	Joke
Kahaboon	Instead
Kajoogsi	Elude
Kal	Tarn
Kal kaaliye	Adjunct

Kal yanti	Client
Kala aqoonsi	Distinguish
Kala baahsan	Vast
Kala badhid	Halve
Kala bedbeddelid	Vary
Kala bixid	Expand
Kala bixin, Kala fidin	Stretch
Kala burbur	Distintegrate
Kala dareerin	Disperse
Kala dhigdhigid	Analysis
Kala duduwid	Vary
Kala duwan	Differ, multifarious
Kala duwanaasho	Difference
Kala fiiqin	Spread
Kala furfurid	Disjoint
Kala furid	Disconnect
Kala garasho	Distinguish
Kala geddisan	Differ
Kala Gedgeddin	Vary
Kala googo	Disband
Kala gooni ah	Dissimilar
Kala gooyn	Cleave
Kala guur	Transition
Kala jaad ah	Diverse
Kala jaadjaad ah	Various
Kala jabin	Split
Kala jajabid	Rupture
Kala Jarid	Cleave
Kala jiidid	Elongate
Kala Jiidid, Kala Jiidis	Tense
Kala joog lahayn	Non-stop
Kala kaan	Difference

Kala nooc nooc ah	Multifarious, varied
Kala qaybid	Classification, disintegrate
Kala qeebin	Partition
Kala rogid, Lid	Reverse
Kala Saarid	Differentiate
Kala saarid ama dheerayn	Elongate
Kala saarid, Midab kala sooc	Discriminate
Kala Soocid	Classification
Kalatag socdaal ah	Parting
Kale	Else
Kalfadhi	Session
Kalfadhi qarsoodi ah	Conclave
Kalkaaliye ama Caawiye	Aide
Kalkaaliye sheekh	Disciple
Kalkulas	Calculus
Kalluumeysi	Fishing
Kalsooni	Confidence, facile, confide
Kalyanti	Customer
Kama dambayn	Ultimate
Kaman lix xadhig leh	Guitar
Kamida	Embody
Kan	This
Karaahiyo	Hateful, abominable
Karaar	Acceleration
Karaar-dhimid	Decelerate
Karaarid, Karaarsiin	Accerlerate
Karah	Reluctance
Karaya	Can
Karbaash	Whip
Karbaashid	Lash, thrash
Karbatooraha	Carburetter
Karhid	Hate

Karhid	Detest
Kari kara	Able, capable
Kariye	Cook
Karkarin	Boil
Karraani	Clerk
Karraaninimo	Clerical
Karsanayn	Raw
Karti	Ability, talent
Kartoon	Carton
Kartuush	Carton
Kastuumo	Panties
Katiinad	Chain, handcuffs
Katirsan	Embody
Katuurid	Withdraw
Kaxayn	Dispel, drive
Kaxaysasho Khasab ah	Abduction
Kaxayso	Navigate
Kayn	Bush, forest, thicket
Kayn ama dhul seere ah	Jungle
Kaynaan	Velocity
Kediso	Abrupt
Kee	Which
Keen	Bring, get
Keeshali	Brassiere
Keli (Naxwe)	Singular, unique, alone
Keli ah	Particular
Keli ahaan	Lonely, alone
Keligii taliye	Dictator
Kelli	Kidnex
Kerhid	Abhor
Keydsasho, la kaydsaday	Reserve.
Khaayin	Variet, disloyal, villain

Khaayina	Traitor
Khaayis	Expire
Khabbeyn	Conceal
Khabiir	Adept, expert
Khad	Ink
Khal	Vinegar
Khal-khalin	Derange
Khalad	Wrong
Khalad la'aan	Precision
Khalad samayn	Err
Khalad, Sax maaha	Error
Khaldamid	Err
Khalfad	Axle
Khalkad, Sax maaha	Mistake
Khalkhal (Sida maskaxda)	Concussion
Khamaar	Gamble
Khamiis	Thursday
Khamriga nooc ka mid ah	Whiskey
Khaniis	Homosexual, gay
Kharaf	Dotage, senility
Kharash isticmaalid	Expenditure
Kharibaad, Wax Xumayn	Spoil
Kharibid	Mar
Khasaare	Lose
Khasaare ah	Prodigal
Khasab ku kaxaysi	Abduct
Khashaafad	X-ray
Khasiis	Scoundrel
Khasnad	Treasure, vault
Khaso la'aan	Effrontery
Khatar	Danger, hazard
Khatar gelin, Sigid	Jeopardize, imperil

355

Khater gelin	Endanger
Khayaali	Unreal, illusion
Khilaafid	Gainsay
Khiyaaanno	Trick
Khiyaamayn	Cheat, defraud, beguile, deceive
Khiyaamo	Deception, trick, deceit
Khudaar	Fruit, vegetable
Khudrad	Fruit, vegetable
Khuraafaad	Fairy
Khushuuc	Zeal
Khushuuc badan leh	Zealous
Ki jinka markabka	Caboose
Kibir weyn	Arrogant
Kicid	Bankrupt
Kicin (Hiyi ama niyad)	Arouse
Kii fiican	Majesty
Kii hore	Former
Kiina (wadar)	Your
Kiintaal, Boqol Rodol	Quintal
Kiish	Case
Kildhi	Kettle
Kimiko	Chemical
Kiniin	Quinine
Kiniin	Tablet
Kiniisad	Church
Kiristaan ah	Christian
Kiro, Ijaar	Rent 2
Kitaabka Masiixiyiinta	Bible
Kix	Whooping-cough
Kixda (Cudur) kix	Croup
Kiyaawe	Wretch

356

Kiyawe	Spanner
Ko hor istaagid	Hamper
Kokakoola	Coca-Cola
Kolay	Basket
Kolkii	While
Koob (weel)	Cup
Koob dheg leh	Tankard
Koobid	Abridge
Kooda	Their
Koodh	Coat
Koodh weyn	Overcoat
Koodhka iwm	Collar, pocket
Koofiyad	Cap, Coif
Koolo	Glue
Koone	Corner, nook
Koonfur (JIHO)	South
Koonfur-Waqooyi	Longitude
Koonto	Monopoly
Koor	Cone
Koox	Band, group, team
Koox Ciidan ah	Troop
Koox gabdho ah	Chorus
Koox hees wada qaada	Choir
Kor	Over, above
Kor fiiri ama eeg	Lookout
Kor isu taagid	Upstanding
Kor u dhawaaqid	Vociferate
Kor u dhee	Tall
Kor u dhigid (Mudnaasho)	Appreciate
Kor u jeedin	Upturn
Kor u qaad	Uplift
Kor u qaadid	Elivate, upgrade

Kor u qaadis	Aloud
Kor u qumman	Vertical
Kor u tuurid	Toss
Kor ud dhigid	Aloud
Kor ugu dhawaaqid	Aloud
Kore	Up
Korid	Develop
Korin	Grow, develop, nurture
Koritaan adag	Clamber
Kormeerid	Inspect
Koronkoro	Grasshopper
Koronto ah ama leh	Electric
Koronto, Laydhtriig	Electricity
Korriin	Growth
Kow iyo toban	Eleven
Kow, hal, Mid	One
Kown	Universe
Kownka	Cosmos
Ku	To
Ku aaminid	Entrust
Ku abuurto	Create
Ku adkayn	Tight
Ku adkaysi (Dood)	Insist, determine
Ku caan ah	Familiar
Ku caawinaya	Helpful
Ku celcelin ciyaareed	Rehearsal
Ku celcelin wax qabasho	Practise
Ku celin	Repeat, recur
Ku celin hadal	Reiterate
Ku daafad	Trash
Ku daahid	Outstay
Ku dacwoodid	Claim

358

Ku darid (Xisaabta)	Add
Ku dayasho	Impersonate
Ku dayasho samayn	Imitate
Ku dhaliso	Generate, create
Ku dhawaaday	Almost
Ku dhawaansho	Approach
Ku dhawaaqid	Announce, declare
Ku dhawayn tiro	Approximate
Ku dhaygagid (Eegmo)	Stare
Ku dhex jira	Among
Ku dheygagid (eegmo)	Gaze
Ku dhiirrigelin xumaato	Abet
Ku dirqiyid	Compel
Ku doodis	Claim
Ku dul noolaasho	Exploit
Ku Duubid	Coil
Ku Farxad gelinaya	Cheerful
Ku filan	Adequate, enough, sufficient
Ku habboon	Appropriate, apposite, convenient
Ku habboon laysku raacay	Congruent
Ku hagaagsan	Appropriate
Ku haliilid	Eager
Ku hamuunsan	Avid
Ku Heesidda Shaqada	Chanty
Ku jarid wax dhuuban	Hack
Ku jira	Alcohol
Ku Joogsi	Tread
Ku kallifaysaa	Necessitate
Ku kalsoon	Rely
Ku khasaarid	Deadlock
Ku khasbid	Enforce

Ku lid ah	Non
Ku meel gaadh	Makeshift
Ku meerid	Gyrate
Ku nasasho meel	Repose
Ku neg	Immobile
Ku nool	Inmate, living
Ku noolaansho	Reside
Ku noqosho, Hubin	Revise
Ku qasab	Compel
Ku raacid	Agree
Ku raacis Xammaasad leh	Acclamation
Ku raaxaysi	Relish
Ku saabsan	Concern
Ku sigtay	Almost
Ku sii dhawaysad	Approach
Ku sii Simid	Acting
Ku soo celin	Replace
Ku soo jiidanaya	Outstanding
Ku soo jiidanayo	Attractive
Ku taakeysi	Lean
Ku talin	Recommend
Ku Taxalluqid	Involve
Ku tiirsan	Depend, rely, dependant
Ku Toosin	Adjust
Ku tumasho	Trample
Ku waajibay	Ought
Ku wareegeysi	Gyrate
Ku xad gudbid	Transgress
Ku xidhan	Affiliate
Ku xidhnayn	Unattached
Ku xiga	Adjacent, next
Ku Xigeen	Deputy

360

Ku xiriirta	Concern
Kubbad	Ball
Kubbadda Miiska	Tennis
Kubbayn ama kawayn	Foment
Kudaafada	Garbage
Kufsasho	Abduct
Kufsi	Abduction
Kugu soo socda	Incoming
Kul	Heat
Kul-beeg	Thermometer
Kulaalle	Tropic
Kulan	Meeting, confer, conference
Kulan Qarsoodi ah	Redezvous
Kulansiin	Convoke
Kulayl	Heat
Kulli	Altogether
Kulliyad	College, faculty
Kulmis	Focus
Kulsid	Temperature
Kulul, Kulayl ah	Hot
Kumbuyuutar	Computer
Kun (1000)	Thousand
Kuray	Lad
Kurbad	Shiver
Kurbasho (Jidhka)	Tremble
Kurdad, Toob gaaban	Skirt
Kursi	Chair
Kursi dheer, Saxaro	Stool
Kursi ka qaadid	Unseat
Kursiga Boqorka	Throne
Kurta	Head
Kurtun Qori ah	Chump

Kutaan	Bug
Kuu dhameystira	Component
Kuu doono ha ahaado	Anybody
Kuul	Bead
Kuwa is qaba	Partner
Kuwaas	Those
Kuwan	These

L

La adkeeyo	Harden
La akhriyo	Read
La amaahiyo	Borrow
La amaano	Praise
La arbusho	Trouble
La arkayo	Appear
La arki karo	Visible
La baabi'lyo	Ravage
La baqo	Afraid
La beddeli karo	Variable
La beddelo	Transfer
La beeray, la koriyey	Grow
La bilaabay	Began
La boobsiiyo hadalka	Gabble
La bursado	Chase
La caadaystay	Habitual, accustom
La caseeyey	Redden
La ciyaaro	Dance
La cuni karo	Edible
La cuno	Comestible

La daaweeyo	Cure, charge
La dayaca	Neglect
La dayici karo	Neg-ligible
La daymiyo	Borrow
La dejiyo	Calm
La dhaho "Maya"	Decline
La dhammeeyo	Complete
La dhexdhexaadiyo	Centralize
La dhunkado	Kiss
La diido	Negate
La doortay	Elect, choose
La doorto, La Xusho	Choose
La dubay	Toast
La duriyo	Cancel
La engejiyey	Dried
La eryado	Chase
La fekero	Think
La filo	Expect
La fool xumeeyo	Uglify
La gabagebeeyo	Conclude
La galo	Enter
La gardarreysto	Transgress
La garto	Understand
La giraangiriyo	Roll
La goobay, Wareegto	Circular
La gubo	Burn
La guduudiyo	Redden
La haansho	Holding
La hagaajiyo	Amend, concept
La haye	Captive
La helo	Gain, get

363

La Hubo	Sure
La ilbixiyo	Civilize
La isgaarsiiyo	Communicate
La iska dhaafo	Cancel
La Isticmaalay	Valid
La isticmaali karo	Applicable
La isticmaalo	Consume
La jeclaado	Beloved
La jeclaysanayo	Attractive
La jiro	Together
La kaalay	Bring
La kari karin	Unable
La kari karo	Capable
La kariyo	Cook
La keeno	Brought
La keeno la doono	Fetch
La koriyo, beerid	Grow
La macaamilid	Treat
La maqli karo	Audible
La mashquuliyo	Preoccupy
La moodo	Seem
La Nebcaysto	Abominable
La necebyahay	Hateful
La nooleeyo	Liven
La qaadan karin	Immoral
La qaado	Carry, take, handle
La qaadqaadi karo	Portable
La Qabsasho	Acclimatize
La qabto	Handle, capture, catch
La qalajiyey	Dried
La qarameeyey	Nationalize

364

La Rumaysto	Realize
La ruxo	Quiver
La sameeyey, Samaysan	Made
La samro	Relinghish
La saxi karo	Corrective
La sheego	Confirm
La shiiday	Gound
La Siidaayo	Release
La siiyay	Gave "Give"
La Socda	Accessory
La socodsiiyo	Continue
La soo cesho	Bounce
La soo noqod Maalkagii	Recoup
La sugo	Await, wait
La taaban karo	Tangible
La taabto	Touch
La talin	Advise, admonish
La taliye daacad ah	Mentor
La tashi	Counsel, consult
La tebiyo	Transmit
La tegid	Ravish
La tuuro ama la rido	Cast
La waco, Loo yeedho	Call
La wado	Continue
La weydiiyo	Ask
La Xasuusan karo	Memorable
La xidhay	Captive
La xidhiidha dembi	Criminal
La xidhiidha Maraakiibta	Nautical
La xintirsad	Deal
La xiriirta siyaasadda	Diplomatic

La yaabid	Amaze
La yidhaahdo	Namely
La'aan	Devoid, lack
Laab ku hayn	Ambiguous
Laad	Kick
Laadifad	Passion
Laadlaadin	Hang
Laaji	Alien
Laaluush	Bribe
Laamadoodsi	Doze
Laami	Asphalt
Laan	Branch
Laan geed	Branch
Laangadhe	Lame
Laanqayr	Cross
Laayaan	Killer
Lab, Labood ah	Male
Laba	Two, twain
Laba & Toban dersin 144	Gross.
Laba daraadle, Khusuusan	Especially
Laba daran midkood Dooro	Dilemma
Laba goor	Twice
Laba iyo toban	Twelve
Laba jeer	Twice, double
Laba mar	Twice
Laba xiddigle (Ciidan)	Lieutenant
Labaad, ka labaad	Second
Labajibbaar	Square
Labandaaye	Laundry
Labaniyad (Cunto Qabow)	Custard
Labax	Elope

366

Labiska Hurdada	Pyjam as
Labood ama dheddig	Sex
Labood, Lab ah	Masculine
Lacag	Money
Lacag aad u yar	Mite
Lacag dirid	Remittance
Lacag ganbo ah, Kuumi	Penny
Lacag Gunno ah	Allowance
Lacag haye	Cashier
Lacag la'aan	Penniless
Lacag Xanshi ah	Paper money
Lacagta	Coin
Lacagta dilaalku qaato	Commission
Lacagta Jabaanka	Yen
Lacagta laguu soo celiye	Refund
Ladnaan	Convalesce, recover 1, relieve
Laf	Bone
Laf dhabarta	Backbone
Laf-dhabar	Spine
Laf-Dhabarta Xoolaha	Chine
Lafo leh	Bony
Lafo Qudhunka	Caries
Lafta Cududda	Humerus
Lafta Kalxanta	Clavicle
Lafta Laadhuuda	Dice
Lafta Madaxa	Skull
Laga badiyo	Beat
Laga bilaabo 13 - 19 Jir	Teenager
Laga dhaarto	Abjure
Laga fursan karin	Unavoidable
Laga helo miro iwm	Yield

Laga jawaabi karo	Answerable
Laga jawaabo	Answer
Laga maarmi karo	Needless
Laga mamaarmaan	Indespensable
Laga roonaysiiyo	Amend
Laga soo soo horjeesto	Rebel
Laga tagi karo	Neg-ligible
Laga tix raaco	Accordance
Laga tooso hurdada	Awake
Laga wada hadlo	Discuss
Laga was waasay	Suspicious
Laga yaabaa, Laga yaabee	Perhaps
Lagama-maarmaan	Necessary
Lagu Akhriyo	Library
Lagu Dayan karo	Imitative
Lagu go'aansan	Undecided
Lagu isticmaalo	Cell
Lagu noolaan karo	Livable, habitable
Lagu qaado	Waggon
Lagu qaybiyo	Assign
Lagu qoslo	Laughable
Lagu raacay	Congruent
Lagu raacsan yahay	Confirm
Lagu Saliilyoodo	Creak
Lagu warreero	Confuse
Lagu yalaalugoodo	Nauseous
Lahaa, la yeesho	Possess
Lahaan	Own, possession
Lahayo	Capture
Lahjad	Dialect, accent
Lama boqrin	Uncrowned

368

Lama caleema saarin	Uncrowned
Lama degaan	Desert
Lama filaan	Occasion, erratic, abrupt
Lamaan, Laba	Pair
Laman daayo	Dhobi
Lambarada saacada	Dial
Larsamo	Skill
Lasamaynkaro	Capable
Law, jilib	Knee
Lawga	Knee
Lawska, iwm	Peanut
Laxaad	Magnitude
Laxaamad	Solder
Laxaamadid	Weld
Layaab	Bewilder
Laydhka	Diffuse
Layliyid	Upbringing
Layn gelid	Align
Layska dhigo	Behave
Laysku aamini karo	Reliable
Laysku halayn karo	Reliable
Laysku rakibo ama dhiso	Construct
Layskula talin karo	Advisable
Leexasho	Turn
Leexaysad, la leexaysto	Oscillate
Leexaysi, Laalaadin	Swing
Legdan	Wrestle
Leged	Knock
Leh	Belong, have
Lexejeelo	Penny pincher
Lib	Victory

369

Lib ku dhammayn	Achieve
Libaax	Lion
Libaax badeed	Shark
Libdhid	Vanish
Libin	Win
Libiqsi (indha libiqsi)	Glimpse
Lid	Contrary, opposite
Liibaan	Victory
Liin	Orange
Liishaanka qorigh	Aim
Liqliqid	Devour
Lisin	Grindstone
Lix, Tirada ah Lix=6	Six
Lixden	Sixty
Lixiyo toban	Sixteen
Lo'	Cattle
Loo adkaysan karo	Bearable
Loo baahan yahay	Need
Loo baahdo	Need
Loo bahnayn	Unwonted
Loo bogi karo	Desirable
Loo dhawaan karin	Untouchable
Loo dul qaadan karo	Tolerate
Loo eega	Accordance
Loo qalmo xaq loo yeesho	Deserve
Loo qoondeeyo	Assign
Loo qushuuci karo	Admirable
Lool	Latitude
Loolan	Contest, wrestle
Loolan ciyaareed	Tournament
Loox	Block, wood

370

Lug	Leg
Lugo ku socod	Walk
Lugta baabuurta iwm	Tyre
Lugta ku hirdiyid	Kick
Lulan	Tremor
Lulid, Kabsi	Stir, sway
Lulid-Ridis keenta	Topple
Lulo, Laamadoodaya	Sleepy
Lumay, Khasaaray	Lost
Lumis	Astray
Lunsan	Adrift
Luqad	Language
Luqluqasho	Gargle
Luqun	Neck
Luuqadda	Dialect

M

Markabka lagu qaado iwm	Cargo
Ma Wanaagsana	Bad
Ma dhalays ah	Sterile
Ma guuraan	Undying
Maab, Khariidad	Map
Maacuun	Utensil
Maad leh	Funny
Maadad, Hoos yimaada	Subject
Maaha, Aan ahayn	Not
Maahmaah	Proverb
Maajo	May
Maalayacni	Senseless
Maalgelin	Investment
Maalin	Day
Maalin Fasax ah	Holiday
Maalin Hadhgal	Sabbath
Maalin Nasasho	Sabbath
Maalin ka mida Maalmaha	Tuesday
Maalin walba	Daily
Maalinta Arbaco	Wednesday
Maalinta Axadda	Sunday
Maalinta Isniin	Monday
Maalinta Jimce	Friday
Maalmahan	Nowadays
Maalqabeen dhexe	Bourgeois
Maamulid	Manage
Maamul	Administration, management
Maamul xumo	Maladministration
Maamule	Administrator, manager

Maamuusid	Homage
Maan gaab	Simpleton
Maan rogmad	Apoplexy
Maandooriye	Drug
Maange	Mango
Maanta	Today
Maanyo	Sea
Maalqabeen	Rich
Maar (Macdan)	Copper
Maarayn	Management, manage
Maareeye	Administrator, manager
Maaweelin	Entertain, delectation
Mabbakh	Kitchen
Mabda'a Hantiwadaaga	Socialism
Mabda'a Shuuciyadda	Communism
Mabnuucid	Prohibit
Macaamilaad	Deal
Macaash	Gain, profit
Macaawimo, Gargaar	Succour
Macal	Dewalap
Macalin gaar ah	Mentor
Macallin	Preceptor
Macallin gaar ah	Tutor
Macallin, Bare	Teacher
Macaluulid	Starve
Macangag	Despot
Macdaar	Dairy
Macdan	Mineral
Macdan bir ah oo adag	Nickel
Macduunimo	Rarity
Macluumaad	Data
Macmacaan	Toffee

Macmiil	Patron, client
Macno daran	Pointless
Madaale	Untiring
Madadaalo	Fun
Madax	Head
Madax Furasho	Ransom
Madax Kut	iBean
Madax adag	Dogged
Madax adag oo canaadi ah	Obdurate
Madax foorarin	Bow
Madax ka goyn	Behead
Madax wareer	Headache
Madax-fajac	Bewilder
Madaxa hore	Ahead
Madaxweyne	President
Madfac (Noocii Hore)	Cannon
Madhab	Doctrine
Madhan	Vacant, vacancy
Madhan, Bannaan	Void
Madhin	Vacate
Madluum ah	Gloomy
Madluun	Aggrieve
Madow	Black
Mafiiq	Broom
Mafrasho	Counter
Maftaax	Key
Maga la'	Anonimous
Magaalo	Town
Magaalo Madax	Capital
Magaalo aad u weyn	Metropolis
Magaalo weyn	City
Magac	Name, noun

374

Magac dheerid, naanays	Nickname
Magac la'aan	Anonimous
Magac ma leh	Nameless
Magac-u-yaal (Naxwe)	Pronoun
Magacaabid	Nomination
Magdhow	Reparation
Mahadcelin	Gratitude
Mahadcelin leh	Grateful
Mahadcelin, Qiris	Acknowledgement
Mahadnaq	Gratitude
Mahadnaq leh	Grateful
Mahadnaq, U mahadnaqid	Thank
Majaajilooyin ka	Comedy
Majajiliiste	Comic
Majara labow	Adrift
Majarehabow	Aberration
Majuujin	Squeeze
Makhaayad	Cafe
Makhayad	Cabaret
Makhraati	Vouch
Makhsin	Room
Makiinadda Dharka Dawaar	Sewing-machine
Malaay	Sardine
Malaay dabasho	Fishing
Malawad	Rectum
Malawadka naflayda	Rectum
Malax	Abcess-Abscesss, pus
Malayn	Guess, surmise
Male	Surmise
Mammnuucid	Abolish, abolition
Mana koobiyo	Lunatic-Assylum
Mandiil	Knife

Manhaj, Muqarar	Syllabus
Manida labka (Shahwada)	Sperm
Manooge	Untiring
Maqaal	Tabloid, bulletin
Maqaaxi	Cafe
Maqan	Absent, away
Maqnaasho	Absence
Mar	Once
Mar Labaad	Re
Mar kale	Afresh, again
Mar labaad	Again
Mar xalad xun	Tragedy
Marag	Witness
Maran ah	Booby
Maraq, Fuud	Soup, consomme
Mareeg	Circuit
Marid	Twist
Marin	Passage, way
Marin Habaabid	Astray
Marin Habow	Aberration
Maris gees ka gees	Across
Marka gofku ay jaraan	Lncerate
Marka ka dib	Afterward
Marka la isku daro	Media
Marka qof la aasayo	Burial
Marka qofku dayoobo	Dizzy
Markaad qof Duufsato	Entice
Markaad qof u hamooto	Passion
Markaad si u fikirtid	Conceive
Markaad wax isku darto	Concoct
Markaad wax ogolaato	Concession
Markab	Ship

376

Markab ama dooni weyn	Vessel
Markasta	Always
Markhaati	Witness
Markii	While
Marmar, Mutunelo	Tile, marble
Marmar ama Wakhti	Seldom
Marmarid	Twist
Marmarka qaarkood	Sometimes
Maro Calal ah	Rag
Maro iwm	Garment
Maro yar	Scrap, napkin
Maroodi	Elephant
Maroodiga Gacankiisa	Trunk
Maroojin	Squeeze
Maroojin aad ah	Wring
Marti	Guest
Marti sharaf leh	Hospitality
Martiqaadid	Entertain
Marxalad	Estate
Maryo maydhid	Launder
Mas	Snake
Mas weyn	Anaconda
Mas'uul	Responsible
Mas'uuliyad	Responsibility
Masaari ah	Egyptian
Masaf	Tray
Masaf ama mafag	Scoop
Masaggo	Sorghum, corn
Masar	Hanky
Masarka afka (Fasaleeti)	Handkerchief
Masaxaad	Wipe, erase, rub
Mashiin	Machine

377

Mashqal	Gouge
Mashquul	Busy, preoccupy
Mashruuc, Qorshe	Project
Masiibo Khatar ah	Calamity
Masiibo	Disaster
Masiixi (Nebi Ciise)	Christ
Masiixi ah	Christian
Masjid	Mosque
Maskax	Brain
Maskax fajac	Confuse
Maskax fayoobi	Sanity
Maskax fayow	Sane
Maskax furan	Wit
Maskax-Furnaan	Acumen
Maskaxda geli karin	Illogical
Maskiinka	Lazaras
Maslaxid	Appease
Masrax	Theatre
Masri	Egyptian
Matagid	Vomit
Matalaya	Represent
Matante	Panties
Matoor	Machine
Matoorka tareenka	Locomotive
Mawjuud sii ahaa	Pre-exist
Mawqif	Entrench
Maxaa wacay	Because
Maxaa yeelay	Because
Maxay? Waa maxay ?	What
Maxkamadda ama Maxkamad	Court
Maxkanad, Barlamaan	Session
Maya	No

Maydhashada jirka	Bath
Maydhid	Wash
Meel	Site, thereabouts, somewhere
Meel adag	Callus
Meel ay biyuhu maraan	Gutter
Meel barakaysan	Sanctum
Meel fog	Farther
Meel gaar ah	Spot
Meel isku uruurin	Agglomerate
Meel kale	Elsewhere
Meel kasta	Wherever
Meel kore	Upper
Meel la isugu keeno	Converge
Meel sare	Upper
Meel uun	Anywhere
Meel yar oo bannaan	Gap
Meel, Meel dhigid	Place, position
Meeldejin, Yagleelid	Locate
Meelna	Nowhere
Meesha dharka lagu dhaqo	Laundry
Meesha la shiisho	Target
Meesha ugu fog	Utomost
Meeshan	Here
Meesheer	There
Meher	Dowry, wedlock
Mel barakaysan	Sanctuary
Mel khalad ah la dhigo	Misplace
Meydka dadka	Corpse
Mici	Canine
Mid ahaan	Either
Mid ama ka kale	Either
Mid kale	Another

Mid kasta	Every
Mid kastaba	Each
Mid tusaale ah	Specimen
Midab	Colour
Midab bedelid	Bleach
Midab boodhe ah	Brown
Midab dameer oo kale	Grey
Midab dhalaalaya	Aglow
Midab geddiyib	Disguise
Midab kala duwan	Varicoloured
Midab kala geddisan	Varicoloured
Midab kala sooc	Apartheid
Midab madow	Black
Midabka biyaha	Watercolour
Midabyo	Polychrome
Midayn	Unify
Midba boodhe ah	Grey
Midhaha timirta	Date
Midhidh daqiiqad	Second
Midho goyn	Harvest
Midkiiba	Each, per
Midkoodna ma....	Neither
Midna maaha	Neither
Midnaba	Nor
Midnaba, Midna maaha	None
Midnimo	Unity
Miduun	Anyone
Miis	Table
Miisaamid	Balance
Miisaan	Balance
Miisaaniyad	Budget
Mile	Solvent

380

Milid	Dissolve
Milix	Salt
Mindi	Knife
Mindiyo	Knives
Miro	Fruit
Miro dhalinaaya	Fruitful
Misaajid	Mosque
Misaska, sariiraha iwm	Furniture
Mishiin birta lagu qoro	Lathe
Mishiin wax ku qorid	Type
Misig	Hip
Miskiin	Beggar
Mixnad	Quandary
Miyi aan aqoon lahayn	Backwoods
Miyiga	Country-side, country
Miyir beelay	Blackout
Miyir doorsan	Apoplexy
Miyiris, Miyirsaday	Resuscitate
Miyirqab La' xaan	Madness
Modeel ama Moodo (Nooc)	Model
Molekuyuul (Saysis)	Molecule
Molo	Spring
Mootan	Dead
Mowjad	Tide
Mu'aamara dhisid	Conspire
Muaamaraad	Adventure
Mucaarid	Anti
Mucaawano - Tabaruc	Benefactor
Mucaawino	Help
Mudaaharaad	Strike, demonstration
MaxaadhAwl	
Mudaharaadid	Demonstrate

381

Muddo laba toddobaad ah	Fortnight
Muddo taariikheed, Cahdi	Era
Muddo toban sano ah	Decade
Mudeec ah, Madax furan	Obedient
Mudeecnimo	Obedience
Mug	Capacity
Mugdi, Iftiin la'aan	Dark
Muhiim ah	Main
Mujtamac Beel	Society
Mujtamaca laga dhexsaaro	Outcast
Mukhajil	Bashful
Mukhliska ah	Faithful, faith
Mukhlisnimo-kunool	Abide
Mukulaal	Cat
Mulkiyad wareejin	Convey
Munaafaqnimo	Hypocrisy
Muqafal	Zany
Muraad	Goal
Muraayad	Aid
Muran la'aan	Axiom
Muriid	Disciple
Murjuc	Baby
Murmid	Argue
Murugaysan	Dismal
Murugaysan, Murugo leh	Saturnine
Murugeysan	Cheerless, gloomy
Murugo	Baleful, grief, sorrow
Murugo la ooy	Alack
Muruq	Muscle, muscular
Muruqa Gacanta	Biceps
Muruqyo	Thews
Musaafurin	Outcast, repatriate

Musbaar Madax balaadhan	Tack
Musbaar ku garaacid	Clinch
Musbaar mudis	Clinch
Musharaxa	Candidate
Musiibo	Casuality
Musmaarka	Screw
Musqul	Latrine, toilet
Musqusha	Latrine
Musqusha qubayska	Bathroom
Musric	Polytheism
Mustacmar	Colonialism
Mustacmarad	Colony
Mustaqbal	Future
Musuqid ama musuq sameyn	Corrupt
Musuqmaasuq	Corruption
Muudsasho	Absorption
Muudsi ama Qabasho	Absorb
Muufo, foorno	Oven
Muujin	Feign
Muujiye	Index
Muuq	Appearance
Muuqaal	Scene, structure
Muuqaal Sawir ah	Image
Muuqaal been ah	Facade
Muuqaal daro	Disfigure
Muuqaal fiican (ragga)	Handsome
Muuqasho	Appearance
Muuqda	Appear
Muus (Khudrad	)Banana
Muusik	Music

383

N

Naabaadguurin	Erode
Naafayn	Maim
Naag	Woman
Naag coon ah	Vixen
Naag dabeecad xun	Virago
Naag khaniis ah	Lesbian
Naag labandaaywte ah	Laundress
Naag qumanyo ah Coon	Virago
Naagta la qabo	Dame, wife
Naagta saaxirka ah	Witch
Naakhuudaha Maraakibta	Skipper
Naanays	Surname, congnomen
Naanaysid Xun	Revile
Naas	Breast
Naasaha Xayawaanka	Brisket
Naaska Dumarka	Breast
Naaxin, Naaxis	Fatten
Nabad, Nabad qab	Peace
Nabad-doon	Chieftain
Nabadeey!	Good-bye
Nabadgelyo	Farewell, good-bye, cheerio
Nacas	Fool, idiot
Nacasnimo	Senseless
Nacbeysi	Hate
Nacnac	Caramel, toffee
Nadaamsan	Tidy
Nadal	Rascal
Nadiif	Clean
Nadiif maaha	Unclean

Nadiifin	Clean
Naf	Spirit
Naf ka saarid	Quietus
Naf la geliyo	Liven
Nafahayaga, Qudhayada	Ourselves
Nafaqayn: maalayn	Enrich
Nafaqo darro	Malnutrition
Nafaqo la'aan	Malnutrition
Nafaqo, Nuxur	Nutrition
Nafiija	Outcome
Nafleyda	Biology
Nafta	Psyche, soul
Naftaada	Yourself, myself
Naftii hure	Volunteer
Nakhtiimid	Revise
Naqad (Bixinta Lacagta)	Cash
Naqas	Gas
Nasakh	Crazy
Nasakhin	Daze
Nasasho	Relax, rest
Nasib-xumo	Hapless
Nasiib	Fate, fortune
Nasiib badan leh	Lucky
Nasiib daro ahaa	Misadventure
Nasiib-darro	Misfortune
Nasiibin, Ku nasiibin	Random
Natiijo	Sequel
Naxariis	Clemency
Naxariis badan	Generous
Naxariis leh	Genial
NaxdinS	urprise, astonish
Naxdin, Argagax	Shock

385

Naxwe	Grammar
Nebcaasho xoog ah	Aversion
Nebcansho	Reluctance
Nebcaysad	Abhor
Nebcaysaho, Nebcaystay	Resent
Nebi, Rasuul	Prophet
Neecaw	Zephyr
Neecaw ku filan lahayn	Airless
Neef	Gas
Neef Saarid	Exhale
Neef-qabatow	Stifle
Neefsasho	Breath
Neefsi, neefsasho	Repiration
Neylka ama naysha	Lamb
Nibiriga badda ku nool	Whale
Nidaam	System, arrangement
Nidaam La'aan	Anarchy
Nidaamin	Arrange
Nidaamsan	Neat
Nidar, Si niyad ah	Solemn
Nigiska	Underwear
Niikis	Dance
Nijaar	Carpenter
Nijaas	Unclean
Nikaax (is-guuris)	Wedlock
Nimco, Bilicsan	Grace
Nimmiri	Whale
Nin	Man
Nin Xoog weyn	Beefy
Nin laba xaas leh	Bigamy
Nin mudan	Gentleman
Nin sharaf leh	Gentleman

Nin waalan	Lunatic
Ninimo	Manhood
Ninka Arooska ah	Bridgegroom
Ninka Naagtiisa kheyama	Infidelity
Ninka aad Saboolka ah	Lazaras
Ninka aan guursan	Bachelor
Ninka dhufaanka ah	Eunuch
Ninka yar	Lad
Ninnimo	Manhood
Niyad	Spirit
Niyad Dilid	Demoralize
Niyad Jebin	Deject, demoralize, daunt
Niyad kac	Emotion
Niyad-jebin	Discourage
Nolol	Alive, life
Nolol Raaxo	Welfare
Nolol aad u Saraysa	Affluence
Nolol dheer	Longevity
Nolol leh	Alive
Nololeed	Vital
Nooc	Kind, sort, type
Nooc Kalluunka ka mid ah	Bass
Nooc Khamri ah	Beer
Nooc Macdanta ka mid ah	Quartz
Nooc Xawaashka ka mid ah	Allspice
Nooc Xisaabaha	Logarithm
Nooc Xisaabta ka mid ah	Calculus
Nooc ka mid ah	Screw
Nooc kaluunka kamida	Dab
Nooc khamri ah	Liqour
Nooc raha ka mid ah	Toad
Nooc soofaha ka mid ah	Rasp

Nooc subag ah Cheese
NoocyoVariety
NoodhPaper money
Noog Weary
Noogid Tire
Nool Animate, live, living
Noolayn Animate
Nootaayo Nutary
Nujad Intent
Nuqli Copy
Nurse Nuptial
Nus Half
Nuurad (Walaxda Cad) Lime
Nuurad qoyan Quicklime

O

Oo Kaliya	Only
Odhaahda	Dialect
Og	Offhand
Ogeysiin	Apprise
Ogeysiis	Notice
Oggolaansho	Admittance, admit
Oggolaansho siin	Consent
Oggolaansho, Fasax	Permission
Ogolaaday	Confess
Ogolaansho	Admission
Olol, Ololin	Flame
Ololaaya	Aflame
Olole	Campaign
Onkod	Thunder
Onkodka Roobku dhaliyo	Thunder
Oo ka shoqaysa Hotel	Maid
Oo kale	Like, such
Oo qudha	Only
Oohin	Weep, tear 2
Oohinta xayawaanka	Yelp
Oon	Thirst
Oori	Wife
Ooyid	Cry
Orahda	Piracy
Orday, Ordid, Orod	Run
Org	iBilly-goat
Orod	Race 1
Outpatient	outpat

389

Q

Qaab	Shape, character
Qaab luqad loogu hadlo	Accent
Qaabilis	Facing
Qaabka Beddelid	Transfigure
Qaabka Xun	Churl
Qaabka beddelid	Transform
Qaac, Uumi	Steam
Qaacido	Formula
Qaaciido	Base
Qaad (Amar)	Carry
Qaad ,Wax qaadidT	ake
Qaadatid	Conceive
Qaaddacaad	Boycott
Qaaddo, Malqacad	Spoon
Qaade	Carrier
Qaadi Maxkamadeed	Jurist
Qaadid	Carry, take
Qaadiraysan	Haggard
Qaadiro	Hangover
Qaadis	Handle
Qaali	Dear
Qaali ah, Qiime sare ah	Expensive
Qaamaysanaan	Owe
Qaamuus, Eray-Bixiye	Dictionary
Qaan, Fakhriyid	Bankrupt, debt
Qaanso (Xisaab)	Arc
Qaarad, iska-adkaan	Continent
Qaawan	Bare, naked, nude, unclad
Qaaxo	Tuberculosis

390

Qaayo Ridis	Detract
Qaba	Hale
Qabasho	Seize, accede, arrest
Qabatin	Addict
Qabiilo	Tribe
Qabo	Catch
Qabo ama fal (Wax) yeel	Do
Qaboojim	Refresh
Qaboojiye	Refrigeration
Qabow	Cold
Qabowga dhaxanta Xun	Chill
Qabowga yar	Cool
Qabri	Grave, tomb
Qabsasho	Conquer, absorption
Qabuuraha	Cemetery, graveyard
Qadaadiicda ah	Coin
Qadada dabadeed	Postprandial
Qadayn, Qado-cunid	Dine
Qaddarin mudan, waynayn	Glory
Qaderin, la qaderiyo	Revere
Qadhaadh	Bitter
Qadiim	Ancient
Qadimid	Prepay
Qado	Launch
Qafaalid	Kidnap
Qahwc	Coffee
Qajar ama guri weyn	Palace
Qalab	Device, equipment, instrument, tool
Qalab farsamo	Appliance
Qalab koranto laga helo	Battery
Qalab wax lagu dalooliyo	Drill

391

Qalabayn	Retool, equip
Qalabka lagu dagaal galo	Weapon
Qalad	Fault, wrong, wicked
Qalafsan	Rough
Qalalaaso	Riot
Qalbi Jabin	Daunt
Qalbi furan	Whole-hearted
Qalbi jab	Disherten
Qalbi jabin	Discourage
Qalbi naxariis	Amiable
Qalcad	Fort
Qalcad Milateri	Castle
Qaldad	Mortar
Qaldad, Nuurad	Morter
Qalibaad, Kala rogid	Invert
Qalibid	Over-turn
Qalin (Macdan) qaali ah	Silver
Qalin jabin	Graduate, graduation
Qalin qori	Pencil
Qalinka Khadka leh	Pen
Qallafsan	Coarse, gruff
Qallajin	Dry
Qallibid	Upset
Qallooc, Qoolaab	Curve
Qalloocin	Bend
Qalqalooc	Tortuous
Qalqaloocan	Tortuous
Qambo dumar (ta madaxa)	Kerchief
Qammandi ama Sareen	Wheet
Qandaraas	Contract
Qandho	Fever
Qaniimad	Wealth

Qaniinyo	Bite
Qanjidh	Gland
Qanjidh ku yaalla cunaha	Tonsils
Qanjidhada Xoqadaha	Thyroid
Qanjiidho	Nip
Qaraabanimo	Kinship
Qaraabo	Kin, relative
Qaraafiic	Sabot
Qaraar	Bitter, decision
Qaraar gaaraan	Quorum
Qarameyn	Nationalize
QaranN	ation
Qaranimo	National
Qarax (Sanqar weyn leh	)Exposion
Qaraxa	Blast
Qare	Watermelon
Qareen	Lawyer
Qarin	Conceal, disappear, occult
Qarmuun ah	Chlorine
Qarni	Century, centenary
Qarradhidh	Limitation
Qarsoodi ah	Clandestine
Qarsoomid	Vanish
Qaruurad	Glass
Qarxad leh	Gaily
Qarxid	Burst, combustion, explode
Qarxid sanqadh weyn leh	Detonate
Qarxiso	Lighter
Qasab ah	Compulsory
Qasacas	Cane
Qasdi	Intent, aim
Qasharka Rasaasta	Cartridge

Qashim	Trash
Qashin, dayacid	Waste
Qashinka	Garbage
Qasid	Disquiet, stir
Qawadda oo dhan leh	Almighty
Qaxid	Immigrate
Qaxooti (Qofka)	Refugee
Qayb	Portion, faction, section
Qayb ahaan	Partial
Qayb ka mid ah	Portion
Qayb wax ku idlaysa	Component
Qaybin	Allot, apportion, divide
Qaybo	Part
Qaybo isaga ekaan	Analogy
Qaybqaybin	Apportion
Qaybqaybin, U qaybin	Supply
Qaybta	Major
Qaybta Madow ee isha	Iris
Qaybta hoose e ubaxa	Corolla
Qaydhin	Crude
Qaylin	Vociferate
Qaylin ama oohin dheer	Bawl
Qaylo	Cry, shout, noise, pother
Qaylo dheer	Whoop
Qayracaadi	Extraordinary
Qeyb aad iyo aad u yar	Quantum
Qeedhiin	Raw
Qeexan	Clear
Qeexid	Clarify, demonstrate, clear
Qeybta Sare ee Maskaxda	Cerebral
Qiimayn	Value
Qiime dhac, sharaf dhac	Disgrace

Qiime, qaali ah	Cost
Qiimeyn	Dignity, evaluate
Qiimeyn faham ah	Appreciate
Qiimo dhicid	Depreciate
Qiimo lahayn	Under-dog
Qiimo leh	Valuable
Qiimo ridid	Depreciate
Qiiq, Qaac, Sigaar cabid	Smoke
Qiiro farxadeed leh	Zealous
Qirid	Acknowledge, belief
Qirid la qirto	Admittance
Qirsan	Believe
Qirtay	Confess
Qirtid	Achknowledge
Qishid Qof kale	Crib
Qixid	Emigrate, desert
Qiyaas	Dimension
Qiyaas ka qaadasho	Scale
Qodax	Thorn
Qodid	Dig, unreasoning
Qodin yar	Hatchet
Qodob	Article
Qof	Somebody
Qof Ganacsadaha ah	Broker
Qof Hurda	Abed
Qof aan diin haysan	Infidelity
Qof aan gaan gaadh ahayn	Adolescent
Qof ama shay	Origin
Qof cid ka wakiil ah	Agent
Qof dhalinyaro ah	Juvenile
Qof dhib badan	Violence
Qof dhiiga ku yar yahay	Anemia

395

Qof doonan (Gabadh)	Fiancee
Qof ilbax ah	Citizen
Qof ka xada figradaha	Piracy
Qof ku nool baadiye	Backwoods
Qof lagu shaqaysto	Tool
Qof layaabatin leh	Erratic
Qof qalaad oo qariib ah	Stranger
Qof shirikad leh	Patron
Qof wax Mas uul ka ah	Patron
Qof xarago badan	Dandy
Qof xaragoonaya	Toff
Qofka Aqoonta badan leh	Scholar
Qofka Bukaan socodka ah	outpat
Qofka Caajiska ah	Lazy
Qofka Dacwoonaya	Claimant
Qofka Dembiyada Baara	Detective
Qofka Hilibka Dadka cuna	Cannibal
Qofka Imtixaanka qaada	Candidate
Qofka Maaquuraha ah	Churl
Qofka Maqan	Absantee
Qofka Maraykanka ah	American
Qofka Mataanka ah	Twin
Qofka Mustacmarka ah	Colonist
Qofka Ugaadhsada	Hunter
Qofka Waddaniga ah	Patriot
Qofka aan hilibka Cunin	Vegetarian
Qofka badhi-walaha ah	Bearer
Qofka baqdinta badan	Coward
Qofka barta sharciga	Lawyer
Qofka camalka xun	Testy
Qofka cirka weyn	Glutton
Qofka daaska libiya	Grocer

396

Qofka dawarsada	Beggar
Qofka dhinta meydkiisa	Corpse
Qofka dhul hanti ah leh	Landowner
Qofka dhutinay	aLame
Qofka dila Boqorka	Regicide
Qofka dalkiisa hadimeeya	Traitor
Qofka egeyga ah	Delegate
Qofka la soo Sharxo	Candidate
Qofka masuukha ah	Goon
Qofka meel maamula	Chief
Qofka nacaska ah	Sap
Qofka qaamaysan	Debtor
Qofka qalba daciifka ah	Idiot
Qofka qora buug	Author
Qofka sakhiifka ah	Blockhead
Qofka shaydaanka ah	Devil
Qofka wax beera	Grower.
Qofka wax ijaarta	Tenant
Qofka wax qora	Writer
Qofka xil gaar ah haya	Keeper
Qofka yar	Child
Qofka yara maskaxda adag	Zany
Qofka Xisaabiyaha ah	Accountant
Qoflun	Pariah
Qofna, cidna	Nobody
Qofralka la Xarakeeyo	Punctuate
Qofuun	Anybody, anyone
Qol	Chamber, room
Qol lagu kulmo oo weyn	Hall
Qolka Biyaha	Toilet
Qolka Fadhiga	Lounge
Qolka Martida la geeyo	Drawing-room

Qolka fadhiga ee dumarka	Boudoir
Qolka hordada	Bedroom
Qolka shirka	Hall
Qolka wax kariyo	Kitchen
Qolo	Tribe
Qolof	Cortex
Qolof ama qafiska sare	Frame
Qolofta Midhaha	Rind
Qoob-ka-ciyaar	Dance
Qoobka Ciyaar, Jaas	Jazz
Qoobka Fardaha	Hoof
Qoofka aan joogin	Absantee
Qoolaad	Loop
Qoondayn	Demarcation
Qoondayno	Appoint
Qoor	Neck
Qoor-gooye	Cancer
Qooriga Badda	Shore
Qoosh, Xalilid	Solution
Qoraa	Author
Qoraal qurux badan	Calligraphy
Qore	Writer
Qori	Wood
Qorid	Write
Qorid mar labaad	Rewrite
Qorrax, Cadceed	Sun
Qorshayta ikhtiraacida	Design
Qorshe	Plan, scheme
Qorsheyn	Devise
Qoslid	Laugh
Qosol	Laugh
Qosol ilka caddayn	Grin

Qosol leh	Funny
Qosol wijiiri ah	Giggle
Qoto dheer	Remote
Qotomid, Dejin, Aasaas	Establish
Qotonsanaan	Establishment
Qoyaan, lo qooyo, Qooyn	Soak
Qoyan	Wet
Qoys ama reer	Clan
Qubaysi	Bath
Qudbi	Tower
Qudh ka jarid	Kill
Qudha	Soul
Qudhaada	Yourself
Qudhaanjo	Ant
Qudhmay, uray	Putrid
Qudhmid, Qaasiyid	Rot
Qudhqudhin=qudhqudhis	Gulp
Qudhun, Khaayis	Rotten
Qudhun, Qudhmid	Decay
Qufac	Cough
Qufacaad (Codka qufaca)	Whoop
Qufid	Unreasoning
Quflid	Lock
Quful	Lock
Qulaaqulshe	Larynx
Qulqulid	Trickle, flow
Qumaha	Cheap
Quman	Accurate
Qumin	Rectify
Qumman	Upright, vertical
Qunbe	Coconut
Qunbulad	Bomb

399

Qunyar loo jiido (Xoog)	Drag
Qunyar shubid	Decant
Qunyar, Aayar	Slow
Quraac	Breakfast
Quraan	Koran
Quraarad	Glass
Quruurux	Gravel
Qurux	Beauty
Qurux badan	Magnificient, beautiful
Quruxda	Abstract
Qurxin	Decorate, adorn, embellish
Qurxoon	Beautiful, grace, titivate
Qurxuun	Handsome
Qushuuc	Admiration
Qushuucid	Admire
Quudin, Raashimin	Feed
Quursi	Despise
Quusin	Immerse
Quwad	Force
Qar sida ka koobka oo kale	Brim

400

R

Ra'yi	Concept, sentiment, verdict
Raacid	Accompany, follow
Raad	Track, vestige
Raadin	Detect, seek, trace
Raadis deg-deg ah	Scour
Raadiyaha layska arko	Video
Raadiyowga	Wireless
Raadyawga	Media
Raajo	X-ray
Raali aan ahayn	Dissatisfy
Raali-gelin	Satisfaction, enjoy
Raalligelin la'aan	Dissatisfy
Raamsi (Cunto Calalin)	Chew
Raashin	Food
Raashinka Lacuno	Ration
Raaxaysi	Comfort
Raaxo	Luxury
Raaxo la'aan	Discomfort, uneasy
Raaxo leh	Comfy, comfortable, luxurious
Rabadh	Elastic
Rabbaayad	Tame
Rabbaysan	Tame
Rabbi	God
Rabid	Wish
Rabshoole	Naughty, violence
Racfaan	Appeal
Raf	Shelf

Rafiiq	Companion, fellow
Raganimo	Manly
Rah Yar	Tadpole
Rahmaad, Kala rahmid	Distrain
Rajayn	Contemplate, expect, hope
Rajo	Wish, hope
Rajo gelin	Cherish
Rajo-badan	Hopeful
Rakhiis ah	Cheap
Rakibid	Construct
Ranjiyo badan	Polychrome
Raq	Prey
Raqabad	Neck
Rar-ka-dhigid	Unload
Rasayn	Amass
Raso Weyn, Rasayn	Pile
Raso, Liid	Layer
Ratti	Camel
Raxmad, naxariis	Mercy
Rayi	View, ideal
Rayid	Civilian, civil
Rayiisle	Barber
Reediyow	Radio
Reer	Ilk
Reer Magaal	Citizen
Reer Maraykan	American
Reer guuraa	Nomad
Reer magaal	Urban
Remoodh	Trailer
Remor	Trailer
Ri'	Goat

402

Rib (dareeraha) kulmin	Concentrate
Ridaq	Grind
Ridid legad	Knock
Ridiqid	Grind
Ridis "Hubka, Qoriga"	Shot
Rigo (Ciidanka)	Parade
Riixid	Push
Rimin ama uurayn	Impregnate
Riqdid, Shiidid	Jam
Riwaayad (Masraxiyad)	Concept, drama
Riwaayad	Drama
Riyaaq	Glad
Rogaal	Reciprocal
Romaanka "Midho"	Pomegranate
Roob	Rain
Rooban, Roob leh	Rainy
Roobyar oon badnayn	Drizzle
Roog	Rug
Roog ama ruumi	Carpet
Roogga dhulka	Rug
Rooti	Bread
Rootiga waaweyn	Loaf
Rubuc	Quarter
Rudub	Wad
Ruduubad	Humid
Rujin	Uproot
Rukun	Nook
Rumeyn	Conducive
Rumeysan	Believe
Run	Genuine, reality, truth, fact

Run ah	Real, true, actual, undoubted genuine
Run ahaan	Verily
Run badan	Veracious
Run maaha	False
Runtii	Actually
Rushaashad	Shower
Ruugid	Crunch, chew
Ruumi	Rug
Ruux	Spirit
Ruux da'weyn oo caafimad	Hale
Ruuxda	Soul
Ruxan	Tremor
Ruxid	Quiver
Ruxmid	Topple
Ruxruxid	Vibrate

S

Saabaanka guriga	Furniture
Saabuun	Soap
Saacad (Wakhti)	Hour
Saacad dib uga dhicid	Belated
Saacaddiiba mar	Hourly
Saacidiid	Backing
Saad Camal	Such
Saadaalin	Foretell
Saafi ah	Unalloyed
Saamaxaad, Cafis	Pardon
Saami	Ratio, portion, share
Saamiqaad, Ka qaybgal	Partake
Saamixid	Forgive
Saanjad, Wakhti lumay	Loaf
Saaqid	Failure, induction
Saaris	Eject
Saas camal	Likewise
Saaxiib	Friend
Saaxiib aad kuugu xidhan	Chum
Saaxiib daacad ah	Comrade
Saaxiib kula jira	Companion
Saaxiib, Jaalle	Pal
Saaxiibtinimo	Friendship
Saaxir	Wizard
Saaxirad	Witch
Sab	Bridal
Sabab	Cause, reason
Sabab fiican u yeelid	Justify
Sabab u yeelis	Rationalize

405

Sabayn	Float
Sabbaynaya	Afloat
Sabiib	Raisin
Sabool-Fakhri	Penury
Saboolnimo	Poverty
Sabti, Maaalinta Sabtida	Saturday
Sabuurad	Black board
Sac (Lo'da ka dheddig)	Cow
Sacab garaacid	Clap
Sacab ku taageerid	Applaud
Sacab tumid	Clap
Sadaqo	Alms
Sadaqo	Sacrifice
Saddex (3)	Three
Saddex Geesood	Triangle
Saddex iyo toban (13)	Thirteen
Saddex jeer	Thrice
Saddex xagal	Triangle
Saddexaad	Third
Saddexdii Biloodba mar	Quarterly
Sadex Jibaar	Triple
Saf	Alignment
Saf Gudban	Column
Saf samayn	Align
Safaarad	Embassy
Safar	Trip
Safayn, Saafi ka dhigid	Purify, refine
Safid	Align
Safiir	Ambassador
Sagaac iyo toban	Nineteen
Sagaal, tiro 9 (IX)	Nine
Sagaashan	Ninety

406

Sagxad, Dusha	Surface
Sahamin	Survey
Sakatuuro	Latch
Sakhraamay	Blackout
Sakhraan	Pissed
Sal	Buttock, basic
Salaamid	Greet
Salaan	Compliment, salaam, handshake
Salaan tixgelin Mudan	Salutation
Salaasa	Tuesday
Saladda	Trug
Salbabakh	Babble
Saliidda	Chandler
Sallaanka	Ladder
Sallad	Basket
Sallaxan	Natty
Samada	Firmament
Samayn	Fix, react, commit
Samayn ama qaabayn	Form
Samaynkara	Can
Sambab	Lung
Sameecad	Loudspeaker
Sameynta dharka	Weave
Samir, Dulqaadasho	Patience
Samir: Is Casilis	Abdication
Samrid	Relinghish
Sanad	Year
Sanad Cusub	New Year
Sanbiil	Basket, trug
Sanboor (Cudur)	Catarrh
Sandhal	Sandal

Sandher	Mouse
Sanka, San	Nose
Sannad	Year
Sannadguurada Boqolaad	Centenary
Sannadguuro	Anniversary
Sanqadh yar	Rap, thud
Sanqar, Qaylo kadis ah	Bang
Sanqaraha miyuusiga iwm	Blend
Sanqasho	Blink, wink
Saqbadh, Habeenbadh	Midnight
Sarayn	Lofty
Sardho dheer	Coma
Sare	Up, lofty
Sare u dirid	Upward
Sare u jeedid	Upturn
Sare u qaadid	Raise
Sarejoog	Stand
Sariir	Bed
Sarrayn	Highness
Sarreenka	Grain
Sarreeya, ka tiro badan	Superior, high
Sawaxan	Noise
Sawir	Diagram
Sawir Gacmeed	Picture
Sawir la qurxiyey	Portrait
Sax	Precision, prefect, correct
Sax ah	Veritable, corrective, right
Sax ku ah	Apposite
Sax, Midig	Right
Saxan	Disc
Saxaro	Excrement
Saxaro yaraan	Constipation

408

Saxeex	Signature
Saxid	Correct
Saxiib	Partner
Saxis	Correction
Saxnimo	Correction
Saxo	Health
Saxo wanaag	Healthy
Sayniska Cudurrada	Pathology
Saytuun "kan janada"	Olive
Se	But
Sebi	Infant
Seed	Tendon
Seenyaale	Signal
Seero	Meadow
Sees	Foundation
Seeto	Shackale
Seexasho	Kip
Segegar, Qof doqon ah	Booby
Sentigireet	Centigrade
Shaabuugayn	Whip, lash
Shaac	Twilight
Shaac-bixin	Declare
Shaacbixid	Arise
Shaadh, Shaati, Qamiis	Shirt
Shaag	Tyre, wheel
Shaah, Caleenta Shaaha	Tea
Shabagga daaqadaha	Gauze
Shabaq	Net
Shabeel	Tiger
Shabeelka dhadig	Tigress
Shabeelka iwm	Cub
Shacbiga	Civilian

409

Shahaadad	Certificate
Shahaado Aqooneed	Diploma
Shahwada dhadigga	Ovum
Shakaal	Shackale
Shakhsiyadiisa	Personality
Shaki	Doubt, suspicion, suspicious
Shaki badan	Doubtful
Shaki ka saarid	Reassure
Shaki la qaadan karin	Incredulous
Shaki la'aan	Doubtless, sure
Shaki miidhaan ah	Doubtful
Shalay	Yesterday
Shamiinto	Cement
Shan-geesle	Pentagon
Shandad	Case, box
Shaneemo	Cinema
Shaqaalaha Markabka	Crew
Shaqaalanimo	Labour
Shaqaale	Labour
Shaqaale dawladeed	Official
Shaqada Ganacsiga, shaqo	Business
Shaqadadii iwm	Background
Shaqalada	Alphabet
Shaqale	Manpower
Shaqayn, aad isugu dayid	Labour
Shaqeyn	Work
Shaqlid	Wrap, encase
Shaqo	Employment, job, task, work
Shaqo bixin	Employ
Shaqo hor istaagid iwm	Derange
Shaqo isku lahayn	Multifarious
Shaqo iwm, aad haysatid	Welfare

410

Shaqo ka nasasho	Vacation
Shaqo la'aan	Idle, unemployment
Shaqo siin	Employ
Sharaab	Beverage
Sharad, sharatan	Bet
Sharaf	Dignity
Sharaf darro	Dishonour
Sharaf lahayn	Immoral, under-dog
Sharaf leh	Gallant
Sharaf u yeelid	Glory
Sharaf-dhac	Disgrace
Sharax	Description, explanation
Sharci	Law
Sharci daro	Illegal, lawless
Sharciyaysan	Lawful
Sharfix	Homage
Sharixid	Upholster
Sharoobo	Syrup
Sharrax, Qurxid	Decoration
Sharraxaad	Decorate, defination
Sharxid	Describe, explain, express
Shax	Chess
Shaxeexnimo	Niggard
Shay walax asasi ah	Basis
Shay, Walax	Item
Shaybaadh	Laboratory
Shaydaan	Demon, ghost, satan, monster
Shebekad ah	Net
Sheegid mar labaad	Restate, retell
Sheegtay	Confess
Sheekayn	Narrate
Sheekh	Mullah

Sheeko	Tale, story
Sheeko ama qiso	Narrative
Sheeko iwm	Author
Sheeko sheegid	Narrate
Shicib	Civil
Shidal	Fuel
Shide-Bakhtiiye	Switch
Shidid	Ignite
Shiidda oo bur ka dhigta	Mill
Shiidid	Grind, mill, pulverize
Shil	Accident
Shilinta, Dhibiijo	Tick 1
Shilis, Baruur	Fat
Shilka	Toll
Shimbir	Bird, duck
Shimbir badeed (Cad)	Swan
Shimbir-laaye (Qalab)	Catapult
Shimbiraha iwm	Biped
Shimbirka galeydh	Falcon
Shimbirta yar	Chick
Shinbir badeed	Tern
Shinni	Bee
Shir	Conference, congress
Shiraac	Awning, canvas
Shirkad	Company
Shirqool	Conspiracy, conspire
Shoolad	Furnace
Shubka sibidhka-sabbad	Concrete
Shucuur	Sentiment
Shufeer	Chauffeur, driver
Shukaan	Steering
Shukaansi	Woo

Shukumaan	Towel
Shuluq	Beefy, obese
Shumis	Osculation
Shuruud	Condition
Shushub	Pleat
Shuuq, shuuqay	Mart
Shuux	Drizzle
Si aad ah	Very
Si aad ah u hadlid	Prate
Si aad ah u weyn	Giant
Si aad u Xad-dhaaf ah	Extraordinary
Si aan la arki jirin	Strangely
Si aan wanaag sanayn	Poorly
Si adag aad u caddaysid	Affirm
Si ahaan	Somehow
Si ballaaran u fidid	Propagate
Si Buuxda	Quite
Si dadban	Indirect
Si deg deg ah	Chop-Chop
Si degdeg ah u carar	Scurry
Si dhakhso ah	Chop-Chop
Si fiican u lebisan	Toff
Si fiican u nadaamsan	Natty
Si kasta	Anyhow
Si kastaba	Anyway, nevertheless
Si khalad ah u fahmid	Misunderstanding
Si qarsoodiya	Underhand
Si Qunyar ah u lumaya	Fade
Si raaxo leh	Gaily
Si saaxiibtinimo ah	Amicable
Si sax ah loo sheegay	Precise
Si toos ah	Directly

Si walba	Anyhow
Si wax loo isticmaalo	Usage
Si xaq ah loo Simin	Unequal
Si xun	Wicked, poorly
Si xun u Isticmaalid	Misuse
Si xun ula Macaamilid	Misbehave
Sibidh	Cement
Sibraar iwm	Bucket
Sicirka	Tariff
Sida "Xuriya tal quwlka"	Inalienable
Sida bamka iwm	Burst
Sida banka ama baaruuda	Blast
Sida dadka da'da ah	Penny pincher
Sida dhulka ah	Globe
Sida Dubbe	Clang
Sida fiilada	Mansion
Sida foolka Maroodiga	Tusk
Sida kuwa gaariga wada	Gear
Sida markuu bamku qarxo	Explode
Sida Qaadka	Addict
Sida qof aad baratay	Acquaint
Sida raashinka	Ingredient
Sida Sakanaatul mawdka	Agony
Sida ta lagu seexdo	Bed
Sida to baabuurta	Oil
Sida waseer ku xigeen	Deputy
Sida: Saxaraha	Desert
Sidaa awgeed	Hence
Sidaa dabadeed	Thereafter
Sidaa darteed	Hence
Sidaa oo kale	Such
Sidaasi	Therefore

414

Sidee, Sida	How
Sideed (Tiro) 8	Eight
Sidoo kale	Likewise
Sifaalo	Description
Sifayn	Describe, explain, clarify
Sifo	Explanation, description
Sigaar	Cigarette, fag
Sii	Give
Sii bixin	Prepay
Sii cusboonaysiin	Boost
Sii deyn	Release
Sii dheereyn	Prolong
Sii gaysi	Masturbation
Sii hinqadsiin	Boost
Sii kala qaybin kale	Subdivide
Sii kordhin	Boost
Sii maris	Via
Sii socodsiin	Maintain
Sii wadid	Maintain
Sii-deyn	Unhand
Siiba nooc wax burburiya	Anaconda
Siiba Qoraalka ama Fanka	Collaborate
Siidhi iwm	Whisper
Siil	Boa
Siin	Concede, grant
Silsilad	Chain
Silsilad is haysata	Nexus
Siman, Si fiican, Siman	Smooth
Simid	Equate
Singalaydh	Singlet
Siniimada iwm	Usher
Sinime	Cinema, movies

Sinnan la'aan	Inequality
Sir hayn	Conceal
Sir qaybsi	Impart
Sir, Qarsoodi, Qarsoon	Secret
Sir-loow	Treacherous
Siririn	Throttle
Sirmaqabe	Innocent
Sixiimad	Dhow
Sixir	Necromancy, magic
Sixir dhimid	Discount
Sixiraad, khushuuc gelin	Bewitch
Sixni, Bileydh, Dabaq	Plate, dish
Sixun ula dhaqmid	Misbehave
Sixun wax u dilis	Bash
Siyaado	Extra
Siyaaro	Visit
Siyaasad xumi	Misrule
Siyaasadayn	Deceive
Siyaasadeed	Diplomatic
Siyaasadeyn	Beguile
Socda	Kinetic, outgoing, current
Socdaal	Tour, travel, trip
Soco	Scram
Socod	Walk
Socod, Dhaqaaq	Motion
Socodka Baabuurta	Traffic
Soddon	Thirty
Solis	Broil
Sonkor	Sugar
Soo Bandhigid	Exhibit
Soo bandhigid	Presentation
Soo bixid	Arise, emerge

Soo degid ama dhoofid	Aboard
Soo degis	Landing
Soo dhaweyn wacan	Hospitality
Soo dhaweyn Xamaasad leh	Acclaim
Soo dhawow	Welcome
Soo dhicid	Fall
Soo dhifasho	Tug
Soo dhoweyn	Reception
Soo gaabin	Abridge
Soo gaabin erayo	Abbreviate
Soo gaabis	Abbreviation
Soo Jiidasho	Charm
Soo jiidis xoog ah	Tug
Soo koobid, Soo yarayn	Summary
Soo Muujin	Exhibit
Soo Muuqasho mar labaad	Reappear
Soo neefsasho	Exhale
Soo noqosho, Soo noqod	Return
Soo ogaan	Discover
Soo saaray	Found
Soo saaris	Production
Soo yarayn	Concise
Soocan	Pure
Soodh	Sword
Soodhawayn	Welcome
Soohdin	Boundary
Soohid	Knit
Sooryeyn, Khushuuc gelin	Entertain
Soulsho	Folklore
Su'aal	Question
Su'aal Shaki leh	Query
Subag Burcad ah (Buuro)	Butter

417

Subagga	Dairy
Sudhato	Hook
Sugid	Wait
Sujuudis	Bow
Suldaanada, Garaada da	Majesty
Sumad	Earmark, seal
Summad	Brand, emblem, symbol, sign
Sun ah	Toxic
Sun leh	Toxic
Sun, Dhibaatayn	Bane
Sunnayaasha	Brow
Sureer	Button
Surin	Alley
Surwaalka	Pantaloon, trouser
Suryo	Loop, noose
Suuf	Wool
Suugaan	Literature
Suugo	Sauce
Suul, Suulka, Gacanta	Thumb
Suuli	Latrine
Suuliga	Toilet
Suun ka samaysan saan	Thong
Suuq (Xaafad)	Town
Suuqa Ganacsiga	Bazaar
Suuqa madaw	Black market
Suuragal	Possibility
Suuris	Coma
Suuroobi kara	Possible
Suurta gal ah	Possible
Suurto gal ahayn	Illogical
Suurtogal	Possibility
Suuska gala khudaarta	Weevil

418

Suuxid, Diidid	Faint
Suuxitaan	Catalepsy
Suxulka gacants	Elbow
Suyuc	Humid, damp

T

Ta Sabuuradda lagu qoro	Chalk
Taabasho	Touch
Taabasho fudud	Dab
Taag-darro	Debility
Taagan	Still, upright
Taageerid Naxariis leh	Favour
Taageeris	Endorse
Taagid	Erect
Taah	Groan, whimper
Taahid	Whimper
Taaj, U caleema saarid	Crown
Taajir	Affluence, rich
Taam	Prefect
Taam horu socod	Ongoing
Taami	Sanity
Taanbguug, Teendho	Tent
Taangi	Reservoir, tank
Taariik iyo dhacdooyin	Chronicle
Taariikh	Date, history
Taariikhda Islaamka	Hegira
Taayir	Wheel
Tababare	Preceptor
Tababarid	Train 1, qualify
Tabaruc	Contribute

Tabcaamid	Tire
Tabcaan	Fatigue
Tacab	Production
Tacabur	Venture
Tacbaan	Weary
Tacliin	Education
Tafaraaruq	Disband
Tafaruqin	Apportion
Tag	Go
Tageerid buuxda	Unanimous
Tagid	Go
Tahniyad	Congratulation
Takfi	Flea
Takhan Takho	Stumble
Takhsiir	Surcharge
Takhtar	Doctor
Takhtarka ilkaha	Dentist
Takhtarka Indhaha	Oculist
Takooran	Dissident
Takoorid, ka noqosho	Withdraw
Taktiko	Tactics
Talaada	Tuesday
Talantaali	Alternative
Taliye (Ciidammada ah)	Commander
Taliye haybad sare leh	Lord
Tallaabo	Step
Tallaalka dhirta	Graft
Talo	Advice
Talo ka qaadasho	Consult
Talo siin	Advise
Talo-goosid	Decide
Tamaandho	Tomato

Tamaashiir	Chalk
Tamar	Energy, vim
Tamar badan	Energetic
Tamar darrayn	Languid
Tamar la'aan, Kart darro	Disability
Tamar leh	Vigorous
Tamar-daran	Weak
Tamar-darro	Debility
Tamashlayn	Stroll
Tamujad	Piston
Tan lagu qubaysto	Shower
Taranka	Train 1
Tareenada iwm	Passenger
Tareenka	Railway
Tarjumid	Construe, interpret
Tarmid	Propagate
Tartamis	Compete, competition, tournament
Tarxiilid	Repatriate
Tasbiixsi	Laudable
Tawrad	Revolution
Taxadirnaan	Caution
Taxane ah	Serial
Tayo	Quality
Tebiye	Conductor
Teebgareyn	Type
Teefiiga joornaalka	Media
Teendho	Tabernacle
Tegaya	Outgoing
Tegid	Depart
Telifoon	Telephone
Telifoonka iwm	Telecommunication

421

Teligaraamada	Aerial
Teligaraamka iwm	Wireless
Telofoonka iwm	Dial
Temeshlayn	Rample
Tib, Tibta wax lagu tumo	Pestle
Tidicd	Knit
Tifiq	Dot, drop
Tig-nooliyadda	Technology
Tigidh	Ticket
Tigidhada	Album
Tiir	Beam
Tiir dheer	Column
Tiiraanyo	Grief
Tiiro	Slope, uphill
Tiitiin	Cactus
Tijaabin	Try
Tijaabin	Attempt, test
Tijaabo	Experiment
Tilmaamid	Indicate, direct
Timo	Hair
Timo La'aan	Bald
Timo-Xiire	Barber
Tiniikh (Ilayska)	Dim
Tira Koobta Dadka Dalka	Census
Tirada afartan 40, XL	Forty .
Tirada dad meel ku nool	Population
Tirada Sare ee Jajabka	Numerator
Tirin	Count
Tiro	Quantity, eleven
Tiro afar 4 (IV)	Four
Tiro badni	Abound
Tiro hore	Back number

422

Tiro kis ah, Yaab leh	Odd
Tiro koob	Statistics
Tiro Shan ah 5 = (V)	Five
Tiro yaraan, Baahida yar	Scarcity
Tiro, Lambar	Number
Tiro-koob	Toll
Tirtiraad	Erase
Tirtirid	Eliminate
Tirtixmayn	Indelible
Titirid (Wax jiray)	Annihilate
Tix-gelin	Regard
Tixgelid	Consider
Tixgelin la'aan	Disregard, contain
Tixgelin Saaxiibtinimo	Favour
Tixid, Taxan	Row
Tikaha Geerka	Cog
Toban (Tiro ah 10)	Ten
Toddobaad	Week
Todobaiyo toban	Seventeen
Todobatan	Seventy
Todobo	Seven
Tog	River
Tolid	Darn
Tooj	Torch
Toojka iwm	Cell
Toon	Garlic
Tooray (Mindi gal leh)	Poniard
Toorne	Lathe
Toorray	Dagger
Toos ah	Direct, unserving
Toosan	Vertical
Toosay	Waken

Toosh	Torch
Toosid	Wake
Toosin	Wake
Tuaksi	Beg
Tubaako	Tobacco
Tuduc (Qaybaha Buugga)	Chapter
Tufaax (Khudrad)	Apple
Tukubid (Socod)	Hobble, totter
Tumaal, Birtun	Smith
Tumaalid	Forge
Tumid	Thresh, beat
Tunka	Nape
Turjimid	Translate
Turub	Playing card
Turumbo	Cornet
Tusaale Fiican	Pattern
Tusaale laga qaadan karo	Imitative
Tusaale, Wax lagu dayo	Example
Tusbax iwm	Bead
Tushuush	Derange
Tusid	Show, flaunt, indicate, locate
Tuubo	Tube
Tuug	Pickpocket, crook, thief
Tuuga guryaha jabsada	Housebreaker
Tuugeysi	Larceny
Tuugis	Entreat
Tuugnimo	Theft
Tuugsi	Cadge
Tuulo	Village
Tuulo aad u yar ama beel	Hamlet
Tuunbo	Tube
Tuurid	Cast, throw

Tuutaha Ciyaartayga	Tracksuit
Tuwaal	Towel
TV - iwm	Aerial

U

U adeegidda, Adeegid	Serve
U adkaysasho	Endurance, withstand
U baahan	Need, rely
U Badalid	Convert
U baraarugsan	Conscious
U Baroordiiqid	Mourn
U bax sida	Receptacle
U bood	Scurry
U bushaarayn	Beatify
U Dabasanaan	Affection
U Debecsanaan	Charity
U dhashay Dalka	Native
U dhaxayn	Between
U dhigmayn	Incompetent
U dhow	Thereabouts, near
U digid	Admonish, warn
U diyaar ah caawin	Willing
U Diyaar Garaw	Afoot
U Diyaar noqosho	Afoot
U ducayn	Bless
U eg	Like, similar
U ekaansho	Resemble
U ergeyn	Negotiate, delegate
U fakirid si qoto dheer	Cogitate
U feejignaan	Careful, conscious

425

U fiirsaho, Loo fiirsado	Observe
U geyn	Add
U gudid	Reimburse
U hadlaya	Garrulous
U Hambalyayn	Felicity
U hayn	Upkeep
U hiilin	Clannish
U jiidh dabacsanaan	Compassion
U kaadin	Postpone
U kas	Deliberate
U Kaydin	Upkeep
U keydsan	Await
U leh karti	Competent
U magacaabid	Denominate
U magacbixin	Denominate
U magdhabid	Reimburse
U Mahad celin lalaan	Ingratitude
U mahadcelin	Achknowledge
U malayn (aan la hubin)	Guess
U oggo laansho	Allow
U Oggolaan	Concede
U ogoisansho	Grant
U qabasho (Wakhti)	Appoint
U qabyaaladayn	Clannish
U qalma	Apposite
U qiirood	Zeal
U sacabbayn, U Sacbid	Clap
U sacbin	Applaud
U sheeg, loo sheego	Tell
U sheegid, ka sheekayn	Recount 1
U sheekayn, Xidhiidhin	Relate
U soo celin	Repay

U soo jeedo ama jecel	Keen
U yeedhid	Call
Ubucda	Gut
Ueg	Facsimile
Uga wakiil ah	Accountable
Ugaadhsade	Hunter
Ugaadhsi	Hunt
Ugu aqoon badan	Elite
Ugu dambayn	Final, omega, end, last
Ugu deeqid, Deeq	Proffer
Ugu dhawaan	Approximately
Ugu dhexeeya, Dhexda	Mid
Ugu Fiican	Supperlative
Ugu fiican	Best
Ugu fog, Meesha fog	Utter
Ugu heer sarreeya	Supperlative
Ugu hooseeya	Nadir
Ugu liita	Nadir
Ugu muhiimsan	Main
Ugu shisheysa	Utomost
Ugu talo galid	Allocate, appropriate
Ugu talo-gal	Design
Ugu wanaagsan	Best, pre-eminent
Ugu xun	Worst
Ugu yar	Least
Uguna karti badan	Elite
Ugxan, Beed	Egg
Ujeeddo	Aid, purpose
Ukun	Egg, omelette
Ul	Stick
Ula dhaqmo	Behave
Ula kac	Deliberate

427

Ula macaamilid	Treat
Ulayn	Thrash
Uma qalanto ama qalmo	Unfit
Unburiyaakooni	Pissed
Ur	Smell, tang
Ur karaahiyo ah	Malodorous
Ur la nebcaysto	Malodorous
Ur Qadhmuun	Reek
Ur qadhmuun	Malodorous
Ur udgoon	Redolent
Ur-xun	Niff
Urta iwm	Diffuse
Urur	Union, association
Urur Samaysan, Duub	Band
Ururid	Collect
Ururid	Unite
Ururin Tiro badan	Accumulate
Ururis	Collection
Uruurin	Agglomerate
Us kagayn	Besmirch
Uskak is jiidjiidaraya	Jammy
Uu wax ku tiirsan yahay	Cardinal
Uumi	Vapour
Uumi bax	Evaporate
Uurta	Abstract
Uwehelyeelid	Accompany
Uyeedhid	Feign

W

Waa bariga	Daybreak
Waa cunay	Ate
Waa geed Qodax leh	Thorn
Waa hunguri weyn yahay	Greedy
Waa khudrad	Cabbage
Waa saliida	Oil
Waa sax	Correct
Waa waalan yahay	Crazy
Waa yara	Somewhat
Waabasho	Cringe
Waaberi	Dawn
Waageeni	Alien
Waalan, Xis la'aan	Insane, madness
Waan fahmay "ujiibin"	Oho
Waardiyeyn	Guard
Waari kara	Viable
Waayahay	Okay
Waayo aragnimo la'aan	Inexperience
Waayo Aragnimo, Khibrad	Experience
Waayo-aragnimo leh	Wise
Waayo? Sababma?	Why
Wacad adag (nidar)	Vow
Wacad jebin	Violate
Wacdiyid	Peach
Wacid	Call
Wada hadal	Confer, conversation
Wada hadallo waanwaaneed	Negotiation
Wada jir	Together
Wada noolaansho	Coexistence

429

Wada shaqeyn	Collaborate
Wada sheekeysi	Conversation
Wadaad	Mullah
Wadaage	Partner
Wadada dinaceeda	Sideline
Wadar, Xaddi Lacag ah	Sum, total
Waddammada Kale	Abroad
Waddan ah	National
Waddan, Xaalad, Sheeg	State
Waddani (Qofka)	Nationalist
Waddaninimo	Nationalism
Waddo	Way, route
Wade	Driver
Wadid	Drive
Wadiigo yar	Lane
Wadiiqo, Waddo-Luuqeed	Path
Wadnaha nafleyda	Heart
Wadne	Heart
Wadno garaad	Palpitation
Wafdi	Delegation
Wajahadaha Dhismaha	Facade
Wakaaladda ama Wakaalad	Agency
Wakhti cunto	Meal
Wakhti dambe	Late
Wakhti ka hor	Ago
Wakhti la ballamo	Appointment
Wakhti la socda	Up-to-date
Wakhti lumis	Dawdle
Wakhti tagay	Ago
Wakhti xumaa	Misadventure
Wakhti yar	Moment
Wakhti yar ku siman	Awhile

Wakhtiga soo socda	Future
Wakhtighq seexashada	Bedtime
Wakhtiglisii Dhammaaday	Expire
Wakiil	Commission
Wakiil Hay'adeed	Commissioner
Walaac	Worry
Walaaqid	Stir
Walax	Thing
Walax yar	Least
Walax, Shay	Material, object, substance
Wanaagsan	Good, tiptop
Wanaajin	Embellish
Wanagsanayn	Parlous
Wanka la dhufaanay	Wether
Wano	Advice
Waqal daruureed	Mist
Waqfi	Dedication
Waqooyi (Jiho)	North
Waqti aan fogayn	Recent
Waqti ama millay	Time
Waqti Xaddidan	Term
War	News
War been u sheegid	Misinform
War xun	Dire
War, Akhbaar	Information
War-bixin	Report
Waraaqo Sharciga ah	Document
Waraha iwm	Carp
Waran	Spear
Warcelin, UI jawaabid	Reply
Wardi	Laudable
Wardiye	Watchman

431

Wareeg	Cycle
Wareegga Goobada	Circumference
Wareegsan	Circular
Wareerid	Daze
Warfaafinta	Broadcast
Wargelin	Notice, apprise, inform
Wargeysyada iwm	Editor
Warqad ballan qaad	Charter
Warqadda Lacagta, Jeeg	Cheque
Warshad	Factory
Warshadaha iwm	Chilli
Wasaarad	Ministry
Wasakh	Dirt
Wasakh leh	Grubby
Wasakhayn	Befoul, defile, besmirch
Wasakhsan	Dirty
Waskada	Cistern
Waslad weyn oo ah qori	Block
Waslad, Qidcad, Qurub	Piece
Waswaas	Suspicion, suspect
Wax	Something
Wax aan bislayn	Raw
Wax aan caadi aheen	Queer
Wax aan dhibaato lahayn	Scot-free
Wax aan fiicnayn	Muck
Wax aan guurgurin	Immobile
Wax aan is bedbedelin	Immutable
Wax aan laga doofi karin	Incontestable
Wax aan madi ahayn	Immaterial
Wax aan Midab lahayn	Achromatic
Wax aan sax aheen	Incorrect
Wax aanad ogoleyn	Disapprove

Wax ama Meel Kooban	Compact
Wax amar aleh u Dhaca	Fate
Wax badan	Umpteen
Wax cad oo lahubo	Definite
Wax dagif ah	Flimsy
Wax dhaca	Occur
Wax dhacay	Master mind
Wax dhigasho (Socda)	Course
Wax faa'iido leh	Handy
Wax fahmi og	Wit
Wax Falid	Act
Wax gaar ah, Si gaar ah	Specific
Wax gacanta lagu qabto	Manual
Wax gumeeysta	Colonist
Wax guud ahaaneed	General
Wax is barid	Con
Wax isku diiday	Conflict
Wax isku fal	Shame
Wax isku mar dhaca	Coincide
Wax jiri jiray waa hore	Ancient
Wax ka sheegid	Remark
Wax kala Jabay	Kaput
Wax kasta	Whatever
Wax khayaali ah	Quixotic
Wax la dhamays tiray	Accomplish
Wax la Hubo	Cinch
Wax laga baqo	Redoubtable
Wax laga baqo	Redouble
Wax laga cabsado	Redouble
Wax laga heli karo	Advantageous
Wax laga shakiyay	Discount
Wax lagu darsado	Butter

433

Wax lagu qoslo	Ridiculous
Wax maqal	Hearing
Wax Markun Xoogu dhaco	Clump
Wax Muhiim ah	Necessary
Wax Muuqda, la arki karo	Physical
Wax Qabad	Action
Wax Qabasho	Act
Wax qiimo weyn leh	Precious
Wax sida kubbadda ah	Globe
Wax soo saar	Manufacture, production
Wax soo saar lahayn	Nonproductive
Wax soo saar leh	Fruitful
Wax soo saar yar	Underproduction
Wax taraya	Helpful
Wax u sheegid	Advise
Wax walax qurxiya	Zinc
Wax weyn oo culays badan	Massive
Wax xun sayn	Seduce
Wax yar	Nutshell
Wax yar ka ah "Hawsha"	Cog
Wax-barasho	Education, study
Wax-yeelo	Detriment
Waxa aad shaqaysato	Earn
Waxa ay ka kooban yihiin	Ingredient
Waxaaga	Yours
Waxaan	This
Waxaan hoboonayn	Improper
Waxaan la fahmi karin	Incomprehensible
Waxaan sharci ahayn	Illegtimate
Waxar	Kid
Waxay ku dhawdahay	Nearly
Waxba	Nothing, naught, nix

Waxbarasha daadii	Background
Waxbarasho	Con
Waxbartayaasha shaqada	Apprentice
Waxdhan	Ongoing
Waxna qorin akhriyin	Illiterate
Waxqabad	Activity
Waxshi	Brutal, wild
Waxtar	Benefit
Waxyaabaha la qabanaayo	Agenda
Waxyeelada badan	Devil
Waxyeelo	Damage, harm
Waxyeelo	Bale
Waxyeelo weyn	Disaster
Way tiro daysay-xaddhaaf	Countless
Waydiin	Question
Webi	River
Weecin	Turn
Weedh sabab leh	Premise
Weel	Vessel
Weerar	Onset, attack, raid
Weerarid	Attack
Wehel	Companion
Weji furan	Frank
Weji macbuus	Frown
Weji ururin	Frown
Wejihaad	Face
Wel-wel	Worry
Weli	Until
Weliba......, oo kale	Besides, also
Welima dhalan	Unborn
Welinimo, Barako	Sancity
Welwol	Baleful

435

Wer-wer	Worry
Wergays yar	Tabloid
Wershe	Cross-eyed
Weshadda galleyda iwm	Mill
Weydiin	Ask, inquiry
Weydiisi, la weydiiyo	Inquire
Weyl	Calf
Weyn	Big, great, large, tremendous
Weynayn	Enlarge, magnify
Weyni	Grandeur
Weysha	Calf
Weyso	Water-bottle
Wicil	Illegtimate
Widhwidhaya	Refulgent
Widhwidhin, Dhalaal cad	Shine
Widwid	Gleam
Wiig	Week
Wiil	Lad, boy
Wiil ama nin	Guy
Wiilka isha	Pupil
Wiilka madow ee isha	Iris
Wildemin	Weld
Wiswis leh	Nauseous
Wixii wax Badala	Flux
Wji	Face
Worshad	Generator
Wuu jaban yahay	Broken
Wuxuun	Anything

X

Xaabalaha	Graveyard
Xaabo	Fuel
Xaadirid	Attendance
Xaafad	Village
Xaaji	Pilgrim
Xaakada	Phlegm
Xaakin	Cadi
Xaakinka Maxkamaida	Cadi
Xaalad	Condition
Xaalad xun	Abject
Xaaqdin	Broom
Xaaqid, Dhul xaadhid	Sweep
Xaaqidda	Char
Xaas guri joogto ah	Housewife
Xaas, Qoys	Family
Xaashi, Warqad	Paper
Xaashiyaha Doorashada	Ballot
Xaasid	Niggard, paltry
Xaasidnimo	Jealousy, envy
Xaasis	Jealous
Xaaska Wiilkoodu Qabo	Daughter-in-law
Xaawa	Eve
Xaaxayda bada	Seashell
Xaaxeeyo	Conch
Xabaal	Tomb
Xabaal, Khatar	Grave
Xabaalaha	Cemetery
Xabaalid Duugid	Bury
Xabaalis ama duugis	Burial

Xabaalo qod	Undertaker
Xabad ku socod	Crawl
Xabadka	Chest
Xabag	Glue, gum
Xabsi	Prison, gaol, jail
Xabsiyid, Xidhid	Immure, imprison
Xabuub	Crop
Xabxab	Watermelon
Xad	Border, boundary, limit
Xad dhaaf, Ka badan	Excess
Xad-dhaaf	Outnumber
Xad-Xariiqid	Demarcation
Xadaarad	Civilization
Xadayn	Demarcation, restrict
Xaddayn	Limitation
Xaddi Badan	Abound, plentiful
Xadhig	Rope
Xadhig dheer oo bir ah	Wire
Xadi badan	Quantity
Xadis	Filth, larceny
Xafaar	Undertaker
Xafiis	Office
Xafiis ka qaadid	Unseat
Xafiiska Madaxtooyada	Presidency
Xaflad	Ceremony
Xagal	Angle
Xagga dambe	Behind, posterior
Xagga galbeed	Western
Xagga hoose	Beneath, down, under
Xagga hore	Forward, ahead, front, onward
Xagga kale u rogid	Upside-down
Xagga shishe	Beyond

Xagga xadka	Frontier
Xagga Xeebta ee Beriga	Ashore
Xaggas	Towards
Xaggiisa	Towards
Xagliq	Veracity
Xagiir	Paltry
Xagleed, Xagleysan	Angular
Xaglo leh	Angular, zig-zag
Xagtin, Xangurufo	Scar
Xajin oo xafid	Keep
Xakamaha Faraska	Bridle
Xakame, in yar	Bit
Xal	Solve
Xallilaad	Solve
Xamaal	Carrier
Xamaam "Shinbir"	Pigeon
Xamaamica iwm	Poultry
Xamaamka	Bathroom
Xamaarato	Reptile
Xameyti	Bladder
Xamuurada afka	Lipstick
Xanaag dhaw	Short tempered
Xanaano kal gacayl leh	Careless
Xangaruufo, Xagtin	Scratch
Xanjadda Dhirta	Resin
Xanjo, cirrid	Gum
Xannaanayn	Rear 2
Xannaanayn	Care
Xannaano darro	Careless
Xanta	Backbite
Xanuun	Typhus, illness, headache
Xanuun badan	Agony

Xanuun ku dhaca Xiidmaha	Typhoid
Xanuun, Xanuunjin Nabar	Pain
Xaq maaha	Unfair
Xaqid	Compensation
Xaqiijin	Ascend, assure, insure, ensure
Xaqiijin raadin	Quest
Xaqiiq	Assurance, certain, fact
Xaqiiq ah	Actual, veritable
Xaqiiqdii	Actually
Xaqirid	Contain, despise, scorn
Xaqsiin	Compensation
Xaraan	Taboo
Xaraash	Auction
Xarakay	Embellish
Xarakayn	Punctuate
Xarig, Khayd	String
Xariif	Clever, adept
Xariiq Xudun ah	Axis
Xariir	Silk
Xarriiqaha iwm	Geometry
Xarun	Centre
Xasaasiyadu	Allergy
Xasakh xun	Nasty
Xaskusha	Sisal
Xasuus	Memory
Xasuus Mudan, Xasuus-gal	Memorial
Xatooyo	Theft
Xawaare, Xawaareyn	Speed
Xayawaan	Animal
Xayawaan deerada u eg	Antelope
Xayawanka iyo dhirta	Physiology

Xaydh (Xaydha baabuurta)	Grease
Xayeysiin	Advertise
Xayn	Flock
Xeeb	Coast
Xeeb u Jeed	Onshore
Xeebaha	Beach
Xeebta ku qabsan (Dhaw)	Inshore
Xeego (Ciyaar)	Hockey
Xeelad	Tactics, tact
Xeeladda wax qabasho	Technique
Xeer	Act
Xeer-Edebeed	Discipline
Xejin	Support
Xejiyo, Taageerid	Support
Xerada lo'da	Byre
Xero	Camp
Xerodhiig	Abattoir
Xiddig	Star
Xidh	Lock, shut, close
Xidhasho	Wear
Xidhid	Arrest, close, fix, fasten
Xidhiidh la leh	Relevant
Xidhiidhin	Correspond
Xidhiidhiye (Naxwe)	Conjunction
Xidhmo	Bunch, wad
Xidid iyo "qaraabo"	In-laws
Xidid u saarid	Uproot
Xididshe	Radical
Xig	Sisal
Xigaalnimo	Kinship
Xigeel	Kin
Xigga	Sisal

Xigmaawi	Wise
Xigmad	Wisdom
Xiidmo, Mindhicir	Intestine
Xiisayn	Involve
Xijaabe	Insulator
Xil	Quit
Xil ama Shaqa diid	Shirk
Xil, Waajib	Obligation
Xilka Danjiraha	Embassy
Xilka Qaadis	Demote
Xiniin	Testicle
Xinjir (Kuus dhiig ah)	Clot
Xirfad	Skill, craft
Xirfad leh, Khibrad leh	Proficient
Xirfadle	Craftsman
Xiriiriye, sidaa awgeed	Nevertheless
Xirsi	Safeguard
Xis	Psyche
Xisaab	Maths, amount, arithmetic
Xisaab xir	Tally
Xisaabin	Compute
Xisaabin, Isku xisaabin	Rekon
Xisaabiye	Accountant
Xisaabta qaaimadaha	Account
Xisbi	Party
Xishmada badan	Coy
Xishood	Shame
Xishood badan	Bashful
Xodxodasho	Woo
Xoghaye	Secretary
Xogid	Scrub
Xood	Tangent

Xoog	Strength, force
Xoog badan	Tough, tremendous
Xoog ku marin	Enforce
Xoog ku qabsi	Conquer
Xoogaa yar	Some
Xoogay, in-yar	Few
Xoogay, yar	Slight
Xooggan	Vigorous
Xoogsato	Manpower
Xoojin	Reinforce
Xool	Cot
Xoqado	Tonsils
Xorayn	Emancipate, liable, frank
Xoriyad	Freedom, independence
Xubuub: sida badarka	Grain
Xudunta	Umbilical
Xuduudka dhinacyadiisa	Frontier
Xukumid	Govern
Xukun	Verdict
Xukun xumo	Misrule
Xukuumad	Government
Xul, Doorasho	Selection
Xulid	Choose
Xumaaday	Phut
Xumaan awgeed	Unmentionable
Xumayn	Deprave, mar
Xumbada Saabuunta	Lather
Xun	Bad
Xundhurta	Umbilical, nucleus
Xuquuq	Right
Xusbi wax dhacay iwm	Zealot

Xushmayn ama tixgelin	Esteem
Xusmayn	Homage
Xusul	Elbow
Xusuus	Rememberance
Xusuus Darro	Amnesia
Xusuus la'aan	Amnesia
Xusuusad	Recollection
Xusuusasho	Recollect, remedy, recall
Xusuusin	Remind
Xusuusqor	Diary
Xuub	Membrane
Xuub Caaro	Cob-Web
Xuub jilicsan	Gossamer
Xuubcaaro	Gossamer
Xuur, wiish, luqun fidin	Crane
Xuur-badeed	Cormorant

Y

Yaab	Wonder
Yaab-badan	Wonderful
Yaabid, Amakaagid	Surprise
Yaan yuurta yar	Kitten
Yaanyo	Ketchup, tomato
Yaanyuur	Cat
Yalaaluggo	Nausea
Yar oo caato ah	Puny
Yar, (Tiro ahaan)	Less, small
Yar-(Horgale)	Micro
Yaraan	Reduction, dearth
Yaraansho	Diminish, wane
Yaraanta tiro leedahay	Paucity
Yaraato ama gudho	Abate
Yaran	Little
Yarayn	Abridge
Yarayn, Dhimid	Decrease, detract, decrease
Yareeye	Mini
Yasid	Scorn, despise, contain
Yaxaas	Crocodile
Yeeli kara	Afford
Yeelid	Approve, commit
Yeey	Wolf
Yeyga ama Dawacada	Bitch
Yiddidiilo gelin	Cherish
Yidhi, la yidhi	Said
Yimaado	Become
Yinqiinsi	Aware
Yiqyiqsi	Nausea